普华文化

PUHUA BOOKS

我们一起解决问题

中学图书馆建设研究

张文彦◎著

The Research
on the Development of
Middle School Library

人民邮电出版社
北　京

图书在版编目（CIP）数据

中学图书馆建设研究 / 张文彦著. -- 北京 : 人民邮电出版社, 2022.7
ISBN 978-7-115-58816-6

Ⅰ. ①中… Ⅱ. ①张… Ⅲ. ①中学图书馆－图书馆管理－研究 Ⅳ. ①G258.69

中国版本图书馆CIP数据核字(2022)第040545号

内容提要

本书在已有研究成果的基础上采用问卷调研和统计分析等技术方法，详细探讨了广西地级市中学图书馆的发展状况、发展进度、指标差异及其达标程度，并通过各市间及与省外比照找出广西中学图书馆建设发展的优劣势和不足，总结了广西中学图书馆建设发展的地方特色及努力方向。本书旨在为我国中学图书馆研究实践提供参照、启迪与理论指引，为阅读推广理论的深化拓展提供了较科学、有效的工具和方法。

本书适合图书馆学研究者、高等院校相关专业的师生阅读和使用。

◆ 著 张文彦
责任编辑 贾淑艳
责任印制 彭志环
◆人民邮电出版社出版发行 北京市丰台区成寿寺路 11 号
邮编 100164 电子邮件 315@ptpress.com.cn
网址 https://www.ptpress.com.cn
北京虎彩文化传播有限公司印刷
◆开本：787×1092 1/16
印张：21.5 2022 年 7 月第 1 版
字数：450 千字 2022 年 7 月北京第 1 次印刷

定 价：89.00 元

读者服务热线：（010） 81055656 印装质量热线：（010） 81055316

反盗版热线：（010） 81055315

广告经营许可证：京东市监广登字20170147号

序言

学过图书馆学的同志熟知，学校图书馆是 ISO2789：1974（E）“国际图书馆统计标准”所确定的六大类型之一，有关学校图书馆的研究受到国际上的广泛关注。然而，在我国图书馆界，对于与这一类型相关的中学图书馆的研究远不如其他类型受到重视，其研究成果总体偏少。

2014 年我曾经为一批中学校长和中学图书馆馆长专门做过以中学图书馆发展为主题的讲座。在与他们的交流后发现，他们渴求与期待得到图书馆界的理论指导。

2018 年，教育部对 2003 年版的《中小学图书馆（室）规程（修订）》进行了修订，发布了新的《中小学图书馆（室）规程》。与此同时，中国图书馆学会启动了“中小学图书馆建设与服务”丛书的编写工作，我应邀参与其中。这一丛书的出版对于我国中小学图书馆事业高质量发展将起到推动作用。

近几年来，在中国图书馆学会的号召下，图书馆界加强了对儿童图书馆和中小学图书馆的理论与实践研究，产生了一大批研究成果，这是一个好现象。

几天前，张文彦同志给我寄来她的新作《中学图书馆建设研究》，这是她承担的广西哲学社会科学规划项目等的成果。书中不仅有关于中学图书馆发展的概述，还有关于中学图书馆经费、人力资源、资源内容创建与管理、读者服务、公共关系等问题的讨论，特别是研究了中学图书馆存在的主要问题，提出了发展策略与建议。

张文彦同志于 2012 年 9 月进入南开大学攻读图书馆学博士学位，2016 年 12 月获得博士学位后进入广西民族大学任教。我很高兴地看到，她能够秉承南开人“知中国，服务中国”的优秀传统，持续从事未成年人图书馆服务研究，其申报的“社会学习视角下青少年数字阅读行为研究”获得 2021 年国家社会科学基金一般项目。我也很高兴地看到，她在研究中能够深入实践领域，为完成这部书稿于 2019 年 9 月到 2020 年 1 月对广西 14 个地级市多个中学进行实地调研，获得比较丰富的第一手资料，以数据为基础开展科学研究。

青年学者是未来的希望。近几年来，我特别关注和支持青年学者的学术成长，呼吁给青年学者更多的学术包容与发展空间。在此，祝贺张文彦同志的学术成果得以出版，也期待张文彦同志在未来的学术道路中笃学前行，得到更好的发展。

柯平

2021 年 11 月 15 于南开大学

前　言

与同类研究相比，自郑莉莉等老师1990年出版并于2013年重新修订了《少年儿童图书馆学概论》，国内30多年来未见关于未成年人图书馆服务领域的系统性的、具备全国影响力的理论著作。另外，从研究方式来讲，国内对学校图书馆的省域研究极少，也未出现过广西壮族自治区（以下简称“广西”）全域的该主题和类型的研究。本书基于数量可观的学校样本，通过系统且拥有国际化视野的学术研究，得到具有科学性、政策指导性和较高应用与理论价值的评价体系。

从理论意义上看，本项研究开发出了一种科学性较强且能全面评估资源服务状况的调查问卷，并利用相关调研数据和实例初步验证了该问卷的有效性，由此为国内中学图书馆研究、实践和政策规划的制定、调整提供了参照性和理论性较强的评估指标体系，进而为阅读推广理论的深化拓展提供了较科学、有效的工具和方法。从实践意义上看，本项研究在已有成果的基础上采用问卷调研和统计分析等技术方法探究了广西中学图书馆事业发展的基本状况，以初步改变广西该主题研究较少较弱的情况，为以后的实际研究工作提供参照、启迪与理论指引，使高校为社会发展服务的使命更全面地落到实处，同时通过科学研究利用多元化手段推动高校立德树人目标的最终实现。

在调研的基础上，本书通过描述、归纳并适当地公开了广西地级市中学图书馆的发展状况，探讨了各市中学图书馆的发展进度及相关指标达标程度，并通过各市间及与省内外比照找出广西该项事业发展的优劣势特别是明显的不足所在，总结出了广西中学图书馆发展的地方特色及其应着重努力的方向。

本书分为十三章，各章的主要内容如下。

第一章，绪论。本章简要介绍了中小学图书馆的概念与国内外的发展源流，回溯了国内外的相关政策法律依据，这为本书的整体研究过程提供了理论起点与合理性依据。

第二章，研究的基本框架。本章从实际调研出发，用研究数据勾勒出近年来广西城区中小学图书馆事业的发展状况，并提出相应的建议和策略。

第三章，中学图书馆（室）研究述评。本章综合述评了多年来国内外学校图书馆（室）的研究成果，并进行对照分析，得出目前我国中学图书馆事业特别是相关研究存在的主要问题。

第四章，中学图书馆（室）事业发展历程与现状。本章回顾了国内外中学图书馆（室）的发展历史与进程，并归纳总结了广西中小学图书馆（室）的发展现状。

第五章，中学生阅读发展的现状。比照前一章对国外阅读状况的描述，本章梳理和归纳了我国国民尤其是中学生的阅读发展概况及特点，介绍了我国现有特别是对中学生的阅读推广举措。

第六章，中学图书馆（室）经费等投入及管理。本章回溯了经费等资源投入相关的理论、规范性文本和已有研究，对相关部分的调研结果进行了描述性分析及假设验证。

第七章，中学图书馆（室）人力资源建设和管理。本章回顾、梳理了中学图书馆（室）人力资源的定义、规范要求及国内外理论并开展了研究述评，对调研相关主题所得数据进行了描述性分析及假设检验。

第八章，中学图书馆（室）的资源内容创建与管理。本章在回溯已有理论研究的基础上，分别描述和概括了广西地级市城区中学图书馆（室）的纸质资源、数字资源建设状况，并说明其文献信息资源结构比例和加工、评估等状况，针对本研究对应假设进行验证并做出总结。

第九章，中学图书馆（室）读者服务管理。本章描述并概括了广西中学图书馆（室）的基本服务状况，结合实际分析了广西城区中学图书馆（室）借书证、开放时间、班级图书角及读者推广等业务，指出目前广西地级市城区中学图书馆（室）存在的问题。

第十章，中学图书馆（室）公共关系与各地级市多指标的比照和评价。本章根据调研数据描述概括出中学图书馆（室）公共关系工作状况，并详细对照分析了各中学图书馆（室）多方面的数据指标，在指出各地级市中学图书馆（室）部分指标差距明显的情况下，验证了本书所提出的相关假设。

第十一章，当代中国中学图书馆（室）存在的主要问题。本章结合调研结果，从法律法规、教育体制、人力资源管理、学校自身与各级教育部门等方面，分析了中学图书馆（室）存在的主要问题，指明了今后中学图书馆（室）着重努力的方向。

第十二章，当代中国中学图书馆（室）发展策略与建议。本章结合调研结果与结论，从国家、基础教育界、图书馆界和社会相关社区四个方面，有针对性地提出了有益于中学图书馆（室）生存发展的策略建议。

第十三章，研究结论、局限性及其展望。在概括出全书研究结论的基础上，本章指出本研究存在的不足之处，并在此基础上结合已有研究成果预测了未来的研究热点与核心增长点所在。

本书的创作和出版得到了多方的支持与帮助，在此感谢国内情报学界知名专家南开大学王知津老师的全程指导与提点，感谢广西民族大学政治与公共管理学院崔万安教授、美国路易斯安那州立大学副教授吴叶君老师、天津师范大学心理学部的徐晟博士后、百色市教育局马力局长、广西科技师范学院曾令宏副校长、梧州学院麻新纯副校长、广西师范大学文学院莫道才教授、梧州市教育局朱宇乾副局长、桂林市教育局文泽鸿副局长、玉林市图书馆馆长谢朝荣师姐、南宁市少年儿童图书馆刘斌书记和周明副馆长、百色市教育局电化教育与仪器站罗茜文站长、贺州市教育局仪器装备站莫振归站长、梧州高中蓝伟东主任、玉林玉州区教育局吕燕琴老师、柳州市统计局张国忠师兄、中国劳动关系学院图书馆刘钟美师妹以及南开大学、中山大学诸多其他同学同人的帮助和指点，特别是南开大学广西校友会和中山大学广西校友会诸多本地热心校友的大力协助与盛情款待，感谢南宁市第三中学图书馆前馆长李家全先生、广州大学图书馆杨长军馆长、南宁市第十中学图书馆艾小迪馆长、南宁市第四中学黄艳老师、南宁市第二十八中学图书馆李燕馆长和桂林市中山中学图书馆余燕春馆长的大力指导和支持，没有基层学校的同人和领导们的理解与支持，就没有本研究成果的产生。同时还要感谢广西教育厅教育技术装备中心及广西所属所有地级市、部分城区教育局教育技术和电化教育相关部门的大力支持和协助，并对广西哲学社会科学规划项目办公室、广州市教育局教育装备中心的全体领导表达诚挚的谢意，感谢所有参与本项研究的中学校长、部主任、任课教师和图书馆员们。另外，要对广西民族大学及学校办公室、社会科学处、管理学院，各地中学图书馆，广西壮族自治区图书馆与南宁市少年儿童图书馆等图书馆，广州南方万方数据有限公司与广西葡萄物联网科技有限公司等机构，以及诸位领导同人等表示崇高的敬意和深切的感激。最后感谢诸多硕士生积极参与数据和文稿的校对工作，如程美丽、张悦、管彩伶、古彪、赵阳木、张钰、何婷婷、刘若奇、张佩荣、许宏轩、郭洁琼、骆婉玲、许泽宁、张艨兮、孟连甲、施展等同学。本书在写作直至成书之前，经历了国内新型冠状病毒肺炎疫情暴发、艰苦抗疫的管控以及逐步恢复正常的生产、学习和生活秩序各阶段，本研究团队在此要向南宁市、广西壮族自治区乃至全国各地伟大的“逆行者”致敬，没有你们的日夜奋战、辛勤付出，就不可能有我们一方平静的书桌与心绪。

本书在研读、述评和借鉴有关专家学者的研究成果的基础上，力争收集真实、客观的工作数据，并加以科学、系统化的分析，希望通过提供翔实、新颖的实证研究内容，真实且较全面地揭示广西壮族自治区中学图书馆事业的发展现况，在一定程度上折射出全国中学图书馆事业发展的全貌并提出针对我国实际的现阶段发展策略与建议。同时，也期望本书能对我国其他省级区划中学图书馆的发展、变革起到一定的参考借鉴与启迪作用。尽管本书所带领的研究团队在较高水平的专业自觉和忠诚度的前提下，始终保持了严谨、求实、务实的调研态度，但由于学识、能力和水平所限，也仅仅是对广西壮族自治区地级市建制城区进行了部分观察与调研，因此书中难免会有不足之处，恳请各位专家、学者予以指导斧正、不吝赐教，也诚挚地期望能在本书成书之后能联系到更多国内外业界学界的同人共同切磋技艺、探讨新知，最后更加希望本书能起到抛砖引玉的作用，在本领域看到更加深入、更有价值的研究。

本著作的出版得到了 2017 年广西哲学社会科学规划项目（17FTQ007，张文彦主持）、广西民族大学 2018 年引进人才科研启动项目（2017MDSKR027，张文彦主持）、2020 年校级重点研究基地（302140702，丁海斌二级教授主持）、2021 年国家社会科学基金一般项目（21BTQ0027，张文彦主持）四个项目的支持，在此表示诚挚的谢意！

张文彦

2019 年 12 月于秋爽斋

目 录

第一章

绪论

在开展中学图书馆研究工作前，首先要清晰地界定中学图书馆的内涵，并阐释其在国内外存在、发展的法律、政策依据等。

1.1 图书馆未成年人服务（特别是建设中学图书馆或室）的法律与道德框架

1.1.1 未成年人的权利与“儿童优先原则”

首先，应确认未成年人拥有与成年人平等利用图书馆的权利。根据《儿童权利公约》《中华人民共和国未成年人保护法》《中国儿童发展纲要（2011—2020年）》的相关要求，未成年人的各项权利应受到社会保护。目前，我国青少年、儿童受教育、接受文化和信息服务等权利已得到社会的广泛认可，保障其权利已成为大多数图书馆的基本办馆准则和内在要求之一。

《儿童权利公约》是世界上首部全面保障儿童权利并具备法律约束力的国际性约定，它于1989年11月在联合国大会第44/25号决议中通过，并于1990年9月生效，现已成为全球广为接受的公约之一。我国于1991年在第七届全国人民代表大会常务委员会第23次会议上批准加入该公约，并于1992年4月生效。该公约共54项条款，其确立的四项基本权利包括生存权、发展权、参与权与受保护权，其中，与图书馆联系紧密的是发展权。《儿童权利公约》第一条指出，儿童系指18岁以下的任何人，除非对其适用之法律规定成年年龄低于18岁。第十七条指出，缔约方确认大众传播媒介的重要作用，并应确保儿童能够从多种国家和国际来源获得信息和资料，尤其是旨在促进其社会、精神和道德福祉及身心健康的信息和资料……保护儿童不受可能损害其福祉的信息和资料之害。第二十八条指出，缔约方确认儿童有受教育的权利，为在机会均等的基础上逐步实现此项权利……使所有儿童均能得到教育和职业方面的资料和指导。第二十九条第一款指出，缔约方一致认为教育儿童的目的应是最充分地发展儿童的个性、才智和身心能力。第三十一条指出，缔约方确认儿童有权享有休息和闲暇，从事与儿童年龄相宜的游戏和娱乐活动，以及自由参加文化活动和艺术活动；缔约方应尊重并促进儿童充分参加文化和艺术生活的权利，并应鼓励提供从事文化、艺术、娱乐和休闲活动的适当和均等的机会。基于未成年人在我国享有的权利，各图书馆（特别是中学图书馆）必须在资源提供（特别是馆藏采选）、阅读推广（特别是读书活动）、读者指导教育等工作上做细、做好，最大限度地实现和保障所服务中学生的权利和权益。

《中华人民共和国未成年人保护法》于 1991 年通过并公布，该法最近的修订和审议是在 2020 年 10 月，并于 2021 年 6 月 1 日正式施行。该法规定，各级人民政府应当建立和改善适合未成年人文化生活需要的活动场所和设施……图书馆、青少年宫、儿童活动中心应当对未成年人免费开放……县级以上人民政府及其教育行政部门应当采取措施，鼓励和支持中小学校在节假日将文化体育设施对未成年人免费或者优惠开放。

《中国儿童发展纲要（2011—2020 年）》于 2011 年出台，该纲要主要在教育和社会环境领域提出了与促进儿童阅读等相关的发展目标和策略措施。该纲要对教育和社会环境的要求包括：坚持基本公共教育的公益性和普惠性……均衡配置教师、设备、图书、校舍等资源，加快推进义务教育学校标准化建设……创造有益于儿童身心健康的文化环境……为儿童健康上网创造条件。在公益性文化场所和儿童活动场所建设公共电子阅览室，为儿童提供公益性上网服务。社区公益性互联网上网服务设施，对儿童免费或优惠开放……强化城乡社区儿童服务功能……充分挖掘与合理利用社区资源，动员学校、幼儿园、医院等机构与社会团体、志愿者参与儿童保护……为儿童阅读图书创造条件。推广面向儿童的图书分级制，为不同年龄儿童提供适合其年龄特点的图书，为儿童家长选择图书提供建议与指导。增加社区图书馆和农村流动图书馆数量，公共图书馆设儿童阅览室或图书角，有条件的县（市、区）建儿童图书馆。“农家书屋”配备一定数量的儿童图书。广泛开展图书阅读活动，鼓励和引导儿童主动读书。

《中国儿童发展纲要（2011—2020 年）》首次明确提出“儿童优先原则”，这也成为该纲要的一项指导思想和基本原则。儿童优先原则是指在制定法律法规、政策规划和配置公共资源等方面优先考虑儿童的利益和需求。如上文所述，儿童不仅指教育学上狭义的儿童（小学生），还泛指18周岁以下的所有未成年人。目前，儿童优先原则已成为指导我国图书馆未成年人服务领域的基本思想。对中学图书馆来说，除了文献、读者这两大因素，还有第三大重要因素，那便是阅读。真正有后劲的学生一般是在中小学时期博览群书的学生，引导学生养成良好的阅读习惯，培养出具备创新意识与能力的公民是图书馆的头等大事。

1.1.2 我国党和政府高度重视发展文化教育事业

基于我国教育事业的重要地位和发展需求，中国共产党第十九次全国代表大会（以下简称党的十九大）做出了“优先发展教育事业、加快教育现代化、建设教育强国”的重大部署，并将其定位为中华民族伟大复兴的基础工程，强调要发展素质教育，推进教育公平，推进城乡义务教育一体化发展，努力让每个孩子都享有公平而有质量的教育。党的十九大在发展中国特色社会主义文化方面指出，加强“硬件”建设是文化建设的基础。在2014—2019年政府工作报告中，“全民阅读”连续几年被列人其中，这表明“全民阅读”已成为重要的治国方略和立国方针。未成年人阅读是“全民阅读”的构成要素，且系其基础和重点工程，因此被称作“根的工程、花的事业”，甚至认为它能够“照亮”整个国家。2021年4月30日修订发布的《中华人民共和国教育法》第十条规定：“国家扶持边远贫困地区发展教育事业。”第十一条规定：“健全终身教育体系，提高教育现代化水平。国家采取措施促进教育公平，推动教育均衡发展。”第三十六条规定：“学校……的教学辅助人员和其他专业技术人员，实行专业技术职务聘任制度。”第四十二条规定：“国家鼓励学校……采取措施，为公民接受终身教育创造条件。”第四十三条规定：“受教育者享有下列权利：（一）参加教育教学计划安排的各种活动，使用教育教学设施、设备、图书资料……”第五十一条规定：“图书馆……社会公共文化体育设施……应当对教师、学生实行优待，为受教育者接受教育提供便利。”

2016年出台的《中华人民共和国国民经济和社会发展第十三个五年规划纲要》指出，必须加强基层文化服务能力建设……加强老年人、未成年人、农民工、残疾人等群体的文化权益保障。中国共产党第十八次全国代表大会工作报告指出，教育是民族振兴和社会进步的基石。要坚持教育优先发展……坚持教育为社会主义现代化建设服务、为人民服务……全面实施素质教育……大力促进教育公平，合理配置教育资源。中国共产党第十八届中央委员会第三次全体会议指出，全面深化改革……以促进社会公平正义、增进人民福祉为出发点和落脚点，要深化教育领域综合改革，大力促进教育公平……逐步缩小区域、城乡、校际差距。上述一系列的政策文件为基础教育工作指明了方向与目标，也为中学图书馆的存在与发展夯实了根基，它们可谓依法做好中学图书馆功能定位和建设的基本法律政策依据，使中学图书馆的建设初步实现了有法可依。

个体良好的阅读习惯不仅关乎个人发展，也决定了国家与民族的发展。我国已经实施"科教兴国""创新驱动发展"与"文化强国"战略，并大力倡导全民阅读、提升文明大国的文化软实力。杜定友先生指出："图书馆是国民修养的中心点……于个人德行和修养，极有补助……图书馆是国民游乐的中心点……平时浏览图籍，也是一种最高尚的消遣方法。图书馆是普及教育的中心点……比任何教育方法，都来得普及。"宋庆龄指出："未成年人不但要学好各门功课，还要阅读一些课外读物。眼界开阔了，思想才能更加活跃，不但能掌握前人创造的知识，还能大胆地设想一些前人没有想过的事情或是没有解决的问题。"这正是我国教育界和全社会多年来期盼的学生创新和批判性思维培养的重要渠道。这些都证明了大力倡导阅读，提升民众文化教育水平不能局限于个人或家庭的偏好、兴趣或习惯，它已成为影响国家与民族的精神层次、创新能力乃至前途命运的重要因素。阅读的行为与能力事实上在个体早年就已经体现和逐渐形成了，早年的认知模式与阅读体验直接决定了步入成年后个体的阅读能力、阅读态度和阅读行为，而且这些对成年人来讲已基本定型，不易调整变动。同时，公民的社会阅读能力正是一个国家稳定和强盛的根本。"从娃娃抓起"所要"抓"的对象，必须包括未成年人阅读，而包括中学图书馆在内的图书馆服务正是干预和促进未成年人阅读行为的有效手段。因此，国家需要高度重视适用于未成年人的公共文化产品供给。与此同时，未成年人一般对成年人有很强的依赖性，这使得未成年人能够进一步成为构筑不同人群之间的桥梁和纽带，比如说一个孩子可以带动周边不少人到图书馆。英美等国家的图书馆就已经认识并利用了该规律，从而吸引更多人群到馆并有效推动了社会阅读的不断发展。

1.1.3 我国实施区域协调发展战略与推进创新驱动发展战略等要求

从社会整体和民生需求，以及扶持民族地区、贫困落后地区等角度出发，党的十九大报告再次强调实施区域协调发展战略，加大力度支持革命老区、民族地区、边疆地区、贫困地区加快发展，强化举措推进西部大开发，形成新格局。西部地区、民族地区和边疆地区的发展，特别是包括教育在内的民生事业的发展不仅利于当地的繁荣稳定，而且能增强民族团结和保障国家长治久安，对构建社会主义现代化强国与和谐社会具有重大意义。党的十九大报告还指出，我国社会主要矛盾已经转化为人民日益增长的美好生活需要和不平衡不充分的发展之间的矛盾，而发展不平衡不充分的问题是当前和今后一段时期制约我国发展和满足人民日益增长的美好生活需要的主要因素，是现阶段各种社会矛盾交织的主要根源。

具备特定调研对象和地域范围的研究能够探明且推动缓解发展不均衡的问题。教育部教育装备研究与发展中心原副主任李玉先指出："中小学图书馆（室）标准化建设工作是全面推进素质教育、深化课程改革、提高教育质量的重要内容之一……是缩小城乡之间、地区之间、学校之间的教育差距、促进教育均衡发展的有效途径。"国际上也有相关研究显示中学图书馆在移民儿童群体中对缩小学习差距扮演着重要角色。例如，在荷兰等西方国家，非西方移民家庭的学生的学习成绩一般落后于本地学生，在阅读和口语能力方面尤其突出，还有很多研究显示学校图书馆不仅与学生的阅读行为、态度有关，而且与学生的学习成效呈正比关系，学校图书馆可以为弱势群体设计良好有效的阅读推广活动。美国相关研究证实了学校图书馆是一个服务于有特殊需求的学生，甚至是促进实现教育平等的重要工具，如果这些有特殊需求的学生的学习止步于图书馆大门，那么对学生自身以及启迪他们、开发人类文明的潜力都会造成伤害。

我国于 2016 年 5 月发布并实施的《国家创新驱动发展战略纲要》（中发〔2016〕4 号）提出，要以国家创新驱动发展为战略，坚持国家战略需求与科学探索目标相结合，推进变革性研究，强化研究课题的源头储备，提升我国科学发展、技术发明等的整体水平，支撑产业变革并保障国家安全。该纲要还特别提出要筑牢创新根基，推动教育创新，改革人才培养模式，将科学精神、创新思维、创造能力等培养贯穿教育全过程，特别要营造崇尚创新的文化环境，加强科学教育，丰富科学教育教学的内容形式，激发青少年的科技兴趣，还要加强科技普及、提升全民科学素养。2018 年 9 月，国务院发布了《国务院关于推动创新创业高质量发展打造“双创”升级版的意见》（国发〔2018〕32 号），该意见指出，创新是引领发展的第一动力，是建设现代化经济体系的战略支撑。该意见第二部分为“着力促进创新创业环境升级”，提出了稳步推进公共数据资源开放；第五部分为“深入推动科技创新支撑能力升级”，提出要深化以科技创新为核心的全面创新，完善国家财政资金资助的科技成果信息共享机制。创新创业教育是国家基于创新驱动发展战略与教育综合改革统一部署的大事，在重视创业成效的同时，更要重视在人才培养全过程中对年轻人创新能力的培养，需要倡导“劳创融合”，即劳动教育与创新创业教育相融合，在劳动中尊重首创、鼓励创造。具体来讲，图书馆管理员不仅可以利用自身的管理知识与技能帮助师生获取最新、最全的信息资料，还可通过定题、信息推送、科技查新查重、培训讲座等方式帮助师生保持和提升科研意识与能力，做好师生教学创新与创新学习的辅助辅导工作，并解决他们在研究过程中遇到的问题。

1.1.4 海内外国际组织与部分国家政府的行业立法立规状况及其客观的发展要求

1.1.4.1 海外国际组织与部分国家政府的行业立法立规

作为当代社会最重要、影响力最大，又被视为图书馆事业三大支柱之一的公共图书馆，其在国际上最重要的行业指导文件是《公共图书馆宣言》（*Public Library Manifesto*）。它是在 1948 年联合国大会通过的《世界人权宣言》的基础上出现的，随后联合国又于 1959 年通过了《未成年人权利公约》，这两个文件都提到了人人应享有信息自由，而且承认未成年人应受到特殊照顾，特别是在教育和阅读权利保障方面，两个文件经过两相验证从而确保了上述内容的权威性。1949 年版的《公共图书馆宣言》正式表达了国际文化知识界与图书馆界对公共图书馆的基本立场。现行的 1994 年版《公共图书馆宣言》指出，此类型图书馆最重要也是首要的两项关键使命是：从小养成与强化儿童的阅读习惯，以及支持各级正规教育和个人自学。两项使命密不可分，但它们也代表着不同的行动目标及差异化要求下的实现路径和策略，对其实现程度的衡量标准也有所不同。这就说明两者构成了密切相关但相对独立的关系，它们具备同等重要的价值。对中学图书馆来说，其服务对象主要是未成年学生，因此这两项使命的达成更应列为图书馆管理工作的重中之重。

另外，与中学图书馆直接相关的《公共图书馆宣言》其余使命包括下列七条：

（1）为个人发展创造力提供机会；

（2）激发儿童与青年的想象力和创造力；

（3）促进文化间的对话和文化多样性；

（4）发扬口述传统；

（5）确保居民获得各种社区信息；

（6）提高利用信息和使用计算机的能力；

（7）支持和参与并在必要时组织不同年龄组的扫盲活动与计划。

《公共图书馆宣言》中三个基本观念的其中两个分别是通过立法保障该事业的发展，完全或主要由公费支持；对社区所有成员平等服务，全部免费开放。与本书的研究对象相比较，虽然它们是两种不同类型的图书馆，但上述宣传对中学图书馆的定位和方针政策的确定、调整具有重大的指导意义和参考价值，因此将其作为行业代表性规范文件列出。直到 1996 年国际图联第 62 届北京大会后，《公共图书馆宣言》才开始在国内图书馆界及全社会普及开来，国内行业同人必须不断学习与领会该宣言，并在实践和研究中加以贯彻、执行。

学校图书馆的地位与作用已得到国际社会的广泛认可与接纳。作为国际性的图书馆行业专业组织，国际图书馆协会联合会（International Federation of Library Association，IFLA）于 1980 年公布了《中小学图书馆宣言》，该宣言指出，中小学图书馆是保证学校对青少年和儿童进行卓有成效的教育的一个必不可少的阵地。作为修订、更新后的版本，1999 年 11 月，IFLA 和联合国教科文组织（United Nations Educational，Scientific and Cultural Organization，UNESCO）共同制定并发布了《全民教育中的中小学图书馆——国际图联 / 联合国教科文组织中小学图书馆宣言》，该宣言指出，中小学图书馆使学生具有终身学习的技能，发展其想象能力，使之能够作为一个有责任感的公民生存于世，世界各地学校图书馆的共同目标就是因所有人的教与学而存在，它们被视为惠及师生的，能够增强、提升学校社群教与学的一种力量。该宣言还指出，学校图书馆的宗旨是向学校辖区内的所有成员提供平等的服务，而不论其年龄、种族、性别、宗教、国籍、语言、职业状况和社会地位如何；要向不能获得图书馆正常服务和资料的用户提供特殊服务和资料，从而保障学校辖区所有人应有的权益。另外，该宣言还对学校图书馆开展服务过程的必要因素——资金保障、工作内容、图书馆管理员和运营管理等做出了明确要求和规范。该宣言奠定了学校图书馆开展工作的各项基本原则，在尊重教育过程和学校整体性的基础上突出了学校图书馆的重要作用，并强调了学校范围内信息公平与自由原则不受侵犯。

2002 年，《学校图书馆指南》由 IFLA 学校图书馆部（当时称学校图书馆和资源中心部）编制，2015 年修订为《学校图书馆指南》（第 2 版）（IFLA 第 77 号专业报告）。该指南旨在协助学校图书馆管理员与教育决策者向师生提供有效的图书馆服务。该指南指出，所有学校图书馆的一致目标是培养具备信息素养并以负责任和有道德的方式参与社会的学生。该指南所规定的目标与上文 IFLA 与 UNESCO 规定的目标有所差异，但相似度很高，两个目标是包含与被包含的关系。

1991 年发布的《国际图联儿童图书馆服务发展指南》由儿童和青少年服务组（IFLA Libraries for Children and Young Adults Section）制定并发布，2003 年发布修订版，2018 年修订为《国际图联 0~18 岁儿童图书馆服务发展指南》并发布，其 2018 年之前的版本仅限于对 13 岁以下狭义上的儿童服务，但该指南的各版本都围绕儿童在信息、阅读、素养方面的权利和需求来支持世界儿童图书馆服务的发展与完善，促进它们为不同能力层次的未成年人提供有效的图书馆服务。1996 年发布的《青少年图书馆服务指南》也由儿童与青少年服务部制定，2009 年完成修订。它针对青少年服务为国际专业社群提供了图书馆开发服务框架，既包含理论论述又包括实践建议。该指南面向“青少年”即 12~18 岁的读者（根据文化和国家不同也可能超过 18 岁）；与青少年有关的图书馆服务使命是通过为成长转化期的青少年群体获取特定资源和环境提供帮助，以满足他们在智识、情绪和社会发展方面的需求。这些服务的目标包括三个方面：（1）图书馆服务从儿童向成年人服务的转换；（2）满足青少年应有与所需的教育、情报、文化和休闲时光的需求；（3）促进青少年综合素养的提升，及其终身学习与休闲阅读的行为。

2004年8月召开的第70届IFLA大会的主题是“图书馆：教育与发展的工具”，该主题旨在倡导图书馆与学校联合起来为教育服务。会议主办方不仅提倡利用现有的图书馆资源，而且鼓励开放所有资源宝库，使其更好地服务于建设与发展社会管理、教育、文化等事业，真正有效地保障民众特别是未成年人的应有权益。2015年9月，联合国发布了《变革我们的世界——2030年可持续发展议程》，这是一项横跨经济、环境、社会发展等领域，涵盖了17个可持续发展目标和169个具体目标的框架议程。其中，图书馆是促进这些目标实现的关键，该议程第4个目标是确保包容与公平的优质教育，让全民终身享有学习机会，其中10个下属具体目标都与图书馆紧密相关，图书馆支持识字教育，提供资源服务，让研究人员利用现有的研究成果和数据创造出新的知识；议程第10个目标是减少国家内部与国家之间的不平等，所属第2个具体目标是增强所有人的权能，促进他们融入各类社会生活，第3个、第4个具体目标是确保机会均等，减少结果不平等现象，以及采取政策（特别是财政、薪酬和社会保障政策），逐步实现更大程度上的平等。2018年12月，IFLA标准委员会（IFLA Committee on Standards）发布了《国际图联0~18岁儿童图书馆服务发展指南》（2018年修订版），其是对2003年版本的修订，介绍了各儿童图书馆在服务上的最佳实践，促进并鼓励国际图书馆界为不同能力层次的儿童提供有效的图书馆服务。

不少西方国家已采用立法的形式推动人们阅读，如美国的《卓越阅读法案》（1998）和《不让一个孩子落后法案》（2002），韩国的《读书振兴法》（1994）和《读书文化振兴法》（2009），日本的《学校图书馆法》（1953）和《关于推进儿童读书活动的法律》（2001），俄罗斯的《民族阅读大纲》（2012）等都以立法形式保障了国民阅读能力的积累和提升。同时，这些国家设立了专门机构推动阅读，如美国的“国家艺术基金会”、日本的“读书协会”和“儿童梦想基金会”、英国的“阅读起跑线”项目所设的“图书馆信托基金会”、德国的“促进阅读基金会”等，它们通过调研、举办项目等方式成为从国家层面推动国民阅读的主导力量。

1.1.4.2 我国地方政府的行业立法立规

政府是从事公共管理与行使公共权力的专业部门，政府的一切行为必须以公民信任为基础和前提。面向未成年人的图书馆服务是政府高度关注的领域，特别是近年来，我国对该领域的重视程度已提升到前所未有的水平，《中国儿童发展纲要（2011—2020年）》等相关法律法规和政策都特别强调保障未成年人的阅读条件，十年间的主要发展目标包括“培养儿童阅读习惯，增加阅读时间和阅读量”，具体措施包括“各类文化、科技、体育等公益性设施和场所对儿童免费或优惠开放……为儿童阅读图书创造条件……增加社区图书馆和农村流动图书馆数量，公共图书馆设儿童阅览室或图书角……广泛开展图书阅读活动，鼓励和引导儿童主动读书”。另外，原国家教委①分别于1991年、2003年和2018年印发了关于中小学图书馆建设的法规性文件《中小学图书馆（室）规程》（下文不同版本全部简称《规程》）及两个修订版，2018年修订版（迄今最新和施行版，教基〔2018〕5号）所界定的办馆任务愈加繁重，并且进一步要求明确图书馆管理机制和文献信息管理制度，对图书馆人员和文献信息建设工作提出了更高要求。这也体现出行政范畴中责权对应的原则，以及能力越大责任越大的一般规律。在2003年版《规程》的指导下，很多省市结合实际，先后制定了具有地方特色的中小学图书馆（室）建设标准、指南或评估标准等，具体如表1-1所示。比如2016年上海市教育委员会发布了《上海市普通中小学图书馆规程》，目的是提升上海市学校图书馆建设、服务与管理水平，充分发挥其在深化基础教育改革、学习型社会建设、全面推进素质教育过程中的作用。

表1-1　我国中小学图书馆（室）建设的现行标准

标准类型	标准内容	具体标准
指导性标准	全国性或者地方性中小学图书馆（室）规程	《中小学图书馆（室）规程（修订）》（2018年）、《广东省中小学图书馆（室）建设规程》《贵州省中小学图书馆（室）管理办法（试行）》《长春市中小学图书馆（室）建设规程（试行）》等
专门标准	地方性中小学图书馆（室）建设标准	《广东省中小学图书馆（室）建设标准》《江苏省中小学图书馆建设标准》《辽宁省中小学图书馆（室）建设示范县区标准》《福建省中小学图书馆（室）建设基本标准》《苏州市中小学图书馆建设标准》等

① 1998年3月更名为中华人民共和国教育部。

（续表）

标准类型	标准内容	具体标准
其他标准	教育技术装备标准或指南、图书馆评估细则	《江苏省中小学教育技术装备标准（图书馆标准）》《四川省中小学教育技术装备标准（图书装备）》《福建省中小学示范图书馆评估实施办法（修订）》《河北省中小学示范性图书馆（室）评估标准（试行）》《江苏省中学图书馆等级评定实施意见》《佛山市教育装备建设指南（图书馆装备篇）》等

资料来源：此表格由笔者从王鸿飞编著的《中小学图书馆建设实践与阅读推广》中表2.1和有关官网信息资源（包括贵州省、福建省和河北省教育厅官方文件）整理而成。

2010年12月，文化部①发布了《关于进一步加强少年儿童图书馆建设工作的意见》（文社文发〔2010〕42号），进一步明确和强调了此类图书馆作为未成年人第二课堂的社会教育功能，是图书馆事业和公共文化服务体系的重要构成。该意见的出台引发了各地对少儿图书馆的重视，为推进其发展提供了有力保障。2015年教育部、文化部和新闻出版广电总局②联合印发的《关于加强新时期中小学图书馆建设与应用工作的意见》（教基一〔2015〕2号）明确了学校图书馆的地位和作用，即作为图书馆服务体系重要组成部分的学校图书馆对构建学习型与书香社会、完善公共文化服务体系等具有深远意义；该意见中关于信息资源高地、智慧中心、成长中心和活动中心的提法是国家层面对学校图书馆功能的最新提法，它们顺应了网络化、平民化的社会服务发展趋势，也凸显出学校图书馆的服务职能与技术优势。2019年，教育部原党组书记、部长陈宝生在全国教育工作会议讲话中提到，要从薄弱处着手落实立德树人的根本任务，深化教育教学改革，中小学生不会阅读就不会学习，现在学生普遍阅读量不够，阅读习惯欠缺，要广泛开展中小学生阅读活动，读经典、读原著，在系统阅读、大量阅读、深层次阅读中发现问题、思考问题、提升素养、增长知识见识；随着中高考改革的深化，未来阅读能力会直接影响考生的分数，在学习过程中，学生如果希望提升理解、知识运用和表达能力，那么阅读可谓最基础、最重要也是最有效的手段。清华大学教授王文湛指出，今后基础教育难度要降低、广度要增加，这就要通过阅读解决，将作业由单纯做习题改为阅读加习题，通过阅读学到更多知识。

① 2018年3月更名为中华人民共和国文化和旅游部。
② 2018年3月更名为中华人民共和国国家广播电视总局。

从教育行业的角度讲，学校图书馆是教育界人士均衡、合理地配置教育资源的重要内容和领域，是广大师生获取信息资源不可或缺的重要途径，是落实立德树人根本任务、全面深化课程改革的重要阵地，它对于保障、服务和改善教学，提高学生自主和终身学习能力，促进教师专业成长和学生全面发展具有重要作用。因此，建设、发展学校图书馆对教育行业本身也有重大、深远的影响。事实上此命题早已得到欧美国家诸多调研项目的证实。但到目前为止，国内针对该主题的高质量研究还很少，还未出现任何成型的以广西或其所属区域为研究对象的相关研究成果，这样的落差与缺憾是广西文化界、教育界同人难以绕开的问题和发展瓶颈，同时更是广西信息资源管理界发挥后发优势的突破口与实现跨越式发展的良好契机。

1.2 中小学图书馆（室）

1.2.1 中小学图书馆（室）的定义

中小学图书馆（Primary and Middle School Library）包括中学图书馆和小学图书馆，又名“学校图书馆”“（学校）媒体中心”（School Media Center）、“（学校）学习资源中心”（School/Learning Resource Center）、“学生图书馆”和“（学校）图书馆电教中心”等。它们是图书馆各系统中，除公共图书馆系统外最大的未成年人服务机构，在国内也被视为图书馆主要的六大类型之一。迄今为止，公立学校图书馆是世界上数量最多的图书馆类型，在美国，学校图书馆的概念为后来产生的公共图书馆系统奠定了基础。在实施学校教育的过程中，图书资料是最基本的教育装备和必备条件，无此条件势必会影响教育教学与学习行为的质量。在世界各地，相对于高等学校，图书馆对中小学校来讲更是最基本和最重要的办学条件。《学校图书馆指南》（第 2 版）指出，学校图书馆是公立或私立小学和中学内的实体及数字学习空间，用于满足学校学生的信息需求，以及教师和工作人员的课程教学需求。除了上述名称，该实体和数字场所还有多种名称，包括“文献信息中心”“图书馆共享学习空间”“图书馆资源中心”和“中（小）学图书室”等。下文一律用中小学图书馆指代一系列名称。

本书认为现阶段适合我国的中小学图书馆是指设在特定中学或小学，保障校内师生信息查询与获取的图书馆。

1.2.2 中小学图书馆的地位与作用

中小学图书馆是儿童生活和学习的重要场所，是学校教学机构的重要组成部分，它与师资、实验室一起构成学校的三大支柱，它们也是衡量各学校办学质量的三种要素。苏联图书馆管理局认为中小学图书馆的发展很有意义，因为它在自主学习与学校学习之间搭建了一座桥梁，使孩子们从小学会独立阅读，以丰富自身知识和素养。著名教育学家苏霍姆林斯基提出，学校图书馆是学校精神生活的中心，是精神生活的重要基地之一。学校里可能什么都很充裕，但如果没有满足人的全面发展及其丰富的精神生活所需要的书，或如果不喜爱书和冷淡地对待书，这不算是学校；相反，学校里可能缺乏许多东西，许多方面都可能是不足的、简陋的，但如果有为我们打开世界之窗的书，这就是学校了……书籍是学校“精神生活”和“智力生活”的基础……无限相信书籍的教育力量是苏霍姆林斯基教育信念的真谛之一……对学校来说，最重要的就是书籍。国内有学者也认为，中小学图书馆以其在学校教育中的独特地位和大量的书籍资源而成为创设学校阅读环境的“着力点”之一。总之，中小学图书馆可谓各国健全图书馆事业的重要组成部分，也是国家初中等教育至关重要的组成部分。

中小学图书馆的办馆优势在于行政隶属与地理位置划归学校，其在学校受到重视且拥有资源时既能保证所需资金投入、人力资源与读者群体等，又能从根本上方便师生借阅。但从另一个角度看，中小学图书馆的缺点可能也在于此：资源投入渠道相对单一、封闭，事实上中小学图书馆事业作为我国图书馆事业的重要组成部分，其结构基本上是单一化的，属于教育系统，由地区教育行政主管部门领导；少数民办或私立中小学虽然不直属教育行政部门领导，但在业务上仍由教育行政部门负责。相应地，包括社区图书馆在内的公共图书馆的设置则是为形成与学历教育相对应的社会教育网络，在大中小学之外为自主学习、课余自修服务，它们可满足社会的多元化需求。事实上，在绝大多数未成年人停留时间最长的校园中，中小学图书馆为每位中小学生提供了一项重要的教育机会，其发展与管理也应成为行政人员、教师和家长共同努力参与及推动的一项事业。

中小学图书馆应成为学校的信息中心、资源中心、科研中心，而非养老中心和娱乐中心。作为学校的信息中心，能推动和促进图书馆与网络（信息）中心的整合重组，组合后的二级机构共同影响着学校决策。教育性是中小学图书馆最主要的属性，服务性其次，现阶段中小学图书馆应成为中小学的文献信息资源高地，以便通过有效的教育与服务属性支撑中小学的教学科研事业。作为资源中心，可使中小学图书馆长期采集、整理、分析、交流和推广可靠且专业化的信息资源，使学校真正成为读书、求知和成长的乐园。作为科研中心，意味着中小学图书馆如果可以充分地满足师生解决问题、探究新知、讨论交流和职业发展等需求，就能够体现其学术特征。苏联杰出教育家克鲁普斯卡娅指出，科学工作最重要的条件之一就是组织得很好的科学图书馆，要严肃认真地对待这件事，首先要做好物质上的准备……需要有对科学工作各部门的特殊性有一般了解并善于倾听科学工作者呼声的人。由此中小学图书馆就能如《关于加强新时期中小学图书馆建设与应用工作的意见》所提出和指向的，真正成为智慧中心、成长中心和活动中心。在当代，作为教育装备基本条件，中小学图书馆的建设与开发利用水平已成为衡量中小学办学水平的重要标准。有关中小学图书馆的任务等内容，详见附录B的《中小学图书馆（室）规程（2018年修订）》全文。

1.2.3 中小学图书馆的服务对象

中小学图书馆的服务对象是读者，其专指利用图书馆藏书，并从中吸收文化科学知识的阅读者，根据社会身份可将其分为两大阵营：学生读者与其他读者。

1.2.3.1 学生读者

中小学图书馆的学生读者可分为普通的和有特殊需求的中小学生。普通中小学生的特征分析和分类一般按年龄阶层划分，而对于有特殊需求的中小学生，要根据他们在心理、生理上的特定缺陷或超常状况提供相应的资源和服务。国外相关研究表明，借助规定的教科书在教室封闭环境中的信息传递缺乏针对性，中小学图书馆进化为媒体中心有助于实现学校的个性化教育，因此媒体中心与教室的整合也成为实现差异化目标的必选项，这种整合后的异质课堂能为智力超常的学生提供更多的学习机会。这不仅可以发现他们潜在的特殊兴趣和能力，还可以展示他们的真正才能，特别能提升学生的批判能力、创造性和自主性。

中小学生年龄小，其生理、心理发育还未成熟，缺乏鉴别和判断能力，更缺乏足够的社会经验和自我保护能力，容易受到外界的侵害和影响，因此需要社会特别的关爱和保护。在进入中小学后，他们的好奇心和模仿性较强，学校要多备图书，供他们浏览，并且帮助他们养成读书的习惯。中小学生可塑性强，其思想认识和行为表现不稳定；思维的具体性、直观性较强，逻辑性较弱；求知欲旺盛，但自觉性和自制力较差。正是由于中小学图书馆的主要服务对象是成长中、亟须阅读启蒙和引导的未成年人，因此相比一般的图书馆它具有更强的教育性。具备教育性的中小学图书馆能给学生读者较大的自由空间，使学生大多处于主动探究的学习状态，注重对他们的个性、积极性和创造力的培养，所以图书馆教育的独特价值和功能不可忽视。

另外，中小学图书馆的读者群体较稳定，按年龄和读写能力有明确的区分标准，便于阅读活动特别是分级阅读活动的开展，而且其地理位置一般方便读者到达，这些都是公共图书馆不具备的优势，也是公共图书馆为提升阅读活动的针对性和效能，与中小学图书馆开展合作的必要性所在；公共图书馆在总分馆建设工作中采取的策略包括将中小学图书馆作为分馆开展建设，以便利用中小学图书馆各自的地缘优势将其他类型的图书馆服务嵌入当地社区之中，此做法在边远地区、农村地区尤为普遍。上述提及的图书馆教育性特征契合 2003 年于良芝在其专著中提到的中小学图书馆的目标，即学校图书馆或媒体中心的目标与学校的总体目标保持一致，问题是学校的总体目标往往不如想象的那样容易界定……至二十世纪六七十年代，至少在英国、美国等西方国家，中小学的教育目标经常被确定为“为将来的社会培养合格公民”。因此，作为中小学重要构成的中小学图书馆，其目标在理论上也应是培养合格的公民。现阶段本行业不仅应明确这一点，而且要向整个学界和业内外广泛宣传此人才培养目标。对于此目标，于良芝做了进一步挖掘，即培养合格的公民重在培养学生的素质，而素质则是知识、技能、品质、个性等的综合反映，因此仅依赖课本的传授和记忆是不够的，必须强调学生的自主学习。

也有传统研究支持上述对中小学图书馆目标的界定："为提高中学教学质量和丰富学生文化知识而设置的图书馆。藏书侧重于教学参考书，有益于青少年身心健康发展的科普读物和一般文艺书刊。"虽然教工读者也存在大量阅读需求，但中小学图书馆的主要读者始终是未成年学生，因此在馆舍的建设与布置、媒体资源的收集获取、图书的分类排架、自动化管理系统的应用、宣传策略和读书活动等方面都要以中小学生读者的需求为主要取向。

阅读不仅是儿童获取知识的主要途径，以及现代社会中个体的必备技能，它更能促进儿童的精神成长，为培养其独立个性和终身发展能力奠定基础。这里需要特别指出，阅读技能并非与生俱来，阅读行为特别是深度阅读的实现对阅读主体的认知能力与信息素养都有一定要求，少儿时期是提升阅读技能的黄金时期，如果错过了这一时期，那么个体在成年期的阅读量和兴趣会大受限制。阅读能从根本上影响儿童的人生观、价值观、审美水平与道德感，可保障他们的跨文化沟通，并适应社会变动与参与社会生活。甚至有学者认为，一个人永远走不出他的童年。

1.2.3.2　其他读者

教工、行政管理人员，特别是任课教师在学校社区中虽然所占比例较小，但他们作为中小学不可或缺的关键组成部分，其影响力、权威性乃至发展潜力等都不容小觑。任课教师可以说是对中小学生的成长影响最大的群体之一，中小学图书馆特别要与他们紧密联系、合作，因为有专家指出，教师对于图书馆的态度会影响中小学生对图书馆的态度。任课教师常年承担着传授知识技能、立德树人的重任，同时他们自身作为专业技术人员，需要开展备课、班级管理、自主学习和科学研究等工作，要补充全新的教研资料，他们还面临着保持、更新和不断提升自身文化修养与专业技能、推进职业发展进程的挑战；另一方面，他们在繁忙又辛劳的工作生活之余，也需要一方精神家园用以休养生息、交流互动、娱乐放松。因此，一个方便、高效、高品质的中小学图书馆及其各类型的媒体资源集对教师读者是必不可缺少的。

提升育人质量的一个关键因素是提升教师素质，教师素质的提升在于以教育科研促进专业成长。杜定友认为："做教员的人，总不能脱离书籍，可见书籍和教员的关系了……教员既然和书籍有这么深的关系，那么对于研究书籍的图书馆学，就不可不研究……现今教育学说，日多发明，教育方法，日新月异，做教员的人，断难故步自封，不求深造。”尤其是在当代，我国教师面临日益深化的教育领域综合改革，需要全面贯彻教育方针、实施素质教育并提升中小学生的品质与内涵，尤其需要他们不断地更新知识技能、改进教学方法及反思成长。另外，杜定友对图书馆与学术的关系也有精彩的论述：“学者研究学术，首赖图书……有图书馆，然后可以博览群书，参考引证。所以图书馆不啻学者的养成所。”相对于学生，教师总量虽少，但他们的阅读需求，特别是在所需资料的数量、广度和深度上远远超过绝大多数学生。由此可见，中小学图书馆具备了一定的学术性和服务性，一方面是其在教学科研中起到条件性与支撑作用；另一方面是能够满足教师在信息等方面的需求，两者经过有机统一才能让中小学图书馆均衡地发挥作用，并成为真正意义上的中小学图书馆。因此，建议中小学图书馆在采集媒体资源时要围绕教师的教学、科研工作，兼顾他们的心理与继续成长的内在需求，根据实际条件重点采集支持教学的网络资源，这一点是目前多数国内中小学图书馆的短板。

不同身份特征决定了读者不同的阅读需求、方式与特点：任课教师的阅读需求集中在教学理论、方法，以及各门课程的教学内容等主题的文献资料上；领导干部等以行政工作为主的人员则会侧重于学校管理、思想政治教育、党团建设等方面的书刊资料；学生阅读的内容主要与课程学习有关或是娱乐休闲类读物。认知水平不同也决定了师生阅读需求的差别较大：教师需大量使用图书和期刊、资料，既会系统阅读，也会基于工作生活等需求进行功利性阅读；中小学生的阅读内容相对浅显，但已开始进行系统阅读并扩展阅读门类。当然，读者的性别、年龄阶层也会直接影响其阅读兴趣和诸多倾向，所以在研究过程中需注意观察、思考，对读者的需求“具体问题具体分析”。

根据各国已有的政策法律框架，发展中小学图书馆是普遍受到支持和鼓励的。各国各地区都对该事业的发展持正面积极的态度，但出于多方面因素的差异，我国对中小学图书馆系统的强制性要求比照实际支持和投入出现了较大差别，相比于美国、日本、英国等发达国家，我国对中小学图书馆发展的支持和投入大多还不能满足师生的现实需求，因此强烈呼吁在了解基层现状、科学分析实证调研数据、对比国内外发展态势的基础上，推动和优化中小学图书馆事业的发展。

1.3 本研究的理论基础

本研究的理论植根于教育学、心理学、图书馆学及其各自的相关和分支学科。从学科分类和专业背景来讲，图书馆学从诞生之日起就与教育学存在天然而紧密的联系。杜威将大众教育分为两类：一类是免费的公立学校教育，另一类是免费的公共图书馆教育。蔡元培指出，教育并不专在学校，学校以外还有许多机关，第一是图书馆。现代图书馆无疑是协助、鼓励、支持民众学习、阅读的场所，而中学图书馆的服务对象和任务目的就更为专指化，它专门指向以发展和学习为主要任务的中小学生群体，要做好对他们的服务就必定离不开心理学等若干学科的协同和支持。

1.3.1 教育学理论基础

1.3.1.1 素质教育理论

学界、业界现已将素质教育定义为“以提高国民素质为根本宗旨，以面向全体学生，培养学生创新精神和创新能力为重点，使学生在德智体美等方面全面、充分、和谐发展的教育”。实施素质教育有赖于校园物质环境建设，因为个体素质的形成不是在主体间自动转移的，而是主体借助某种物质手段，通过积极的实践活动获得个体心理品质的过程。学生提升综合素质所依赖的物质环境无疑包括图书馆，这已在诸多研究中得到证实，因此可以说图书馆是中小学实施素质教育的前提，只有中小学拥有丰富的信息资源才能使学生有机会独立获取所需要的知识信息。

在素质教育模式下，学生学习的目的在于掌握实际应用的本领，其中最重要的一种学习方式是“研究型学习”。该学习方式最重要的阵地就是图书馆，中小学图书馆所具备的能力培养与综合素质提升的功能是课堂教学无法充分具备的。一般情况下，中小学图书馆与素质教育间的关系界定如下：教育的变革与中小学图书馆战略地位的变化存在密切关联，中小学图书馆发展的保障与良好契机就在于实施素质教育和基础课程改革。反之，在发展素质教育的过程中，专业化的中小学图书馆也是不可或缺的支持力量，比如说素质教育所需要的自主学习空间、信息设备、交流讨论空间、多样化馆藏及图书馆管理员的指导帮助；正规教育的最高目标是为社会培养出综合能力强的合格公民，这类教育在国际上普遍离不开图书馆的支撑。在美国的教育改革过程中，教育理念一旦向学生转移，中小学图书馆的作用就会得到关注和认可。可以说，良好的中小学图书馆能够对学校整体运行的质量、效益，特别是学生的全面发展产生显著的积极影响。朱永新教授也认为真正的阅读是解决我国教育问题最重要的手段，并将它定位为我国素质教育突破口的一项最重要的选择和最好路径。

目前我国深化教育教学改革，着力培养全面发展的合格公民，这从客观上看就需要确立并加强中小学图书馆的地位。中小学图书馆能给予学生读者适当的精神发育、认知发展和情感意志调整等方面的感召和指导，这对中小学图书馆的制度化与稳步发展具有重大意义。同时，该事业的发展有助于我国公共文化服务体系的构建、完善，特别是有助于公共图书馆系统的可持续性发展和繁荣。

1.3.1.2　教育改革与学校阅读发展的新教育学理论

新教育学理论的提出与践行以美国的雷夫老师和我国的朱永新教授等人为代表。但事实上雷夫老师作为新教育学理论精髓的践行者，却尚未明确提出和倡导该理论。

在国内，朱永新教授发起了“新教育实验”教育改革行动，它基于全国教育科学“十五”规划重点课题，是针对“教师苦、学生累、家长急、校长冤”的现实图景开展的，可将其定义为以教师发展为起点，以十大行动为途径，以帮助新教育共同体度过幸福、完整的教育生活为目的的教育实验。该实验开展后，有实验区和千余所定点中小学实践新的教育理念和模式，有研究院和定期会议提供相应的理论研究支撑，有国家项目和其他诸多基金会等社会团体的援助支持，还引入了国际流行的生命教育教材对学生开展“新生命教育”，并自编教材开展了“新公民教育”，这两项课程有效地促进了学生的身心健康发展。另外，朱永新教授从 2003 年到 2022 年连续 19 年在全国人民代表大会和政治协商会议（简称“两会”）上呼吁将“全民阅读”作为国家战略认真实施，提交了建立“国家阅读节”的提案，而且他呼吁建立中小学图书馆的基本书目制度，建立基本的配备标准，真正让农村学生能够与城市的孩子一样读到好书。结合新教育研究院院长卢志文和朱永新教授所发表的文章可知，这项改革事业已成型并且已在客观上产生了较大的影响和辐射。最后，在近年来所调研的数百所农村中小学的基础上，朱教授在2020年全国“两会”上直接提出，在“十四五”期间国家应当实施农村中小学图书馆建设工程，阅读的条件、机会和环境都已成为中小学软件配备的关键部分，像过去抓营养午餐那样，对农村中小学图书馆进行标准化改造，国家还要出台农村中小学图书馆建设标准，加大建设力度并且在全民监督下划拨专款，专款专用，在经费使用时充分发挥基层自主权，规范各类资源的配备程序，以便确保农村、边远地区的孩子的阅读权益和获取信息的权利，这样“教育公平”才会有更坚实的保障与更广泛的实现，最终使广大民众从初中等教育的角度增强获得感和幸福感，促进社会文化和教育事业的可持续性发展。

朱永新教授从微观到宏观的相关思想体系如下：在偏重升学率等指标的教育评估机制中，丰富的阅读已经被教育所抛弃，更多的学习是为了分数而强迫孩子们不断地做习题和测验考试。他的理念是：阅读早已不仅是个体私域问题，因为一个人的精神发育史就是他的阅读史，一个民族的精神境界取决于这个民族的阅读水平，一个没有阅读的学校永远不可能有真正的教育，一个书香充盈的城市才能成为美丽的精神家园，共读共写共生活才能拥有共同语言、共同价值、共同愿景。相关学者的观点也与此观点十分相似，即人们通过读书所获得的裨益远远不止于自我人格的形成方面，读书能力本身甚至代表了一个国家最根本的优势。朱永新教授强调“建立‘国家阅读节’有助于实现阅读的教育价值……学校教育不仅仅像母乳一样给我们最初的滋养，最重要的是通过阅读让我们学会了自主飞翔”。他认为：“阅读对于国民素质的提升和国家竞争力、凝聚力的加强具有不可替代的重要作用。阅读是最有效、最便捷、最廉价、最直接的提升国民素质与国家竞争力量的路径。同时，从推进教育公平的角度说……阅读是最高效的教育，推动阅读是推进教育公平最简便的方法。”

在欧美国家，多年来不仅是图书馆界，各级教育界也大力推广中小学图书馆未成年人阅读，被称为美国最有趣、最有影响力的雷夫老师在其多年的小学教学经验的基础上提出：“阅读不是一门科目，它是生活的基石……要让孩子在长大后成为与众不同的人——能考虑他人观点、心胸开阔、拥有和他人讨论伟大想法的能力——热爱阅读是一个必要的基础。”他认为：“上图书馆是为了建立孩子们的价值观；置身于热爱阅读的人群中对孩子们是很有益处的……乐于阅读的孩子能和身边的世界产生联系，最后具备超越现阶段想象范围的思考能力。”

除了上述两位教育学专家外，还有四位名人或专家的理念也与新教育改革的思想行动相一致。克鲁普斯卡娅的观点是：“儿童读物在儿童的生活中起着重大的作用，它在儿童生活中所起到的重大作用要大大超过成人在生活中所起的作用。童年时代读过的书往往使人毕生难忘，并且能对儿童以后的发展产生影响。儿童从他们所读的书中获得一定的世界观；书籍也可以使儿童养成一定的行为标准。”她认为：“要使学校里到处都有图书馆的据点……就要经常组织对优秀作品的朗读活动，学校在这方面应该做得更好。”所谓阅读兴趣，就是对阅读的一种积极的心理倾向，包含了认识、情感和行动三个维度。苏霍姆林斯基认为，学习者阅读兴趣的主要特征在于他们愉悦的心境、强烈的求知欲和主动学习的行动。我国中小学图书馆领域专家李玉先指出，书籍是人类的精神食粮……读什么书籍，在更大程度上引导了孩子的思想方向。国内文学家钱理群先生指出，办好教育需要三个条件：有好校长，其重要品质就是“喜欢读书”；有好教师，界定好教师的标准是需要有三爱，即爱教育、爱学生、爱读书；有一个好的图书室，所藏图书不能只与应试教育相关，还应有古今中外的经典和适合孩子阅读的好书，要有计算机和网络设备。他还认为教育就是由“爱读书”的校长和教师带领学生一起“读书”。

1.3.1.3 其他教育学理论及对教育学理论的总结和应用

1.维果斯基“最近发展区”理论

“最近发展区”是指未成年人已经能做的与其尚不能很好完成的之间的差距，是未成年人现有发展水平与得到一定指导支持条件下可能达到的潜在发展水平间的范围。维果斯基认为，应先确定两种发展水平：第一种是未成年人独立活动时达到的解决问题的现有水平；第二种是在有指导的情况下能达到的解决问题的水平，即通过教学所获得的潜力。教学创造着“最近发展区”，第一个与第二个发展水平间的动力状态由教学决定。在未成年人能够独立完成任务前，家人、教师或他人须向他们提供暂时的支持，这种支持既要考虑未成年人现有的发展水平，又要提出更高、更好的发展要求，因此好的教学指导要建立在形成中的心理机能的基础上，又应适当提前于心理机能的形成。结合工作实践，中小学图书馆可围绕未成年人“最近发展区”设计读书活动，通过活动让未成年人既感知到自身的能力和水平，又发现自身的不足与潜力，推动、感召和鼓励其前进；同时，此理论体现出中小学图书馆开展阅读推广、参考咨询、组织志愿者参与管理等工作的价值和意义。

2.教育学理论基础的总结及其发展应用

“教育”一词的含义就是以人类已有的知识为基本核心再形成一系列新的知识，并将这些新形成的知识同核心知识牢固地连在一起。从这一权威定义可知，熟悉、掌握各领域知识只是学习的一个方面，更重要的是发展已有知识，并将新知识与已有知识相互连接，即在头脑中恰当地内化、梳理和贯通知识，以便不断发展自己对特定学科的兴趣。因此，从编写大纲到反馈评价的普通教学过程中，较理想的状态是在知识传授范围、方式和程序中充分考虑学生的情况，而教师教学的基本参考支持渠道即图书阅读。

对支撑、服务于教育的附属机构来说，中小学图书馆主要的服务对象是青少年儿童，其首要且核心属性是教育性，在读者工作中的基本原则是教育性原则。而这些机构的行政管理者和资源调配者是教育机构或教育行政管理部门。因此，为了本行业将来更好地生存、发展，这些机构必须更频繁、深度地与教育行业的相关人士合作、互动，更好地认知、参与并融入教育事业，在此方面我们可向欧美国家学习。另外，中小学图书馆有必要进一步强化、宣传其教育职能，使相关群体乃至全社会认识到中小学图书馆是基础性的教育资源和装备，是办好中小学的重要支柱。最后，从国内行业发展现状看，长期以来中小学图书馆一直是我国基础教育领域的一块短板，其实际所发挥的效能与教育教学改革发展力度不成正比，这也彰显出我国在该领域可观的发展空间与巨大的发展潜力。

1.3.2 心理学理论基础

1.3.2.1 发展心理学理论基础

儿童心理发展是指在掌握人类知识经验与行为规范的事件中，未成年人心理机能不断通过量变、质变而实现提高改变的过程。由于本书的研究对象是中学图书馆，所涉及的中学生读者大致处于青少年时期，即青春期与成人、成年化的分水岭。青少年时期的发展可大致分为三个方面：生理发展、认知发展、情感和社会发展。其中，生理发展表现为外部特征的明显变化，认知发展、情感和社会发展是内在的，与心理变化有关，影响个体的行为特征。基于本书的内容，下文将重点关注认知发展、情感和社会发展两个发展范畴，其中又以认知发展为关注焦点。青少年作为中学图书馆的主要服务对象，其心理行为的发展状况、规律和沟通技能应为图书馆管理员及相关研究者所关注、掌握与利用，以便实现令人满意的服务效果与服务评价。

1. 皮亚杰的认知发展阶段理论

作为当代著名的发展心理学家，皮亚杰的认知发展阶段理论已经成为全球最有影响力的认知发展理论之一，并对图书馆未成年人服务具有重要的指导意义。认知发展心理学的任务是探讨认知发展的过程和现象的特点、规律及其影响因素，探讨隐藏在该过程与现象背后的微观机制，为指导未成年人教育实践提供科学依据。

皮亚杰将未成年人认知发展划分为四阶段，最后一阶段是形式运算阶段（11~15岁），这与我国初中生的年龄阶段相吻合，代表了认知成熟。此阶段主要成就包括分类、形成逻辑思维与假设能力，另外在情感和人际领域，他们会尝试各种待人之道和心理预期，以便发现哪种行为对他们最有利。该理论说明发展先于学习，可以让青少年在与环境互动的各类活动中自然地学习知识并获得发展，而且特别关注他们的思维过程和个体差异。事实上，心理学家维果斯基的内化理论和上文提及的“最近发展区理论”也都证明了开展阅读推广活动与阅读指导的重要性。图书馆管理员须认清并适应中学生读者的认知发展阶段特征，避免提供过于简单且会浪费学生时间的文献；资源要以通俗通用为主，但可适当成人化、理论化、抽象化并辅以适当的阅读指导，以便推动提升其认知层次；还要组织各类精选活动，以促进他们提升能力与实现个体发展。

2. 埃里克森的人格发展八阶段理论

埃里克森是美国新精神分析主义者，他通过临床观察、经验总结和大量病例分析，提出了人格发展八阶段理论。事实上，个体在每个阶段都面临着特定的心理社会危机（Psychosocial Crisis），如果个体能在各阶段成功解决相应危机，就能取得重大进步且使个性健全发展，利于对环境的积极适应，并且前期阶段的危机解决直接影响到后续阶段的发展。其中，与本研究相关的阶段包括中学生涉及的第四阶段（6~12岁）学龄期、第五阶段（13~19岁）青少年期，以及教师等其他读者涉及的第六阶段（18~30岁）成年早期、第七阶段（31~60岁）成年中期和第八阶段（60岁以后）成年晚期。第四阶段的发展任务是获取勤奋感并克服自卑感，体验自身能力的实现，形成自身的勤奋感与胜任感；第五阶段是承继学龄期后的青少年期，他们面临角色混乱与同一性冲突的危机，解决此危机对个体形成健康的个性非常重要，此阶段他们会自觉无力持久地承担义务，会延迟做出个人生活或职业选择和承诺（即“合法延缓期”或“延期偿付”），以便逐步达成并确立自我同一性的内心需求，此阶段标志着学龄期结束和成年期开始；第六阶段是青年晚期或成年早期，其发展任务是获得亲密感以便避免孤独感，体验实现爱情与亲密关系（可延至40岁），此阶段的发展状况意味着个体是否愿意与他人深层次交往，从而建立新的信任与亲密关系；第七阶段是生产（包括繁殖、事业发展和人际交往等）与停滞相冲突阶段，停滞意味着一潭死水、有损自尊，而生产则是相信自己做的事情有价值，可以提升和保持其自尊；第八阶段是自我完满与绝望相冲突阶段，自我完满源于智慧，此阶段要求人们放弃人际关系与身外之物。基于埃里克森的理论，第四、第五阶段主要是中小学发挥着重要作用，而第六到第八阶段则是所在的单位和工作内容至关重要。因此，中小学作为青少年主要活动场所和教师工作单位，理应切实承担起促进个体健康、全面成长的任务。图书馆管理员可在馆内安排较可观的志愿者或义工等职位，促进青少年读者自我同一性的达成与确立，增加社会体验以便认识自身能力；馆藏资源应收集心理学、文学、名人传记、科学技术和行业介绍等主题内容，主要帮助学生更好地完成各发展阶段的任务并继续向前跨越。另外，图书馆也须准备各科教育教研、管理学、社会学、科学普及等资料和娱乐休闲资源，组织各类讲座、讨论会、趣味竞赛等活动，以满足教职工的多种需求。

3.洛伦茨的印刻现象

1935年，奥地利动物学家洛伦茨通过观察发现了动物印刻行为，即在某一特定时期，动物个体由于遇到特定刺激会建立一种固定模式。印刻现象无须强化，它在一定时期内容易形成，此时期即关键期或敏感期；此时期在适宜的环境影响下，行为习得很容易达成，学习相关知识的能力事半功倍，但在关键期如果缺乏适宜的环境影响，就会丧失学习的最佳时机，也可引起病态反应并影响未来的正常发展，个体在日后学习相同事物时会更加耗时耗力且效果不佳。《中国儿童早期阅读现状与对策研究报告》指出，要抓住未成年人关键期或敏感期集中培养，直至使其形成良好习惯。延伸到本学科主题，也存在这种特殊时期，德国阅读专家认为如果个体到 13 岁或最晚 15 岁还未养成阅读习惯，那么他在今后一生中都很难再找到阅读的乐趣。有国内学者也认识到："人的阅读需要、人的精神饥饿感的形成有其敏感期或关键期，而中小学阶段阅读习惯的养成，将影响一个人终身的阅读兴趣与阅读习惯……培养爱书人需要家长、老师、图书馆和社会各界的执着。"该理论的意义在于促进家庭、教师和社会对儿童早期教育（6 岁以前）乃至少年时期教育的重视和投入，同时启示和引导图书馆等机构配合父母抓住最佳时机培养未成年人的阅读兴趣并使其养成阅读习惯，积极地开展系列教育活动，以便使教育方在投入较少资源的前提下取得相对令人满意的成效。

4. 成年期理论

发展持续终生，而成年期最明显的变化表现在生理上。有心理学者认为，可将成年期划分为成年早期（20~40 岁）、成年中期（41~65 岁）和成年晚期（65 岁以后），处于成年早期的人认知能力一般处于巅峰状态，包括智力、创造性和记忆力等方面；成年期的社会与情绪变化发展受到个体行为模式与文化期待的影响，因此差异较大，但一般情况下 30 多岁的个体处于建立事业和亲密关系的调整与发展期，将近 40 岁时重心一般置于事业发展和抚育下一代上。

总之，学界与业界对青少年的心理发展有一个较统一的认识，即儿童从小学升入初中阶段，已经跨越了识字和纯形象思维阶段，发展到形象与抽象思维并存阶段，可以接受抽样概念并解决假设性问题，并已在阅读和经历中初步形成了一定的自觉性、选择性、理解和认知能力，其自我意识虽已增强，但世界观、意志品质与道德修养仍不成熟，可塑性强，易受外界影响。而年满 15 周岁的高中生，一般处于青春期和青年初期，其身体、心理处在急剧变化、发展和成熟阶段，其世界观、个性和爱好都逐渐成形，对各学科逐渐形成整体性认识，所需信息资料更加注重逻辑性、科学性和思想深度，他们学习的自觉性、主动性和独立性有明显的提升，初步具备了独立思考和理解乃至初步解决问题的能力。根据对青少年乃至更广泛群体的心理发展特征的分析可知，"改变，可以从阅读开始。因为阅读能够让儿童的心理安顿下来，丰富起来，因为阅读可以使一个人精神敞亮，视界洞开，因为一个人的阅读史就是他的精神成长史，阅读力是学习力的核心”。这也与苏霍姆林斯基的观点及新教育学理论相一致。

1.3.2.2　学习心理学

学习是人生中一项最普遍和重要的活动，当代中国正建设学习型社会，要求公民能够终身学习，学习已成为个体与社会持续创新发展的必经之路。从广义上讲，学习是指有机体因经验而引起的心理行为较持久的变化过程，学习过程即刺激与反应之间建立联系的过程。在当代，对学习的基本看法即学习观多种多样，如全面学习观、自主学习观、创造学习观和建构学习观等。而作为重要学习场所的中学图书馆，其作用不言而喻。

1. 学习环境 / 情境主题

人在学习时应创造能够有效学习的条件，嘈杂的环境、不适宜的照明、较低或较高的温度与湿度等条件都不利于人们长时间进行有效的学习，而身边有参考资料随时可以查阅则是一项有利条件，因此阅览室、图书馆（室）一般被视为最适合学习的场所。在人格理论体系中，学习理论流派就强调环境（或情境变量）的重要性，认为它决定了行为，因此在对中学生的教育策略上，该流派认为可通过强化学习环境，特别是自主学习环境来实现。情境学习作为一类重要的学习行为，可被视为环境与学习者之间互动的维度；甚至所有学习都可认为是“情境性”的，即全部学习都在一定情境中发生，学习情境不仅影响学习，它也是学习的组成部分，最终个体和环境发生密切关联，乃至于相互依存，具体如图 2-1 所示。

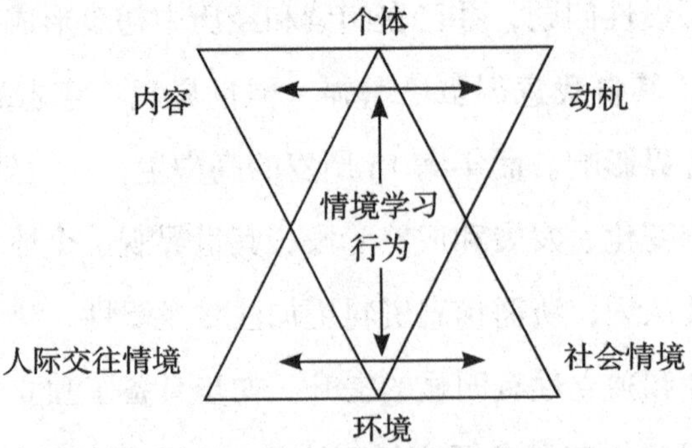

图 2-1　情境学习中个体与环境的互动关系

教师的学习在其各自的工作实践过程中发生；目前教师不仅要向专家学习，更要向同伴和学生学习，而学术研究活动即最好的学习，特别是教师在行动研究中可深度学习，从而获得专业上的深度发展。

2.学习方式

在学习方式方面，中学图书馆不同于学科教育教学，它能弥补学科教育教学的不足，其明显优势在于能帮助学生自主构建、自主探究知识体系，能够锻炼学生自主选择、独立思考和交流合作等能力，它是重要的育人阵地和开展素质教育的重要辅助手段。在中学图书馆开展的创新性学习大多是与维持性学习相对应的，即学习者在学习过程中不满足于现有结论或答案，以已有知识为基础独立思考、多向探寻，创造性地提出新问题、新思路和新型学习方式，它与维持性学习在学习目的、标准、内容、思维方式、方法和师生关系处理上存在明显、根本性的差异。所有创新性学习都以心理学为基础，学习的个人化体验是学习真正意义上的特征，没有个性化学习，就不会出现创新性学习，另外创新性学习也强调开放性、实践性原则。

创新性学习与教育学理论提及的研究型学习也不完全相同，创新性学习的内容和方式相对更加灵活、全面和个性化，注重实现“创”，非常有利于培养中学生的创新能力。总之，创新性学习能力是个体学习能力的更高层次的表现，在该能力的基本结构中，问（质疑）是起源、想（思维）是核心、新（新颖）是特定、做（操作）是动力，四者需相互联系、相互补充与综合运用。

3.学习动机和学习兴趣等主题

一切行为都由动机引起。动机是指引起动作的心理倾向或内部驱动力，学习动机是指个体发动并维持其学习活动的内在动力，学习动机与学习行为间存在密切的互动关系。学生学习动机的构成较复杂，但大体包括需求与诱因两个主要因素，需求是其基本的心理结构成分，是其学习积极性的内部源泉，诱因是能够满足学习需求的客体（目标）情境与条件。培养学生正确的学习动机不仅能为他们成功学习创造条件，而且也是中小学德育工作的一项基本内容。学习动机具有明显的年龄特征，初中阶段的学习动机更多受个人兴趣爱好的影响，缺乏自觉性，并且容易受身边人的影响，不稳固；高中阶段的学习动机具备了一定的自主性和稳定性；成年期的学习动机更多的是从实际需求出发，比较客观、具体。

兴趣是人们力图认识世界、获取知识和探究真理并带有情绪色彩的认识倾向，学习兴趣是在求知欲与好奇心的基础上生成的爱好某活动或力求获得知识的意识倾向，它是学习需求在情绪上的表现形式，是学习积极性中最活跃、现实的心理成分，积极地作用于个体学习心理和行为的生成、定向与维持。

学习兴趣与学习动机从本质上看都起源于需求，是需求的不同表现方式，是个体需求发展到一定阶段与强度的产物，两者的差别在于兴趣是动机进一步的纵深发展，相比外界强加的动机，学习兴趣这种个体自愿自发的良性学习动机，对个体的学习心理、行为的调控作用要有效得多。

1.3.2.3 阅读心理学

1. 阅读

阅读作为人类获取知识的主要渠道，是从事各项工作的基本技能，是个体谋生的要素。不仅如此，阅读还是幸福人生的要素，由此启迪心灵、促进精神充分发育成熟，并了解他人和社会生活，真正欣赏到高质量的文学艺术作品；上升到群体乃至国家层面，它还是衡量一个国家人口质量的主要指标之一，也是构建学习型社会的基石。对于未成年人，阅读具备多方面的功能，如促进人脑发育、发展语言能力和求知欲、提升想象力和注意力，以及获得精神成长、培养价值观等，但阅读心理学关注的范畴尚未如此宽泛，它仅涉及非智力因素。

2. 阅读行为、过程和阅读活动

阅读行为是人类的一项特有行为，与其他人类行为相互区别、相互交叉，阅读行为是学习主体与文本间的交流和对话，它也是学习主体最基本的学习行为，是学习活动中具备基础性、最常用的学习行为。阅读过程伴随着非常复杂的心理成分，即人的需求、兴趣、情感、动机和个性等都会影响阅读活动，因此阅读活动的顺利进行必须以一定的个性心理品质和心理发展水平为条件，同时又能促进个体个性的发展和提升认知能力。

阅读心理学的研究对象是阅读活动中的各种心理现象及其规律性，即读者在获取信息的过程中影响他们以及该过程的非智力因素。青少年学生处在精神发育的重要阶段，中小学阶段（特别是初高中阶段）是个体进行阅读学习的黄金时期。美国图书馆学家约翰·科登·达纳（John Cotton Dana）指出，6~16岁是个体阅读品味与习惯形成的最重要阶段，在此阶段，他们所受阅读的影响要超出我们的想象，而且家长和老师在引导阅读兴趣与选书方面的作用尤为重要；英国学者提出了“阅读环境”的概念，他们认为在物理环境之外的心理情境是将阅读引导人定为阅读过程循环圈的中心，在其起到了关键性作用的情境下，循环圈才能产生螺旋式上升力量。阅读心理学也认为社会因素与动机对阅读过程的影响非常明显，它们都是推动个体阅读的内部动因。在社会因素中，阅读心理学最关注中小学和家庭因素，其中家庭情境中父母的相关特性很重要，他们与儿童的互动也成为儿童在中小学成就行为最重要的家庭因素；而中小学因素主要来自师生关系、同学影响与课堂教学所用阅读材料等。

3. 阅读动机与阅读需求

阅读动机分内外两类，中小学情境中的内在动机是学生希望通过阅读获得掌控感和自我满足感，外部动机则可能是现实的好处，外部动机会抑制内在动机，并且会使学习质量下降，因此在中小学教育中最好依赖内在动机，但它又不是先天即有或一蹴而就的，在开始阅读时学生可将内外部动机相结合，在阅读中不断培养其内在动机。

读者的阅读心理需求是中小学图书馆读者工作的源泉。此类图书馆读者的阅读心理需求一般包括以下六种：（1）专业型阅读需求，即教师（或行政人员）读者从事教学、科研或学生管理等工作中最基本的职业阅读需要，教师的连续性职业要求决定了其对重点明确的相关专业文献的需求；（2）社会型阅读需求，即从众型阅读需求，是受家庭、校园和社会等影响而形成的阅读需求，它反映出不同历史时期各类读者的社会共同性阅读倾向，具备强烈的时代特征；（3）研究型阅读需求，即读者从事特定的专业研究活动所产生的阅读需求，它具备任务特征，通常是基于课题申报与研究、职称申报、学术探究、学术交流等焦点事件衍生出的高度专业化的信息需求；（4）休闲娱乐型阅读需求，即读者在学习、工作之余基于个人兴趣爱好产生的阅读需求；（5）应试型阅读需求，即师生为准备考试而产生的阅读需求，如教师报考研究生和公务员考试，学生参加各类考试、竞赛或课堂考核等需要借阅相关资料；（6）榜样型阅读需求，其产生于学生读者，他们在学习、生活过程中，为使自己成为有一定个性和特长的全面发展的公民，会将某些人物作为自己的榜样，这种需求可落地在名人传记、自传体小说、言论作品等文献中。

阅读心理学还要考虑如何改善特殊需求人士，特别是有阅读障碍（学习障碍的一种）、感官障碍等问题的个体的学习状况，保证其正常的生存发展。

1.3.3 专门图书馆学理论基础

儿童图书馆学与中小学图书馆学两个分支学科都属专门图书馆学，具体来说，专门图书馆学包括三个方面：图书馆学研究、大学图书馆学研究和中小学及儿童图书馆学研究。目前该学科前两个方面已获得图书情报学界、业界较多的关注与投入，对第三个方面的研究则相形见绌，如上文所述，多年来该主题主要得出了纯思辨或经验总结范式的研究结果，与此同时，由于中小学图书馆学与儿童图书馆学两个小学科的研究领域、对象与工具方法都有大幅重合，研究内容也存在诸多共同点，因此在提及这两个学科时下文统一称之为“儿童图书馆学”。

1.3.3.1 广义上的儿童图书馆学理论

国内早期儿童图书馆学研究注重借鉴、吸纳教育学、心理学等学科的理论成果。但近几十年来，受制于关注度、研究水平和规范性等因素，儿童图书馆学学术研究整体式微，国内极少见到采用实证研究方法解决具体假设问题的相关博士学位论文、专著或高水平研究报告，因此其研究进展不仅远落后于教育学和心理学等对相关主题的探讨，更加无法利用理论反哺并指导目前和将来的未成年人图书馆服务实践，造成目前该项事业的发展相对滞后，无法充分满足民众的相关需求。

现有儿童图书馆学理论体系对新理论的建构很少，更不用说相关实证研究的数量与质量，相比之下，近年来从教育专家到一般教育工作者，对相关问题研究的科学性和深度显然更胜一筹。我国教育家（如杨贤江）提倡学生须在求知的道路上主动进取，学生学习的自主性是教育的出发点和终点，尤其是培养未成年人读书兴趣，引导其独立思考、分析和解决问题，能进一步推动其创新精神和能力的培养。因此，在实践中，建议各类型图书馆，特别是便于学生利用的中小学图书馆尽可能地减少对未成年人信息和服务获取的限制。

1.3.3.2　阅读推广理论

在前文，我们已经介绍了阅读推广与公共图书馆服务理论，所以此处仅重申两个理论方向的基本原则和补充事项。

1. 阅读与普通阅读推广

总体来讲，阅读是当代人们获取信息、发展智力和接受教育的根本途径，事关全社会和国家民族的可持续发展能力与文化素质。阅读推广已成为当代图书馆服务工作新趋向，并且各类图书馆举办丰富多样的阅读推广活动已成为图书馆业务的亮点与新增长点。目前，在全民阅读活动中，图书馆作为社会阅读主体，已成为全民阅读的主要阵地和场所，图书馆的角色已从参与者转为引导者，而且其组织引导任务已明确，其中图书馆员是图书馆阅读推广活动的组织者、实施者和策划者，其相关能力直接影响图书馆阅读推广服务的成果与实效。

2. 面向特殊群体的阅读推广

图书馆阅读推广中的一项很重要的工作就是“训练”，该工作的目的是使服务对象中有阅读意愿但阅读能力低下，特别是那些未学会阅读的人学会如何阅读，乃至于迷恋上阅读。下文将详尽论述针对青少年学生的服务。要做好阅读推广还要做好辅助工作，主要为残障人士、阅读障碍症患者、低年级乃至素养低下的学生等提供帮助，这是我国在构建和谐社会和社会主义现代化强国过程中，残障人士享有信息自由平等权利（如利用图书馆的基本权利）的具体体现，而保障他们的文化权利也是政府的一项重要职责。

根据本学科现有理论可知，加强儿童图书馆服务是从根本上促进图书馆事业发展的一项基本条件。虽然此服务无法取得立竿见影的效果，但专业人士和决策层需认识到，教育事业本就是长线投资与长期工程，结合国外相关经验教训，面向未成年人的图书馆事业更应予以长期关注和投入，并在长线、大范围调研的基础上制定工作计划和策略，兼以不定期评估和督促才可能看到效果。同时，发展此项事业并尽力投入也是实现国内阅读和文化环境全面改善的必经之路和前提。于良芝指出，促进图书馆发展的最基本条件包括具有阅读能力和阅读兴趣、注重文化修养和自我完善的人口……人们在培养阅读能力时所接受的教育模式或其他经历，有可能消极地影响他们对阅读的态度。儿时不快的记忆可能会使一个人终生视阅读为苦差而非乐趣，从而使阅读兴趣与阅读能力脱节……现代图书馆职业队伍深谙阅读兴趣培养与其他娱乐活动进行竞争的道理，始终把阅读促进活动视为图书馆职业的崇高职责。范并思认为，孩子个人不仅是社会阅读的基础（由于他与各类群体之间的密切关系），而且成为将其他群体引入社会阅读的链接点，从而推动社会阅读的不断发展。克鲁普斯卡娅指出，如果儿童能读一些虽然跟学习没有直接关系但是能够扩大他的眼界并能使他学会比较深入地考虑各种问题的书，这往往有很大的好处，这是一种发展，是从阅读中获得的发展，它可以加重学习的分量，提高学习的意义；所以我们希望在学校里设立图书馆，因为书籍有助于儿童的进步，可以使儿童学会独立学习……因为我们不只是要给儿童一定数量的知识，而且还要使他们具有独立获取知识的能力。因此，虽然在我国有效地推广阅读，特别是推广青少年阅读的道路漫长而艰辛，但“阅读从娃娃抓起”的推广思路和路径值得考虑并采纳，应为学生从小提供信息获取和自我提升的完备条件，这是教育界和图情界不可推卸和忽视的责任与使命。

1.3.3.3 （公共）图书馆服务理论

虽然公共图书馆与中小学图书馆分属不同的图书馆类型，但公共图书馆所属的少年儿童图书馆子类型，以及一般公共图书馆少年儿童服务部（儿童组），它们的产生时间、服务对象、任务乃至服务方式和工具都与中小学图书馆有许多相似之处。公共图书馆亦是我国公共文化服务体系的重要组成部分，在国际上发布的以公共图书馆为主题的重要文本，在一定程度上也成为全图书馆行业的指南与标杆。1994 年版的《公共图书馆宣言》相关论述也呼应了该主题，因此有必要简述该主题的相关理论。

公共图书馆是对全社会普遍开放的图书馆，1994 年版的《公共图书馆宣言》规定了公共图书馆必须向不同年龄的民众提供平等服务，这意味着公共图书馆必须无差别地、公平地乃至更周到地为所有中学生服务；它陈述了国际公共图书馆的原则，代表了整个行业的声音和姿态，因此已成为各国图书馆事业发展的行动指南和行为准则。2003

年 IFLA 通过并公布了《图书馆和信息服务机构及信息自由的格拉斯哥宣言》，该宣言体现出 IFLA 强调自由获取和传播信息是人类的基本权利，并且特别指出，图书馆和信息服务机构应将它们所有的信息资料、设备和服务平等地提供给所有用户使用，不论他们国籍或种族、性别、年龄、伤残情况、宗教、政治信仰等有何不同，都必须平等对待。2013 年，IFLA 批准并发布了《图书馆与可持续发展声明》，其中提到 IFLA 确信的首条原则是图书馆为所有人提供机会，即“图书馆服务面向所有人，不因种族……年龄、残疾状况……而区别对待。图书馆支持弱势及边缘群体，并有助于确保没有人被剥夺基本的经济机会和人权”。另外，该声明指出图书馆提供获取世界知识的机会，因为“图书馆是支持教育、就业和社区成长的关键基础设施的重要组成部分”，无论传统媒介还是网络媒体都能方便读者获取信息，支持各类学习行为。最后，该声明指出 2015 年后 IFLA 发展框架包括“认可信息获取是支持发展的基础要素”及“认可图书馆和馆员作为发展媒介的角色”。上述原则性文本全部将青少年学生纳入公共图书馆等机构的服务对象范围，并且在服务对象遍及全社会的背景下，关注和重视了该群体的发展需求与基本权利，更加确认了中小学图书馆的使命任务、办馆理念等，也能再次确认其与公共图书馆紧密合作的合法性。

从专门图书馆学学科和理论分支的角度出发，在当代，呼吁图情档一级学科乃至教育学和心理学加强狭义儿童图书馆学和中小学图书馆学等主题的理论体系构建与实践指引研究，而非人云亦云，仅停留在宽泛的已被普遍接纳的阅读推广和公共图书馆服务理论上。建议多学科介入研究或开展跨学科合作研究，这也是基于中小学图书馆系统本身附属于教育系统的地位等因素所决定的。另外，从学科本身讲，教育学与图书馆学存在天然的紧密联系，并且社会图书馆本就“与学校教育、社会教育并驾齐驱……而且要与学校教育同时并进”，相辅而行，中小学图书馆的特点是可以填补学校、家庭和社会教育之不足，使一般因年龄、时间和经济原因而不能求学的人，可以继续求学。它对于人民的智识和国家的文化有一定的影响。已有国内外研究显示教育界同人在该主题研究上所做的努力，如未成年人的阅读意义、阅读行为、认知能力和兴趣培养等主题长期被教育学、心理学学者所关注、思考、研究，占据了理论创新的主导地位，但同时长期被大多数图情档学者忽视乃至轻视。

第二章

研究的基本框架

2.1　研究意义

2.1.1　理论意义

（1）本研究开发了一种科学性较强并能全面评估资源服务状况的调查问卷，并利用广西的调研数据和实例初步验证了该问卷的有效性，由此为国内中学图书馆研究、实践，以及相关政策规划的制定、调整提供了参照和理论性较强的评估指标体系，进而为深化拓展阅读推广理论提供了科学、有效的工具和方法，最终为推动全民阅读、终身学习、教育公平、创新创业教育，以及构建学习型社会和创新型国家提供启迪与思路，为未来研究奠定了较坚实的实证研究基础。

（2）本研究探讨了新时期中学图书馆的内涵、外延，以及国内外设置发展此机构的合理性和发展现况，较系统地梳理了迄今为止国内外已有相关理论和重要研究，通过问卷调研、统计分析等方法探讨了省域中学图书馆的发展现况，较客观地反映出广西各地级市城区中学图书馆的现状及其发展情况，由此就能在一定程度上弥补我国西部民族边疆地区中，地级市中学图书馆公开性全面调研方面的薄弱环节，为将来多个省级或以上行政区域的中学图书馆调研起到先导与启迪作用，本研究的结论和发展策略能给各地方教育行政机构和中学图书馆带来理论指引和参考借鉴。

（3）本研究及其结论能够较有效地深化拓展图书馆未成年人服务的理论视阈，验证和发展原有的信息资源管理理论框架，在一定程度上缩小了我国和西方国家在未成年人图书馆服务理论研究方面的差距，也能为彼此学术研究的交流合作提供机会和条件，从而达到融通国内外相关学科研究，促进共同借鉴、合作发展的目的。

（4）本研究能为国内该领域的更加全面、深入和具有前瞻性的研究提供启迪、理论框架与参考材料，同时能为将来我国开展更大范围、更有深度的学术探究以及国际性比较研究奠定基础条件。本书所提供的中学图书馆调查问卷和相关重要指标体系还能为未来学术研究与合作互动提供较有价值的参考依据。

2.1.2 实践意义

（1）本研究充分收集、利用了本地第一手调研数据，得出了更贴合实际、符合地方现状的结论，并在科学依据充分的前提下提出可行性意见和建议，从而为支持和推动广西公共文化服务体系建设，以及基础和中等教育改革、发展、均等化等贡献微薄之力。

（2）本研究的最终成型、出版与推广，能够在较大程度上帮助相关群体提升对青少年阅读的认知与理解，尤其是对图书馆阅读的关注、重视与投入。在我国建设法治国家与社会、贯彻“科学发展观”的政策背景下，强烈呼吁我国政府切实和强有力地推动教育、文化、科学、行政与人事方面的法律法规、政策措施和行业标准的出台、宣传和贯彻执行。其目的是确保长期视阈下，在对中学图书馆进行有效的资金投入和专业人员配备的基础上，真正地使中学图书馆实现良性运营，组织、开展阅读推广活动，发挥中学图书馆在整个中学和本社区应有的效用与影响力。

（3）中学图书馆的运营和发展，归根到底是以其主要服务对象——未成年学生的成长和发展为着眼点的。由上文可知，对于青少年图书馆阅读推广，本研究从理论和实践两个层面有针对性地提出了发展建议或意见，以便帮助各地方解决好当地焦点问题并适度补齐短板，较有效地促进我国中学图书馆事业的快速、稳定和可持续性发展，帮助青少年学生读者养成良好的阅读习惯，培养其对阅读和求知、探索的兴趣，开阔眼界、增长见识，从而较好地保障并推动广大未成年人的健康成长和全面发展；同时还能推动培育全社会重视和热爱阅读的风气，真正有效地从源头上建设书香型、学习型及和谐型社会，真正把“创新创造”的“双创”国策及其精神引入基础和中等教育界并加以推广，最终使我国真正实现创新型国家建设，顺利完成经济增长方式和动能转换。

2.2 研究路径、范围和内容

2.2.1 研究路径

本研究的研究对象是广西各地级市城区的中学图书馆。我们分别在广西 14 个地级市进行调研，调研的组织、数据生成与收集时限为 2019 年 6 月至 2020 年 1 月，收集到有效问卷共 203 份。本次调研实际发放（电子或纸质）问卷共 217 份，调查问卷有效回收率约为 93.55%，14 个地级市的调研全部按照方便性抽样取样的原则进行。本次调研以不同中学为单位逐个进行，并按以下流程开展。

（1）首先在本高校、学院办公室的支持下拟定并制成了发往各地级市及所属区教育局的、带有“广西民族大学”和“广西民族大学管理学院”红色抬头与公章等印记的纸质和电子版介绍信与公函，然后预约到访各地教育行政部门并出示上述材料，获得地级市或所属城区教育局的通行许可或联络方式，随后在提前预约后由行政人员带领或者独自一人，逐个前往多市中学（如玉林市、桂林市、贺州市、崇左市等），在工作现场和办公时间内由相关人员指导每一位中学领导、部门负责人和图书馆管理员填写问卷，最后现场同步或异步回收纸质问卷。

（2）部分教育局教育装备中心或教育教学科（如北海市、钦州市和柳州市等）在收到上级部门领导与兄弟部门的有关说明后，在课题组提供的电子版问卷原文的基础上进行编辑，随后作为红头文件发给各基层中学，告知要求发回的时间区间、接收邮箱，并且要求必须填写中学联系人的姓名和电话，填写完发回电子版。虽然这些问卷出现了填写不全、错漏、逻辑不通等诸多问题，但后期利用所提供的联络信息进行了电话核实（详情参见第三种方式），补充了不少缺失信息并更正了模糊或矛盾之处。

（3）部分地级市受条件所限，我们无法前往中学现场发放、指导填写问卷，同时加上教育局特定部门权威度有限，我们未能回收可观的有效问卷。在这种情况下，我们在会议现场（如 2019 年 12 月 26 日至 27 日南宁市第 25 届未成年人图书馆业务培训会）利用会议组织方给予的公开演说时间，说明问卷调研的概况和填写要求。同时，问卷收回后我们通过打电话逐一为填写人员讲解专业术语、纠正原有误解、核对未填错填事项，用以补充、修改和完善数据。通过教育行政部门指令线或短期会议渠道所填写的问卷，其通信方式以电子邮件、微信、电话、短信等为主。

无效问卷的产生来自各中学联系人基于各种原因抵制调研活动不予配合，或者是无法与各中学负责人取得联系。由于研究团队付出了大量的劳动，加上调研组织工作得当、有效，从而使团队及其调查既获得了各教育行政部门和中学的信任，又提高了基层单位参与调研的内外部动机水平，使本次调研能较高效、经济、快捷地完成。在调研过程中，团队成员态度亲切、随和，投入了大量的诚意与精力，以便维持与各市教育行政部门领导和中学联系人的友好合作关系，并减轻了参与者填写问卷时的焦虑心理与查询负荷，充分调动他们的正向动机，以便顺利完成调研任务。在调研接近尾声时，根据此次调研的经验和数据，我们发现上述举措和整个调研过程的组织都比较成功，在西部民族地区开展类似调研无先例可循的背景下，克服诸多困难完成了本次调研，希望本次调研能够助益于全国乃至全球图书馆学界、业界。

2.2.2 调研对象和范围

本书研究团队在广西 14 个地级市城区中共收集 203 份有效的调研问卷，这些问卷虽然不可能反映全广西乃至更大范围中学图书馆事业发展的全部情况，但能在一定程度上反映广西及部分西部中心省市的教育文化事业发展水平，特别是中学图书馆的现况及存在的问题，从而为政府科学地制定发展规划和进行科学决策、为基层管理部门施策提供较为科学、客观的数据和理论支持。试想，如果较发达、有先进理念和充足财政支撑的城区中学图书馆都无法建设、发展好，那么更偏远地区的图书馆事业发展就更加无从谈起。

从未成年人的需求上讲，小学生、初中生和高中生的阅读能力对其精神成长和多重素质发展至关重要，但限于本次调研规定的主题范围、规模与条件，本研究仅选取了中学图书馆作为研究对象，即不包括中等职业学校、职业高中、技工学校等。因为相比于普通中学，这类学校的人才培养目标和导向已出现明显差异，相应地包括学校图书馆在内的教育配备也有面向职业等的独特性，所以本研究将研究对象限定于广西地级市城区普通中学图书馆。

本研究格外关注普通中学的理由在于：中学生的年龄范围与少年期及青年初期的年龄范围大致吻合，正如经典著作所指出的，少年期是指 11~15 岁这一时期，又称学龄中期，大致相当于初中教育阶段。多个学科研究都显示少儿期是个体阅读能力提升的黄金时期。高中生一般是 14~18 岁，处于学龄晚期或青年初期，其生理、心理发展接近成熟并准备走向独立生活时期。因此，从学生生理、心理发展的角度讲，初高中是青少年培养阅读兴趣爱好、养成阅读习惯的关键阶段，同时他们具备较好的学习能力、意愿，在思想行为上弹性较大且易受良性影响。在青少年时期，如果个体阅读能力未得到有效提升，无良好的阅读习惯，其在成年期的阅读量与阅读兴趣会有极大的局限性，而且提升其读写能力的难度也远远大于青少年。因此，本研究选定了目前虽然未受到应有的重视、投入和研究，但却对广大民众特别是未成年学生具备不可逆和深远功效的中学图书馆进行研究，而且格外关注了广西中学图书馆的整体发展。

2.2.3　调查与研究内容

对于图书馆这类机构，在其各因素中，包括图书在内的文献与读者是最基本、最重要的因素，所有其他因素都由这两个因素产生和拓展而来。因此，本研究主要探究了对中学图书馆的生存发展影响最大的关键因素，如资源购置经费、读者服务工作和专业管理人员等（详见附录 D）。

本研究参照了多学科专家的意见并对两项子研究展开论述：第一项是较广泛地调研了广西 14 个地级市城区中学图书馆发展状况，参照国家规程和部分地区的要求，结合广西的地域特征修订了调查问卷，以方便性为原则抽取被访中学并组织收集、完善相关数据，之后整理、分析数据并与以往其他地区的研究结论相对照，得出本土本地化结论；第二项研究是结合文献调研成果和前期数据，提出广西中学图书馆存在的重要问题，并对照国内外其他地区，最终提出调整、改进和推动广西中学图书馆事业发展的具体、可行的策略，以便为改进和发展各市中学图书馆提供第一手参考资料与指引性理论成果。

2.3 研究问题和假设

本研究提出的问题是：当前广西各地级市城区中学图书馆的总体发展状况如何，在国内各省级行政单位排位状况如何。

本研究的研究假设如下。

H1：广西大多数地级市城区中学图书馆生均藏书量符合国家最新规程的相关要求。

H2：广西大多数地级市城区中学图书馆管理人员的设置符合国家最新规程的相关要求。

H3：广西大多数地级市城区中学图书馆五大部类藏书比例符合国家最新规程要求。

H4：广西不同地级市城区中学图书馆的生均藏书量存在着统计学意义上的显著差别。

H5：广西不同地级市城区中学图书馆的自动化管理水平、数字资源采集量等现代化指标都存在统计学意义上的显著差别。

H6：广西城区中学图书馆的图书采购经费、期刊采购经费、数字资源采购经费与管理员的数量、专业水平和有效工作时间等存在相关关系。

H7：广西城区中学图书馆的各类采购经费与读者借阅比率等水平存在相关关系。

2.4 研究方法

本研究所涉及的具体研究方法包括文献调研法（包括网络调查法）、无结构观察法、非正式访谈法、问卷调查法、抽样调查法和社会统计分析法，可以说在条件允许的情况下，本研究充分利用了第一手、第二手乃至第三手资料完成了相关调研。

1. 文献调研法（包括网络调查法）

笔者在开展本研究前，在该研究主题领域已有多年的经验积累。在此基础上，本研究利用中国知网、读秀、超星电子书平台、万方等数据库及百度、必应等网络搜索引擎，通过多个关键词、相关词和它们间的组配搜索出较全面的中英文学术论文、研究报告、专著、会议论文、新闻报道和评论文章等文献，分析、比较并评述了这些支撑性材料，对于国内无法获取的论文和专著等，则请求国外合作者帮助检索和传递相关信息。

另外，本研究利用网络调查法，先期查询了广西教育厅、统计局和各地级市教育局等诸多官方网站，获得了大量相关统计数据，从而支撑研究设计并能与本实证调研所得数据形成对照与验证；同时查询了大量已有的中学网站，为开展调研提供了指引和其他相关信息。因此，在本研究开始之前，研究团队整体已经拥有了较多的相关主题文献，从而为研究实施做好了较充分的资料储备。

2.无结构观察法和非正式访谈法

无结构观察法是指有明确的目的，但没有统一、固定的观察内容和表格，在现实生活场景中利用自身感官和辅助工具，有针对性、直接且顺其自然地了解变化中的各类现象。在调研开始前和进行过程中，我们了解了各中学及相关二级部门的运行状况，特别了解了各中学图书馆的环境、建筑、相关人员、设施设备、馆藏资源等构成要素，以便根据实际情况做好各方面的准备工作，保障调研的顺利完成。非正式访谈法是指研究者在实地，无事先准备，更接近一般闲聊地与研究对象交谈，同时在后期收回问卷后发现其中的空缺和填写不符合逻辑之处，通过电话、网络访谈等信息采集方式补充和修正问卷答案。采用该方法的目的在于熟悉各城市环境和被抽样中学及其图书馆的基本状况，通过交谈等共享信息为研究打好现实基础，并且在收回问卷初稿后达到适当补充、调整数据的目的。已完成的调研证明，应用此方法对于摸查调研环境、提升所获调研数据的质量、确定抽样调查方案与调研实施策略均能起到重要作用。

3.问卷调查法和抽样调查法

在科研领域中，不同的研究方式适用于不同的研究目的，而调查研究的目的一般是描述总体状况，并探讨不同变量之间的相互关系。本研究以体系化、科学性较强的调查问卷为核心开展。在完成问卷设计和试测后，本研究依据研究问题和目标，在调查总体中（14 个地级市）根据各市拥有的中学在广西普通中学总量中所占比例抽取一定量的样本中学。为了在规定时间内获得尽可能多的有效样本，本研究在调研实施过程中主要采取自填式问卷方法，并以面访、网络和电话调查多种方法相结合的资料获取方式取得数据（纸笔与网络调查具有测量不变性，测量的可信度也相同，不同方式各有利弊，本研究将以上多种资料收集方式结合运用），较系统地从被抽样的各中学的校长、教务处主任或图书馆馆长等资深人士处收集资料，通过对资料进行统计分析解决本研究问题。

抽样调查法是一种获取统计数据的常见方法，该方法能在节约资源的同时保证调查数据的质量。本研究的抽样调查是从广西 14 个地级市城区的所有普通中学中抽取部分中学作为样本，并根据对这些样本中学的调查来了解总体状况。本研究的抽样采取了概率抽样中的分层抽样方法，将总体中各抽样单元按所属地级市划分出所属层次，然后由各从属层次独立抽取样本，合并后估计总体变量，这种抽样方式使得调研过程的组织实施更容易。抽样的具体步骤是先在抽样框的基础上确定各城市所需抽取的样本量，然后在到达实地后，与当地教育行政管理部门等进行沟通、筹划，根据方便性原则确定样本中学，直至达到各城市的样本量（部分城市实现了全集合逐一调查）。这里的样本量按照各层次的原计划分配比例进行确认，即初始方案是等比例分层随机抽样，要求各层次按其相应比例（自加权）随机抽取抽样单位，在易理解操作的同时保证了调查数据的准确性。

4.社会统计分析法

本研究还采用了社会统计分析法，即对所收集到的数据进行整理和录入后，以 SPSS 26（多语种）为基本分析工具，利用描述性统计分析、相关分析、单 / 多因素方差分析和卡方检验等方法，考量被研究对象的总体状况、分布等特征及变量间的内在关联。社会统计分析法在研究中的作用，除了对观察数据进行汇总统计外，还可以对多变量之间的关系进行定量描述，同时通过它可以把实际观察资料与理论假说的推论联系起来对假说进行检验。

2.5　研究工具的设计和应用

通过对本学科已有文献的回顾可知，在图书馆的构成要素中，馆藏（包括图书、期刊、数字网络资源或整个文献体系）和读者（目标用户、服务对象或用户群体）是最基本、最主要的因素。其中，纸质印刷型文献迄今还是馆藏信息资源的主体，其主体地位在目前乃至今后一个较长的时期内不会动摇。在学术评价这一关键领域中，各类电子出版物由于大多缺少像印刷型出版物那样严格的评审过程与质量管理，其重要性和权威性远不能与印刷型出版物相提并论。除了馆藏和读者，其他要素全部围绕这两个要素产生并展开。因此，本书中初步的调研和问卷设计也是在考虑了中学图书馆整体的基础上围绕这两个因素展开，详见下文与问卷全文（见附录 D）。

2.5.1　调查问卷的由来和内容分区

本次调研的主要工具为《广西 14 个地级市普通中学图书馆（室）调查问卷》（以下简称“问卷”，共 6 页）、SPSS 26 版、Excel 等，此处主要介绍所利用的问卷，其他工具则主要用于指标、变量的编码、整理、计算等，由于它们是国内外通用的研究工具，因此不再介绍。

在本次调研中，研究团队参考了“广州地区中小学图书馆现状调查问卷”和“广州市普通中小学图书馆（室）建设现状调查表”两份国内已有调研、评价工具（以下简称“调查表”，共 1 页，已获广州市教育局许可修改、出版，现未见于任何出版物，其具体内容见附录 E，其来源于“中学教育技术装备统计表”这一工作用表，该表的著作权属于广州市教育局，而上述调查表由广州市教育局所属教育装备中心改编、扩展形成）。此处提及的调查表都是广州市教育局编制的用于管理监控中小学图书馆办馆效益的重要工具，广州市教育局已利用该调查表开展过多次广州中小学图书馆基本状况调研。据了解，此表也是依据 2003 年 5 月 1 日施行的《中小学图书馆（室）规程》的相关要求和实际工作而编制、修订的。本次调研基于 2018 年新修订的《中小学图书馆（室）规程》的内容和调查问卷应具备的科学性、实用性和简明化特征，经过多次修订实现题项内容不重复、选项严谨科学化等特征，最终形成既适用于广西城区中学图书馆，又完全符合国家地区专业要求的问卷。因此，读者也可将此问卷视为现阶段我国教育行政部门从上至下对学校办图书馆统一要求的集中缩影。

该问卷除对中学和受访者的基本信息进行调研外，还包含六个部分，分别是学校基本情况（11 题）、图书馆管理人员队伍建设（8 题）、图书馆（室）场地设施建设（8 题）、图书馆（室）的管理与馆藏（15 题）、图书馆（室）读者服务及其工作（7 题）与其他（2 题）。

2.5.2 调查问卷试测、调研过程及数据的初步整理

在正式大规模发放问卷前，本调研已在南宁市三所中学进行了试测。试测过程与结果显示，问卷的绝大多数题项简明、清晰，容易为基层图书馆管理员所理解并作答，因此完全删除了原有问卷的指导语，问卷以访问员和被访者填答基本信息的表格为开端，并在专家的指导下完成了对极少数造成理解困难题项的修订和完善。

在新问卷填答过程中，被访者一般可在 20~70 分钟内完成作答。另外，在试测后结合被访管理员的意见，特别是其缩减问卷总篇幅的需求，对最初的既定问卷删减掉三个题项，将 A 部分“学校基本情况”的第四题由四个选项简化为三个，同时重新整理题目的次序、归属，微调了问卷各模块的次级标题。例如，将“图书采购经费”和“购书频率”两个与馆藏因素关联更为密切的题项由 A 转移到 D，将有关人员是否实行岗位责任制度从 A 转移到相关度更高的 D，同时将 D 原有的名称“图书馆（室）馆藏及其管理状况”变更为“图书馆（室）的管理与馆藏”，以便更好地涵盖和突出各模块的特有内容。另外，由于本问卷仅对题项进行了删减和少量调整，新问卷的问题答案仍可从试测问卷中完整、准确地采集到，因此本调研将在南宁市发放、填写的原始试测问卷归入正式问卷加以统计、处理和分析。

在回收问卷后，研究团队首先剔除了空缺、无效的废卷（1/3 或以上题目未填写），继而逐份审阅、初步分析填答结果，对于填答数据有明显逻辑问题和空缺的问卷，教师在有效工作时间内与问卷填答人进行了电话对接，进一步补齐、调整了这部分数据，从而得到了真实可靠且尽可能多的有效问卷及其数据。随后，研究团队利用 SPSS 26 版直

接进行变量构建、数据编码与录入工作。在每个批次的数据（单个地级市拟定为一批，但不完全严格）录入完成后，笔者都会找两位相关专业的硕士研究生协助开展工作，他们依次核对了新增城市的全部数据并做出修订或修改建议，同时进一步审核了问卷和数据，最终做出修改数据的决策并检查确认无误。

本研究的调查问卷的发放与填写大致按照广西 14 个地级市城区各自拥有的中学总量占广西中学总量的比例进行。由于该问卷题项有 51 道，而且就相同主题有多个独立题目及所包含的小题目问项，因此询问内容比较丰富、全面和具体，很多数值需要管理员在工作场所查询数字管理系统、电子资料或纸质统计册等才能填写，业务熟练人员仅需 20~30 分钟即可完成全部题项。但现实中被访管理员大多无专业背景并且是兼职人员，因此延长了填写时间并且增大了填写难度，有时在发放问卷时部分中学图书馆甚至未能当面当天反馈问卷，而是在 1 天后才得以回收。上文已提及，本研究共计发放问卷 217 份，回收、处理后得到有效问卷 203 份，有效问卷回收率为 93.55%，总体来讲本研究的有效问卷比率和问卷调研效率、质量都较高，所得结论已具备较充分的实证依据保障。

在本研究中，问卷的发放、填答和回收等大都借助于当地市或区级教育局领导的指令，但研究团队回收问卷后仍发现调研结果空缺较多，另外基于答题态度，被访中学人员在填答时出现前后矛盾、逻辑错误等现象，因此在调研时，研究团队记录下了各中学的填答负责人的联系方式，以便在事后审阅问卷时再次与相关人员确认、补充和核对数据。这些工作有效地保障和提升了问卷调研的质量与效率。在本研究中，发生无效问卷与无回答的状况后，经过沟通协调，个别校方仍会拒绝配合调研或问卷填答结果明显不合逻辑，另外还有声称数据无法获取或不理解题干内容等情形，也就是被调查者有意无意地错报、漏报和拒报等，当然这些相关数据都已被剔除。在初步处理和录入数据后，由两位人员先后独立地根据原始纸质问卷核查数据的准确性和逻辑性，从根源上确保数据的可靠性、科学性和客观性。

2.5.3　调查数据的样本分布及其代表性

抽样决定了本研究虽仅调研了广西城区中学图书馆总体中的部分个体，但其目的仍在于描述和认知省域城区中学图书馆发展的总体状况。本研究的抽样总体是截至2017年广西各地级市城区所拥有的共计833所普通中学。本研究的抽样对象，即每次直接抽样时总体中所有抽样单位名单，也就是各普通中学（包含初中、高中、完全中学和九年一贯制学校等）。如上文所述，本研究采取概率抽样类型中的分层抽样方式，即将广西城区所有普通中学及其图书馆按所在地级市自动划分为14个层次（类别），然后在各地级市城区以方便的方式抽取样本，最后将样本及数据合并构成样本集合，以便在避免人为误差和控制抽样成本的前提下，保证样本的代表性。

广西统计局2017年的统计数据显示，各地级市城乡拥有各类型普通中学共2 217所，其中普通高中460所，普通初中1 757所，拥有普通中学生共301万人；各地级市城区拥有各类普通中学共833所。我们利用广西城乡中学数量测算了广西各地级市中大致的抽样数量与比例。广西各地级市普通中学样本分布状况如表2-1所示。

表2-1　广西各地级市城区拥有普通中学总量及其在全区同类型学校占比与实际抽取状况比较

城市	城乡普通中学学校数（所）	该市在全区城区普通中学总量中所占比例	实际抽取学校样本总量（所）	各自样本量在样本总量占比	实际比例与理论比例之间的差值
南宁市	219	26.29%	36	17.73%	–8.56%
柳州市	85	10.2%	36	17.73%	7.53%
桂林市	60	7.2%	18	8.87%	1.67%
梧州市	35	4.2%	16	7.88%	3.68%
北海市	54	6.48%	12	5.91%	–0.57%
防城港市	28	3.36%	7	3.45%	0.09%
钦州市	50	6%	9	4.43%	–1.57%
贵港市	83	9.96%	8	3.94%	–6.02%
玉林市	56	6.72%	18	8.87%	2.15%
百色市	18	2.16%	10	4.93%	2.77%
贺州市	45	5.4%	8	3.94%	–1.46%
河池市	45	5.4%	8	3.94%	–1.46%
来宾市	41	4.92%	8	3.94%	–0.98%
崇左市	14	1.68%	9	4.43%	2.75%

（续表）

城市	城乡普通中学学校数（所）	该市在全区城区普通中学总量中所占比例	实际抽取学校样本总量（所）	各自样本量在样本总量占比	实际比例与理论比例之间的差值
总计（合并分校或校区后总量）	833	99.97%	203	100%	—

资料来源及其他说明：此表的数据全部根据《广西统计年鉴2018》《广西教育事业统计简报2010—2017年（基、中、高）》（来自广西教育厅网站发布的教育统计简报）中的数据整理而成，城市排序按照该年鉴对各城市的呈现顺序进行；此表格与本研究其他表格或文中的数字，一律精确到小数点后两位。

通过表2-1评估本研究的样本质量，即初步检验和衡量样本的代表性、偏差等后，发现在本研究团队所做的抽样设计中，各地级市城区普通中学的抽样量在抽样总体中所占比例（总体的重要特征及其分布），与抽样操作中实际抽取的各地级市城区普通中学量在样本总量中所占比例出现了一定差别，所抽取的样本量大于按比例实际所需样本量的城市包括崇左市、百色市、玉林市、防城港市、梧州市、桂林市和柳州市，其余城市则全部是实际样本量不足的城市，绝大多数城市的样本量与设计比例差距不大，但贵港市和南宁市例外，分别缺少了6.02%和8.56%。结合基层调研经验我们发现，这种有效问卷回收状况可直接反映出各地级市（特别是教育行政部门）的领导能力和对本研究的支持力度，也能够在一定程度上反映各地级市城区中学图书馆日常工作的质量和完备水平。由此就可以总结出以下现象：员工工作态度普遍积极、图书馆建设水平高的地级市在规定时间内反馈更多的有效问卷；反之则调研情况不乐观，当然此结果的产生也不排除调研过程中部分偶发事件的影响。从样本分布可知，利用本研究样本所得到的结果、结论，其偏差很大程度来源于客观上所能获取的样本，目前样本更多分布于中学图书馆事业发展较好的地级市和城区，另外在各地方教育局选择被访学校时也倾向于选择拥有开放的图书馆并且办馆条件较好的学校，因此本研究很可能过于乐观、积极地推算、估计了现状，而实际情况要比此次调研的结果、结论更加恶劣。

在到访广西217所中学后得到的203份有效问卷中，显示了有效样本的规模如下：平均每所学校初高中班级数量分别约为23个和17个，2017年平均每所学校全职任课教师约为150人，2017年平均每所学校学生约为2 217人；从学校办学主体来讲，地市级教育部门主办的学校有129所（63.5%），县区级教育部门主办的学校有66

所（32.5%），民办中学有 8 所（3.9%），由此可见本研究主要反映的是公办且层次较高的中学图书馆（室）的建设发展状况；从学校类别讲，被访的纯初中学校有 102 所（50.2%），纯高中学校有 40 所（19.7%），被访的完全中学有 38 所（18.7%），九年制学校有 19 所（9.4%），十二年制学校有 4 所（2%），由此可见被访学校中纯初中类型占据主体和决定性地位，反映了本地学生的主体结构和学段层次构成；从学校办学层次讲，被访的重点学校有 15 所（15%），被访的示范性学校有 48 所（23.6%），被访的普通学校有 140 所（69%），由此可见本研究以反映广西各城市城区普通学校的图书馆（室）建设发展为主，兼顾了重点、优质学校的发展状况；从学校学生寄宿情况看，全寄宿制学校有 74 所（占比约为 36.5%，有效百分比约为 36.6%），半寄宿制学校有 79 所（占比约为 38.9%，有效百分比约为 39.1%），不寄宿学校有 49 所（占比约为 24.1%，有效百分比约为 24.3%），有一所学校未填写寄宿制度。本研究估算不同寄宿制被访学校的构成，大体与我国其他城区接近或一致，具备一定的地域代表性，同时基于艰苦的条件推测农村地区寄宿状况可能与此构成显著性差别。根据上述数据可知，被访中学的规模较适中，涵盖了各类办学主体、类别、办学层次及寄宿制度的学校，体现出目前广西乃至全国中学的规模、办学主体和层次等的一般水平与普遍形态。

限于既定条件，本研究在上述抽样比例的基础上，在各城市调研时采取了方便性原则收集数据，包括实地调研（面谈）和网络、电话调研两种方式。其中，实地调研是访谈人亲自深入被访城市各学校及其图书馆，找到相应的负责人或专业人士，指导其当面填写问卷（在负责人也不能准确掌握部分数据的情况下，由其抽时间查找、获取相关数据资料并通过网络反馈数据，由访谈人填写）。网络、电话调研是访谈人找到各地级市教育局或所属部门领导，以及学校负责人，在出示公函后由教育局下达指令，要求基层学校在一周内通过邮件反馈调研结果，访谈人拿到问卷后辅以电话沟通的方式完成调研。本研究采取近似等比例的分层抽样方法，不仅可估计总体特征，而且可评估出各层次样本的特征。在广西各地级市教育系统分科层制领导的背景下，各层（地级市）的情况和施行政策差异较大、层内样本个体差异较小时，分层抽样可显著提高评估精度。另外，这种近似等比例的分层随机抽样方法也可以使调研对象在时空分布上相对集中，有利于调研的组织实施。

2.6 广西 14 个地级市中学图书馆样本分布及其发展概况

本研究不仅在各地级市做了置信度较高、置信区间精密的 14 层分层抽样，在调研过程中也尽量考虑和涉及了各市所属的各城区的中学样本，以防止各区域发展不均衡造成图书馆数据出现异质性，从而影响整体数据的准确性。广西 14 个地级市各城区被访中学的实际分布情况如表 2-2 所示。这些数据充分体现了各城区中学图书馆的发展状况，具有一定的代表性。

表 2-2 广西 14 个地级市各城区被访中学的实际分布（有效问卷）

调查城市	建制市区及其有效样本量（个）						有效样本总量（个）	问卷样本有效比率
南宁市	兴宁区	青秀区	江南区	西乡塘区	良庆区	邕宁区	36	85.7%
	9	10	4	8	0	5		
柳州市	城中区	鱼峰区	柳南区	柳北区	柳江区	柳东新区	36	100%
	8	8	13	0	2	5		
桂林市	叠彩区	象山区	七星区	秀峰区	临桂区	—	18	100%
	7	4	3	3	1			
梧州市	万秀区	长洲区	龙圩区	—			16	100%
	7	7	2					
北海市	海城区	银海区	—				12	100%
	10	2						
防城港市	港口区	防城区	—				7	100%
	3	4						
钦州市	钦南区	钦北区	—				9	100%
	4	5						
贵港市	港北区	港南区	—				8	50%
	7	1						
玉林市	玉州区	福绵区	—				18	100%
	16	2						
百色市	右江区	—					10	100%
	10							

（续表）

调查城市	建制市区及其有效样本量（个）			有效样本总量（个）	问卷样本有效比率
贺州市	八步区	平桂区	—	8	100%
	6	2			
河池市	金城江区	—		8	100%
	8				
来宾市	兴宾区	—		8	100%
	8				
崇左市	江州区	—		9	100%
	9				
总计	—			203	217

注：此处调研结果是按《广西统计年鉴 2018》对各地级市呈现次序排列的。

2.6.1 南宁市

截至 2017 年（即本研究开展文献述评和调研的准备开始阶段），南宁市城区普通中学为 219 所，普通中学专职教师为 16 034 人，在校学生总量约为 239 000 人。2016 年南宁市初中学图书馆藏书约为 613.27 万册，尚缺少的图书总册数约为 261.53 万册，生均 26.4 册；2016 年南宁市高中图书馆藏书约为 291.91 万册，尚缺少图书总册数约为 319.65 万册，生均 25.7 册。由此可见，南宁市城区高中图书馆生均藏书量比初中图书馆还低 0.7 册，这显然不符合青少年学生的阅读需求和阅读发展规律，反映了作为广西壮族自治区首府的南宁市，其高中图书馆馆藏建设工作可能存在一定的问题。

另外，根据 2003 年教育部发布的《中小学图书馆（室）规程》的规定，2016 年南宁市城区初高中图书馆生均藏书量中，仅初中图书馆生均藏书量初步满足了初中二类标准的 25 册，多出 1.4 册，与一类标准差距达 13.6 册；而高中图书馆生均藏书量全部不达标，距离国家高中二类标准缺少 9.3 册，与一类标准相距 24.3 册；参照教育部新修订的 2018 年版《中小学图书馆（室）规程》中的规定，初中图书馆生均藏书量距离要求的 35 册还差 8.6 册，高中图书馆生均藏书量距离要求的 45 册还差 19.3 册。2016 年南宁市部分城区和学段的普通中学图书馆藏书总量与生均册数统计如表2-3所示。从表2-3中可知，作为广西首府，南宁市中学图书馆藏书量一般无法达到国家出台的基本要求，比如初中图书馆虽能达到基本要求，但仅在最低要求线的上下徘徊，城区尚且如此，其城乡接合部、乡镇乃至农村的中学图书馆的藏书情况可能更加不乐观。强烈呼吁，南宁市教育部门考量和提升本地中学图书馆的建设水平，力求较及时地达到国内对不同学段学校的基本要求并达到国家平均水平，这样才不至于长久地落后于全国乃至区内一般水平，最终使地区中学图书馆事业积重难返。

表2-3　2016年南宁市部分城区和学段的普通中学图书馆藏书总量与生均册数统计

城区	学段	藏书总量（册）	尚缺总册数（册）	生均册数（册/生）
市辖区	初中	129 995	211 089	4.58
	高中	1 193 816	1 734 076	23.63
兴宁区	初中	85 501	175 459	8.59
	高中	36 135	90 115	171.26
青秀区	初中	140 456	247 344	18.9
	高中	0	0	0
江南区	初中	119 758	287 482	14.19
	高中	70 581	112 969	74.06
西乡塘区	初中	1 463 526	66 654	67.49
	高中	0	0	0
良庆区	初中	83 807	119 673	7.67
	高中	0	0	0
邕宁区	初中	474 057	276 664	32.04
	高中	0	0	0
高新区	初中	0	0	0
	高中	0	0	0
经开区	初中	4 015	164 545	0.93
	高中	8 628	33 672	10.2

资料来源：广西壮族自治区教育厅所属部门出版的内部调研报告，各城区按随机顺序排列，报告中合计部分不符合本研究统计口径，因此参考意义较小，所以此处没有列示。

表2-4是对2016年南宁市部分城区和学段的中学图书馆管理人员的统计，对人员因素的统计既有分城区、职称、学历和年龄的统计，也有对人员社会经济特征的统计，

这些官方内部统计数据可作为本研究的参照与验证，也是读者更全面了解广西中学图书馆基本发展状况的另一种途径和视角。

表 2-4　2016 年南宁市部分城区和学段的中学图书馆管理人员统计

城区名称和学段		学校数	校均人员	合计	专兼职人数		职称				学历				年龄		
					专职	兼职	高级	中级	初级	其他	本科及以上	大专	中专（高中）	其他	35岁及以下	36~49岁	50岁及以上
市辖区	初中	8	0	0	0	0	0	0	0	0	0	0	0	0	0	0	0
	高中	31	0.45	14	12	2	3	2	8	1	11	0	3	0	6	5	3
兴宁区	初中	8	0	0	0	0	0	0	0	0	0	0	0	0	0	0	0
	高中	1	0	0	0	0	0	0	0	0	0	0	0	0	0	0	0
青秀区	初中	10	0	0	0	0	0	0	0	0	0	0	0	0	0	0	0
	高中	0	0	0	0	0	0	0	0	0	0	0	0	0	0	0	0
江南区	初中	9	0.44	4	1	3	1	1	1	1	3	1	0	0	0	4	0
	高中	2	0	0	0	0	0	0	0	0	0	0	0	0	0	0	0
西乡塘区	初中	22	1	22	10	12	1	8	7	6	15	6	1	0	4	15	3
	高中	0	0	0	0	0	0	0	0	0	0	0	0	0	0	0	0
良庆区	初中	5	0.4	2	2	0	1	0	1	0	1	1	0	0	0	1	1
	高中	2	0.5	1	0	1	1	0	0	0	0	1	0	0	0	0	1
邕宁区	初中	12	0.5	6	6	0	0	2	2	2	1	3	2	0	0	4	2
	高中	0	0	0	0	0	0	0	0	0	0	0	0	0	0	0	0
高新区	初中	3	0	0	0	0	0	0	0	0	0	0	0	0	0	0	0
	高中	0	0	0	0	0	0	0	0	0	0	0	0	0	0	0	0
经开区	初中	5	0	0	0	0	0	0	0	0	0	0	0	0	0	0	0
	高中	1	0	0	0	0	0	0	0	0	0	0	0	0	0	0	0

资料来源：广西壮族自治区教育厅所属部门出版的内部调研报告，各城区按随机顺序排列。

南宁市全市（包括各县）共有图书馆管理人员 951 人，小学、初中和高中分别是 771 人、131 人和 49 人，其中专职人员有 125 人（在人员总量中占比 13.14%）；在全市学校图书馆管理人员中，本科及以上学历的人员有 366 人、大专学历的人员有 440

人（大专及以上人员占比 84.75%）、中专学历的人员有（高中）141 人（14.83%），其他学历的人员有 4 人（0.42%），按照我国教育部发布的 2003 年版《中小学图书馆（室）规程》中的要求，全市初中和高中图书馆管理人员符合学历要求的人员占比分别为 87.02% 和 83.67%；高级、中级、初级职称人员分别为 162 人（17.03%）、458 人（48.16%）和 265 人（27.87%），其他职称状况 66 人（6.94%）；年龄在 35 岁及以下的有 172 人（18.09%）、36~49 岁的有 516 人（54.26%）、50 岁及以上的有 263 人（27.66%）。由此可见，即使按 2003 年的国家相关要求，全市初中和高中图书馆管理人员仍分别有 12.98% 和 16.33% 的人未达到最基本的学历要求。另外，由职称数据可见，高级职称人员稀少，多数管理人员可能都有提升职称层次的需求，但他们绝大多数都是教师系列职称，本职角度的专业层次水平也有待提升。那些属于其他职称状况的人员在南宁市中小学图书馆管理人员中占比过高，根据调研实践，这些人的学历大多在大专以下。如果按照 2018 年版《中小学图书馆（室）规程》的要求，由表 2-4 中的数据可知，2016 年南宁市城区约有 36.73% 的图书馆管理人员达不到国家的基本要求，即管理人员应具备大学本科及以上文化程度。

2.6.2　柳州市

截至 2017 年，柳州市各城区拥有普通中学共计 85 所，普通中学专职教师 7 943 人，在校学生约 115 700 人。2016 年柳州市初中图书馆藏书约 311.69 万册，尚缺少的图书总册数约 199.16 万册，生均册数 25 册；高中图书馆藏书总册数约 183.52 万册，尚缺少的图书总册数约 78.55 万册，生均册数 37.7 册。柳州市各城区中学图书馆的合理之处：高中生均藏书量比初中多出 12.7 册。

根据 2003 年版《中小学图书馆（室）规程》的相关规定，2016 年柳州市城区初高中图书馆生均藏书册数全部达到国家二类标准，距离一类标准还分别差 15 册和 12.3 册，由此可见，巨大差距之下柳州中学图书馆藏书发展空间比较可观；另外，参照国家最新标准，该市距离 2018 年版《中小学图书馆（室）规程》对初中图书馆生均藏书量要求的 35 册还差 10 册，高中图书馆生均藏书量距离要求的 45 册还差 7.3 册。2016 年柳州市部分城区和学段的普通中学图书馆藏书总量与生均册数如表 2-5 所示。柳州市作为广西工业重镇，它的中学图书馆基本上达到了国家已出台的基本要求，但建设水平远未实现“高精尖”层次，城区尚且如此，其城乡接合部、乡镇乃至农村学校图书馆可能更加不乐观。柳州市教育部门等还需继续考量和提升本地中学图书馆的建设水平和品质，力求较及时地追赶乃至超越国内先进水平。

表 2-5　2016 年柳州市部分城区和学段的普通中学图书馆藏书总量与生均册数统计

城区	学段	藏书总量（册）	尚缺总册数（册）	生均册数（册 / 生）
市辖区	初中	0	0	0
	高中	1 094 943	237 836	50.63
城中区	初中	164 794	165 006	19.51
	高中	0	0	0
鱼峰区	初中	541 900	14 977	59.37
	高中	0	0	0
柳南区	初中	549 733	373 485	31.3
	高中	0	0	0
柳北区	初中	333 008	416 242	23.63
	高中	0	0	0

资料来源：广西壮族自治区教育厅所属部门出版的内部调研报告，各城区按随机顺序排列，报告中合计部分不符合本研究的统计口径，因此参考意义较小，所以此处没有列示。

表 2-6 是对 2016 年柳州市部分城区和学段的中学图书馆管理人员的统计。

表 2-6　2016 年柳州市部分城区和学段的中学图书馆管理人员统计

城区名称和学段		学校数	校均人员	合计	专兼职人数		职称				学历				年龄		
					专职	兼职	高级	中级	初级	其他	本科及以上	大专	中专（高中）	其他	35 岁及以下	36~49 岁	50 岁及以上
市辖区	初中	0	0	0	0	0	0	0	0	0	0	0	0	0	0	0	0
	高中	10	0.6	6	6	0	0	4	1	1	3	2	1	0	1	0	5
城中区	初中	6	0.5	3	1	2	1	1	1	0	3	0	0	0	1	1	1
	高中	0	0	0	0	0	0	0	0	0	0	0	0	0	0	0	0

（续表）

城区名称和学段		学校数	校均人员	合计	专兼职人数		职称				学历				年龄		
					专职	兼职	高级	中级	初级	其他	本科及以上	大专	中专（高中）	其他	35岁及以下	36~49岁	50岁及以上
鱼峰区	初中	7	1.57	11	8	3	3	6	2	0	7	4	0	0	1	1	9
	高中	0	0	0	0	0	0	0	0	0	0	0	0	0	0	0	0
柳南区	初中	16	1.13	18	6	12	1	11	2	4	10	6	2	0	3	10	5
	高中	0	0	0	0	0	0	0	0	0	0	0	0	0	0	0	0
柳北区	初中	17	0.76	13	3	10	2	5	3	3	7	4	2	0	1	9	3
	高中	0	0	0	0	0	0	0	0	0	0	0	0	0	0	0	0

资料来源：广西壮族自治区教育厅所属部门出版的内部调研报告，各城区按随机顺序排列。

柳州市全市范围内（包括各县）共有图书馆管理人员 1 179 人，初中、高中分别为 157 人和 73 人，其中专职人员有 191 人（在人员总量中占比 16.2%）；在全市学校图书馆管理人员中，本科及以上学历的人员有 163 人、大专学历的人员有 253 人（大专及以上人员占比 77.04%）、中专（高中）学历的人员有 121 人（22.41%），其他学历的人员有 3 人（0.56%），按照我国 2003 年版《中小学图书馆（室）规程》的相关要求，全市初中、高中图书馆管理人员符合学历要求的分别占 85.05% 和 90.32%；高级、中级、初级职称人员分别有 105 人（19.44%）、238 人（44.07%）和 154 人（28.52%），其他职称状况的人员有 43 人（7.96%）；年龄在 35 岁及以下的人员有 82 人（40.37%）、36~49 岁的人员有 218 人（15.19%）、50 岁及以上的人员有 240 人（44.44%）。由此可见，即使对照 2003 年版《中小学图书馆（室）规程》的相关要求，全市初中、高中图书馆管理人员有 14.95% 和 9.68% 的人未达到最基本的学历（大专）要求。另外，从职称数据可知，高级职称人员稀少状况很明显，多数管理人员可能有提升职称层次的需求，但他们绝大多数都是教师系列职称，本职角度的专业层次水平也有待提升。如果按照 2018 年版《中小学图书馆（室）规程》的要求，2016 年柳州市城区约有 41.18% 的人员达不到国家的基本要求，即管理人员应具备大学本科及以上文化程度。

2.6.3 桂林市

截至 2017 年，桂林市城区拥有普通中学 60 所，普通中学专职教师 5 357 人，在校学生约为 74 800 人。2016 年桂林市初中图书馆藏书约 290.06 万册，尚缺少图书总册数约 113.43 万册，生均 22.81 册；2016 年桂林市高中图书馆藏书约 239.44 万册，尚缺少的图书总册数约 94.21 万册，生均 34.38 册。桂林市各城区中学图书馆的合理之处：高中图书馆生均藏书量比初中图书馆多了 11.57 册。

根据 2003 年教育部发布的《中小学图书馆（室）规程》的规定，2016 年桂林市城区初高中图书馆生均藏书册数全部未达到国家当时要求的二类标准，其初高中图书馆生均册数距国家二类标准还差 2.19 册和 0.62 册，距离一类标准还差 17.19 册和 15.62 册；同时，距离 2018 年版《中小学图书馆（室）规程》对初中图书馆生均藏书量要求的 35 册还差 12.19 册，距离对高中图书馆生均藏书量要求的 45 册还差 10.62 册。2016 年桂林市部分城区和学段的普通中学图书馆藏书总量与生均册数如表 2-7 所示。桂林市作为全国重要旅游城市，其中学图书馆生均馆藏仍无法达到国家出台的基本要求，城区尚且如此，其城乡接合部、乡镇乃至农村学校图书馆可能更加不乐观。强烈呼吁，桂林市教育部门等评价并提升本地中学图书馆建设水平，力争达到并赶超国家标准与一般水平。

表 2-7　2016 年桂林市部分城区和学段的普通中学藏书总量与生均册数统计

城区	学段	藏书总量（册）	尚缺总册数（册）	生均册数（册 / 生）
市直属	初中	232 376	108 820	15.58
	高中	586 171	95 107	45.99
城中区	初中	164 794	165 006	19.51
	高中	0	0	0
秀峰区	初中	541 900	14 977	59.37
	高中	0	0	0
叠彩区	初中	549 733	373 485	31.3
	高中	0	0	0
象山区	初中	333 008	416 242	23.63
	高中	0	0	0
七星区	初中	73 260	0	49.8
	高中	0	0	0

（续表）

城区	学段	藏书总量（册）	尚缺总册数（册）	生均册数（册/生）
雁山区	初中	70 179	0	41.33
	高中	0	0	0
临桂区	初中	413 441	97 254	30.62
	高中	337 413	118 467	51.33

资料来源：广西壮族自治区教育厅所属部门出版的内部调研报告，各城区按随机顺序排列，报告中合计部分不符合本研究口径，因此参考意义较小，所以此处没有列示。

表2-8是对2016年桂林市部分城区和学段的中学图书馆管理人员的统计。

表2-8　2016年桂林市部分城区和学段的中学图书馆管理人员统计

城区名称和学段		学校数	校均人员	合计	专兼职人数		职称				学历				年龄		
					专职	兼职	高级	中级	初级	其他	本科及以上	大专	中专（高中）	其他	35岁及以下	36~49岁	50岁及以上
市直属	初中	11	0.82	9	5	4	0	4	4	1	5	4	0	0	2	6	1
	高中	12	1	12	12	0	1	7	4	0	6	6	0	0	1	9	2
秀峰区	初中	2	0.5	1	1	0	0	0	0	1	0	1	0	0	1	0	0
	高中	0	0	0	0	0	0	0	0	0	0	0	0	0	0	0	0
叠彩区	初中	1	1	1	0	1	0	0	1	0	1	0	0	0	0	0	1
	高中	0	0	0	0	0	0	0	0	0	0	0	0	0	0	0	0
七星区	初中	3	1.33	4	3	1	1	1	1	1	3	1	0	0	0	2	2
	高中	0	0	0	0	0	0	0	0	0	0	0	0	0	0	0	0
雁山区	初中	2	1.5	3	2	1	0	3	0	0	3	0	0	0	0	2	1
	高中	0	0	0	0	0	0	0	0	0	0	0	0	0	0	0	0
临桂区	初中	15	1.07	16	14	2	2	9	4	1	7	5	4	0	0	8	8
	高中	4	0.75	3	3	0	1	2	0	0	3	0	0	0	0	1	2
象山区	初中	1	2	2	2	0	0	2	0	0	0	2	0	0	0	0	2
	高中	0	0	0	0	0	0	0	0	0	0	0	0	0	0	0	0

资料来源：广西壮族自治区教育厅所属部门出版的内部调研报告，各城区按随机顺序排列。

桂林市全市（包括各县）共有图书馆管理人员1 179人，初中、高中分别有157人和 73 人，其中专职人员有 191 人（在人员总量中占 16.2%）；在全市学校图书馆管理人员中，本科及以上学历的人员有 459 人、大专学历的人员有 480 人（大专及以上人员占 79.64%）、中专（高中）学历的人员有 237 人（20.1%），其他学历的人员有 3 人（0.25%），按照我国 2003 年版《中小学图书馆（室）规程》的相关要求，全市初高中图书馆管理人员符合学历要求的占比为 91.72% 和 84.93%；高级、中级、初级职称人员分别有 207 人（17.56%）、546 人（46.31%）和 320 人（27.14%），其他职称状况的人员有 106 人（8.99%）；年龄在 35 岁及以下的人员有 266 人（22.56%）、36~49 岁的人员有 509 人（43.17%）、50 岁及以上的人员有 404 人（34.27%）。即使对照 2003 年版《中小学图书馆（室）规程》的相关要求，初中和高中图书馆管理人员分别有 8.28% 和 15.07% 的人员未达到大专学历水平，即国家对中学图书馆管理人员学历的最基本要求。另外，从职称数据可知，高级职称人员稀少状况很明显，多数管理人员可能有提升职称和学历层次的较强需求，但他们绝大多数都是教师职称系列，本职角度的专业层次水平有待提升。如果按照 2018 年版《中小学图书馆（室）规程》的相关要求，2016 年桂林市城区约有 43.75% 的人员达不到国家基本要求，即管理人员应具备大学本科及以上学历。

2.6.4 梧州市

截至 2017 年，梧州市城区拥有普通中学 35 所，普通中学专职教师 2 909 人，在校学生约 46 000 人。2016 年梧州市初中图书馆藏书约 282.94 万册，尚缺少图书总册数约 147.78 万册，生均 21.1 册；高中图书馆藏书约 152.77 万册，尚缺少图书总册数约 131.92 万册，生均 29.8 册。梧州市各城区中学图书馆的合理之处：高中图书馆生均藏书量比初中图书馆多 8.7 册。

根据 2003 年教育部发布的《中小学图书馆（室）规程》的规定，2016 年梧州市城区初高中图书馆生均藏书册数均未达到二类标准，分别欠缺 3.9 册和 5.2 册，同时距离一类标准更是多达 18.9 册和 20.2 册；如果按 2018 年版《中小学图书馆（室）规程》的规定，梧州市初中图书馆生均藏书量距离所要求的 35 册还差 13.9 册，高中图书馆生均藏书量距离所要求的 45 册还差 15.2 册。2016 年梧州市部分城区和学段的普通中学图书馆藏书总量与生均册数如表 2-9 所示。梧州市作为两广交流枢纽和历史文化名城，其中学图书馆却大多无法达到国家已出台的基本要求，由此可见其向广东省的学习、合作并未带来较大改观，其城乡接合部、乡镇乃至农村学校的中学图书馆可能更加不乐观。强烈呼吁，梧州市教育部门评价和提升本地中学图书馆的建设水平，力求较及时地达到国家统一要求和一般水平。

表 2-9　2016 年梧州市部分城区和学段的普通中学图书馆藏书总量与生均册数统计

城区	学段	藏书总量（册）	尚缺总册数（册）	生均册数（册 / 生）
市辖区	初中	457 767	156 574	33.48
	高中	541 256	653 884	33.98
万秀区	初中	6 739	12 221	6.63
	高中	0	0	0
长洲区	初中	43 379	30 781	22.81
	高中	0	0	0
龙圩区	初中	225 811	180 029	20.67
	高中	0	0	0

资料来源：广西壮族自治区教育厅所属部门出版的内部调研报告，各城区按随机顺序排列，报告中合计部分不符合本研究统计口径，因此参考意义较小，所以此处没有列示。

表 2-10 是对 2016 年梧州市部分城区和学段的中学图书馆管理人员的统计。

表 2-10　2016 年梧州市部分城区和学段的中学图书馆管理人员统计

城区名称和学段		学校数	校均人员	合计	专兼职人数		职称				学历				年龄		
					专职	兼职	高级	中级	初级	其他	本科及以上	大专	中专（高中）	其他	35岁及以下	36~49岁	50岁及以上
市辖区	初中	10	1.5	15	12	3	0	2	6	7	6	8	1	0	4	7	4
	高中	6	2.67	16	14	2	1	0	10	5	4	8	3	1	3	7	6
万秀区	初中	2	0	0	0	0	0	0	0	0	0	0	0	0	0	0	0
	高中	0	0	0	0	0	0	0	0	0	0	0	0	0	0	0	0
长洲区	初中	3	1	3	3	0	1	2	0	0	0	2	1	0	0	1	2
	高中	0	0	0	0	0	0	0	0	0	0	0	0	0	0	0	0

（续表）

城区名称和学段		学校数	校均人员	合计	专兼职人数		职称				学历				年龄		
					专职	兼职	高级	中级	初级	其他	本科及以上	大专	中专（高中）	其他	35岁及以下	36~49岁	50岁及以上
龙圩区	初中	10	0.9	9	1	8	1	6	2	0	2	5	2	0	0	5	4
	高中	0	0	0	0	0	0	0	0	0	0	0	0	0	0	0	0

资料来源：广西壮族自治区教育厅所属部门出版的内部调研报告，各城区按随机顺序排列。

梧州市全市范围（包括各县）内共有图书馆管理人员 747 人，初中、高中分别拥有 102 人和 32 人，其中专职人员有 90 人（占人员总量的 12.05%）；在全市学校图书馆管理人员中，学历为本科及以上的人员有 246 人、大专学历的人员有 360 人（大专及以上人员占 81.12%）、中专（高中）学历的人员有 138 人（18.47%），其他学历的人员有 3 人（0.4%），按照我国 2003 年版《中小学图书馆（室）规程》的相关要求，全市初中、高中图书馆管理人员符合学历要求的占比分别是 84.31% 和 81.25%；高级、中级、初级职称人员分别有 73 人（9.77%）、231 人（30.92%）和 354 人（47.39%），其他职称状况的人员有 89 人（11.91%）；年龄在 35 岁及以下的人员有 207 人（27.71%）、36~49 岁的人员有 363 人（48.59%）、50 岁及以上的人员有 177 人（23.69%）。按照 2003 年版《中小学图书馆（室）规程》的相关要求，全市初高中图书馆管理人员仍有 15.69% 和 18.75% 的人员未达到大专学历水平，即国家对中学图书馆管理人员学历的最基本要求。另外，由职称数据可知，高级职称人员稀少而初级职称人员占比过大的情况在梧州市非常明显，因此多数图书馆管理人员可能有提升职称和学历层次的需求，且他们绝大多数是教师职称系列，本职角度的专业层次水平有待提升。如果按 2018 年版《中小学图书馆（室）规程》的相关规定，2016 年梧州市城区约有 71.43% 的人员未达国家基本要求，即管理人员应具备大学本科及以上学历。由此分析可知，梧州市中学图书馆管理人员的学历层次若要顺应时代发展，充分满足国家现行要求，就必须大力提倡并督促他们提升自身学历，使其明白提升自身学历的迫切性和必要性。

2.6.5 北海市

截至 2017 年，北海市城区拥有的普通中学为 54 所，普通中学专职教师为 4 260 人，在校学生数约为 53 400 人。2016 年北海市初中图书馆藏书约 116.00 万册，尚缺少图书总册数约 110.66 万册，生均 16.7 册；2016 年北海市高中图书馆藏书约 76.45 万册，尚缺少图书总册数约 138.41 万册，生均 24.2 册。由此可见北海市城区合理之处：高中图书馆生均藏书量比初中图书馆多出 7.5 册。

根据 2003 年教育部发布的《中小学图书馆（室）规程》的规定，2016 年北海市各城区初高中图书馆生均藏书册数全部未达当时国家规定的二类标准，分别欠缺 8.3 册和 10.8 册，距离一类标准分别还差 23.3 册和 25.8 册；另外，对照 2018 年版《中小学图书馆（室）规程》，北海市初中图书馆生均藏书量距离要求的 35 册还差 18.3 册，而高中图书馆生均藏书量距离要求的 45 册则差 20.8 册。北海市部分城区和学段的普通中学图书馆藏书总量与生均册数如表 2-11 所示。北海市作为广西重要的旅游、移民城市和出海口之一，其中学图书馆并未达国家出台的基本要求，城区尚且如此，其城乡接合部、乡镇乃至农村学校图书馆可能更加不乐观。强烈呼吁，北海市教育部门等评价和提升本地中学图书馆的建设水平，力求较及时地达到国家统一要求并追赶乃至超越国内平均水平。

表 2-11　2016 年北海市部分城区和学段的普通中学图书馆藏书总量与生均册数统计

城区	学段	藏书总量（册）	尚缺总册数（册）	生均册数（册 / 生）
市辖区	初中	151 274	361 006	9.58
	高中	367 228	470 972	28.65
海城区	初中	0	0	0
	高中	0	0	0
银海区	初中	116 783	169 517	17.13
	高中	21 800	33 650	75.43
铁山港区	初中	42 082	98 398	8.12
	高中	20 561	83 739	13.27

资料来源：广西壮族自治区教育厅所属部门出版的内部调研报告，各城区按照随机顺序排列，报告中合计部分不符合本研究统计口径，因此参考意义较小，所以此处没有列示。

表 2-12 是对 2016 年北海市部分城区和学段的中学图书馆管理人员的统计。

表 2-12　2016 年北海市部分城区和学段的中学图书馆管理人员统计

城区名称和学段		学校数	校均人员	合计	专兼职人数		职称				学历				年龄		
					专职	兼职	高级	中级	初级	其他	本科及以上	大专	中专（高中）	其他	35 岁及以下	36~49 岁	50 岁及以上
市辖区	初中	7	0.43	3	3	0	0	1	0	2	2	1	0	0	0	2	1
	高中	6	2.17	13	12	1	1	3	3	6	5	2	6	0	2	4	7
海城区	初中	1	0	0	0	0	0	0	0	0	0	0	0	0	0	0	0
	高中	0	0	0	0	0	0	0	0	0	0	0	0	0	0	0	0
银海区	初中	9	0.78	7	1	6	0	3	0	4	2	4	1	0	4	3	0
	高中	1	0	0	0	0	0	0	0	0	0	0	0	0	0	0	0
铁山港区	初中	7	0.43	3	2	1	1	0	0	2	1	0	2	0	1	2	0
	高中	2	1.5	3	3	0	2	0	0	1	0	0	3	0	0	2	1

资料来源：广西壮族自治区教育厅所属部门出版的内部调研报告，各城区按随机顺序排列。

北海市全市范围内（包括各县）共有图书馆管理人员 399 人，初中、高中分别有 41 人和 35 人，其中专职人员有 53 人（占人员总量的 13.28%）；在全市学校图书馆管理人员中，本科及以上学历的人员有 152 人、大专学历的人员有 194 人（大专及以上人员占 86.72%）、中专（高中）学历的人员有 51 人（12.78%），其他学历的人员有 2 人（0.5%），按照 2003 年版《中小学图书馆（室）规程》的相关要求，全市初中、高中图书馆管理人员符合学历要求的人员占比分别为 80.49% 和 57.14%；高级、中级、初级职称人员分别有 72 人（18.05%）、189 人（47.37%）和 84 人（21.05%），其他职称状况的人员有 54 人（13.53%）；年龄在 35 岁及以下的人员有 89 人（22.31%）、36~49 岁的人员有 238 人（59.65%）、50 岁及以上的人员有 72 人（18.05%）。按照 2003 年版《中小学图书馆（室）规程》的相关要求，全市初中、高中图书馆管理人员仍分别有 11.51% 和 42.86% 未达到大专学历水平，即国家对中学图书馆管理人员学历的最基本要求。另外，由职称数据可知，高级职称人员稀少状况明显，因此多数管理人员很可能存在提升职称和学历层次的需求，且他们绝大多数都是教师系列职称，本职角度的专业层次水平有待提升。按照 2018 年版《中小学图书馆（室）规程》的相关规定，2016 年北海市城区约有 65.52% 的人员不达标，即管理人员应具备大学本科及以上学历。北海市中学图书馆管理人员的学历层次若要充分满足国家要求，就必须做出较大调整和革新。

2.6.6 防城港市

截至 2017 年，防城港市城区普通中学共 28 所，普通中学专职教师 2 033 人，在校学生数约 34 000 人。2016 年防城港市初中图书馆藏书约 81.52 万册，尚缺少图书约 70.58 万册，生均 20.26 册；高中图书馆藏书约 50.98 万册，尚缺少图书约 33.77 万册，生均 30.24 册。防城港市各城区中学图书馆的合理之处在于：高中图书馆生均藏书量比初中图书馆多出 9.98 册。

根据 2003 年教育部发布的《中小学图书馆（室）规程》的规定，2016 年防城港市城区初高中图书馆生均藏书册数全部未达国家二类标准要求，差距分别是 4.74 册和 4.76 册，同时距离一类标准还差 19.74 册和 19.76 册；而对照 2018 年版《中小学图书馆（室）规程》的规定，距离初中图书馆生均藏书量基本要求的 35 册还差 14.74 册，高中图书馆生均藏书量距离国家基本要求的 45 册还差 14.76 册。2016 年防城港市部分城区和学段的普通中学图书馆藏书总量及生均册数如表 2-13 所示。防城港市作为广西重要的滨海、边贸城市之一和西南良港，其中学图书馆的藏书水平无法达到国家出台的基本要求，而且已有较大差距，城区尚且如此，其城乡接合部、乡镇乃至农村学校图书馆可能更加不乐观。强烈呼吁，防城港市教育部门评估和提升本地中学图书馆建设水平，力求较及时地达到和超越国家基本要求与国内的平均水平。

表 2-13　2016 年防城港市部分城区和学段的普通中学图书馆藏书总量及生均册数统计

城区	学段	藏书总量（册）	尚缺总册数（册）	生均册数（册 / 生）
市辖区	初中	48 000	45 160	11.94
	高中	221 469	143 831	23.02
港口区	初中	104 885	249	39.39
	高中	0	0	0
防城区	初中	102 434	392 286	5.75
	高中	134 465	124 435	58.74

资料来源：广西壮族自治区教育厅所属部门出版的内部调研报告，各城区按照随机顺序排列，报告中合计部分不符合本研究统计口径，因此参考意义较小，所以此处没有列示。

表 2-14 是对 2016 年防城港市部分城区和学段的中学图书馆管理人员的统计。

表 2-14 2016 年防城港市部分城区和学段的中学图书馆管理人员统计

城区名称和学段		学校数	校均人员	合计	专兼职人数		职称				学历				年龄		
					专职	兼职	高级	中级	初级	其他	本科及以上	大专	中专（高中）	其他	35岁及以下	36-49岁	50岁及以上
市辖区	初中	2	0.5	1	0	1	0	0	0	1	0	1	0	0	0	1	0
	高中	3	1.33	4	4	0	0	1	1	2	0	2	2	0	0	3	1
港口区	初中	4	1.25	5	3	2	1	0	3	1	3	1	1	0	0	5	0
	高中	0	0	0	0	0	0	0	0	0	0	0	0	0	0	0	0
防城区	初中	16	1.5	24	11	13	3	16	2	3	10	14	0	0	3	11	10
	高中	2	1	2	2	0	0	2	0	0	0	2	0	0	0	0	2

资料来源：广西壮族自治区教育厅所属部门出版的内部调研报告，各城区按照随机顺序排列。

防城港市全市范围内（包括各县）共有图书馆管理人员 247 人，初中、高中分别有 36 人和 9 人，其中专职人员有 44 人（占总人数的 17.81%）；在全市初中、高中图书馆管理人员中，本科及以上学历的人员有 70 人、大专学历的人员有 129 人（大专及以上人员占比 80.57%）、中专（高中）学历的人员有 44 人（17.81%），其他学历的人员有 4 人（1.62%），按照我国 2003 年版《中小学图书馆（室）规程》的相关要求，全市初高中图书馆管理人员符合学历要求的人员占 85.42% 和 84.62%；高级、中级、初级职称人员分别有 43 人（17.41%）、109 人（44.13%）和 59 人（23.89%），其他职称状况的人员有 36 人（14.57%）；年龄在 35 岁及以下的人员有 56 人（22.67%）、36~49 岁的人员有 113 人（45.75%）、50 岁及以上的人员有 78 人（31.58%）。按照 2003 年版《中小学图书馆（室）规程》的相关要求，全市初中、高中图书馆管理人员分别有 14.58% 和 15.38% 的人员未达到大专学历水平，即国家对中学图书馆管理人员学历的基本要求。另外，由职称数据可知，高级职称人员稀少的状况很明显，多数管理人员可能都有提升职称层次和学历水平的需求，且他们绝大多数是教师职称系列，本职角度的专业层次水平有待提升。按照 2018 年版《中小学图书馆（室）规程》的相关要求，2016 年防城港市城区约有 63.89% 的人员未达到国家的基本要求，即管理人员应具备大学本科及以上学历。

2.6.7 钦州市

截至 2017 年，钦州市城区拥有普通中学 50 所，普通中学专职教师 4 800 人，在校学生约 105 800 人。2016 年钦州市初中图书馆藏书约 207.53 万册，尚缺少图书约 326.02 万册，生均 12.31 册；高中图书馆藏书约 64.41 万册，尚缺少图书约 219.96 万册，生均 12.43 册。钦州市城区高中图书馆生均藏书量仅比初中图书馆生均藏书量多 0.12 册，这显然不符合常规，并未反映出青少年正常成长和阅读需求的规律。从中学图书馆藏书状况和生均册数看，相比于广西其他地级市，钦州中学图书馆事业的发展较滞后和迟缓，但具备较大的提升空间。

根据 2003 年教育部发布的《中小学图书馆（室）规程》的规定，2016 年钦州市城区初高中图书馆生均藏书量全部未达到国家的二类标准，分别欠缺 12.69 册和 22.57 册，同时距离一类标准为 27.69 册和 37.57 册。另外，根据 2018 年版《中小学图书馆（室）规程》的相关规定，距离初中图书馆生均藏书量要求的 35 册还差 22.69 册，距离高中图书馆生均藏书量要求的 45 册还差 32.57 册。2016 钦州市部分城区和学段的普通中学图书馆藏书总量及生均册数如表 2-15 所示。钦州市作为历史悠久的文化古城、广西的重要港口和出海通道之一，其中学图书馆藏书量并未达到国家出台的基本要求，并且距离国家的最低要求甚远，系广西中学图书馆生均藏书量最低的地级市。城区尚且如此，其城乡接合部、乡镇乃至农村学校的中学图书馆可能更加不乐观。强烈呼吁，钦州市教育部门考量和提升本地中学图书馆建设水平，力求较及时地达到国家的基本要求，改变此行业长期以来积贫积弱、门可罗雀乃至形同虚设的情况。

表 2-15 2016 年钦州市部分城区和学段的普通中学图书馆藏书总量及生均册数统计

城区	学段	藏书总量（册）	尚缺总册数（册）	生均册数（册 / 生）
市辖区	初中	39 000	206 440	2.24
	高中	106 690	199 660	6.98
钦南区	初中	225 386	407 734	12.9
	高中	21 073	162 627	10.46

（续表）

城区	学段	藏书总量（册）	尚缺总册数（册）	生均册数（册 / 生）
钦北区	初中	378 383	529 097	13.72
	高中	35 420	420 280	8.97

资料来源：广西壮族自治区教育厅所属部门出版的内部调研报告，各城区按照随机顺序排列，报告中合计部分不符合本研究统计口径，因此参考意义较小，所以此处没有列示。

表 2-16 是对 2016 年钦州市部分城区和学段的中学图书馆管理人员的统计。

表 2-16　2016 年钦州市部分城区和学段的中学图书馆管理人员统计

城区名称和学段		学校数	校均人员	合计	专兼职人数		职称				学历				年龄		
					专职	兼职	高级	中级	初级	其他	本科及以上	大专	中专（高中）	其他	35岁及以下	36~49岁	50岁及以上
市辖区	初中	6	1.67	10	5	5	2	5	3	0	4	5	1	0	2	3	5
	高中	4	5	20	17	3	1	8	10	1	16	3	1	0	8	8	4
钦北区	初中	17	0.41	7	1	6	4	1	2	0	4	2	1	0	2	4	1
	高中	3	0.67	2	2	0	1	1	0	0	0	1	0	1	0	0	2
钦南区	初中	17	0.41	7	1	6	4	1	2	0	4	2	1	0	2	4	1
	高中	3	0.67	2	2	0	1	1	0	0	0	1	0	1	0	0	2

资料来源：广西壮族自治区教育厅所属部门出版的内部调研报告，各城区按照随机顺序排列。

钦州市全市范围内（包括各县）共有图书馆管理人员 879 人，初中、高中分别有 92 人和 36 人，其中专职人员有 105 人（占人员总量的 11.95%）；在全市初中、高中图书馆管理人员中，本科及以上学历的人员有 202 人、大专学历的人员有 540 人（大专及以上人员占比 84.41%）、中专（高中）学历的人员有 132 人（15.02%），其他学历的人员有 5 人（0.57%）。按照我国 2003 年版《中小学图书馆（室）规程》的相关要求，全市初高中图书馆管理人员符合学历要求的人员占比 92.39% 和 91.67%；高级、中级、初级职称人员分别有 123 人（13.99%）、266 人（30.26%）和 314 人（35.72%），其他职称人员有 176 人（20.02%）；年龄在 35 岁及以下的人员有 281 人（31.97%）、36~49 岁的人员有 425 人（48.35%）、50 岁及以上的人员有 173 人（19.68%）。按照 2003 年版《中小学图书馆（室）规程》的相关要求，全市初中、高中图书馆管理人员分别有 7.61% 和 8.33% 的人员未达到大专学历水平，即国家对中学图书馆管理人员学历的基本要求。另外，由职称数据可知，高级职称人员稀少而初级职称人员占比过大的状况在钦州市很明显，多数管理人员有提升职称和学历层次的强烈需求，且他们绝大多数是教师系列职称，本职角度的专业层次水平有待提升。按照 2018 年版《中小学图书馆（室）规程》的相关规定，2016 年钦州市城区约有 39.13% 的人员未达到国家基本要求，即管理人员应具备大学本科及以上学历。

2.6.8 贵港市

截至 2017 年，贵港市城区拥有普通中学 83 所，普通中学专职教师 9 071 人，在校学生约 147 000 余人。2016 年贵港市初中图书馆藏书约 314.18 万册，生均 12.75 册；高中图书馆藏书约 131.28 万册，生均 17.68 册。贵港市各城区中学图书馆的合理之处：高中图书馆生均藏书量比初中图书馆多了 4.93 册。

根据 2003 年教育部发布的《中小学图书馆（室）规程》的规定，2016 年贵港市城区初高中图书馆生均藏书册数全部未达到国家二类标准，分别缺少 12.25 册和 17.32 册，同时距离一类标准分别差 27.25 册和 32.32 册；根据 2018 年版《中小学图书馆（室）规程》的规定，该城市数据低于初中图书馆生均藏书量要求的 35 册，还差 22.25 册，即国家的多数藏书量要求在贵港城区中学图书馆中都不具备，而对照高中图书馆生均藏书量要求的 45 册还差 27.32 册。2016 年贵港市部分城区和学段普通中学图书馆藏书总量及生均册数如表 2-17 所示。贵港市各城区的中学图书馆一般无法达到国家出台的基本要求，而且距离合格的标准很远，该市中学图书馆建设的落后程度仅次于钦州市。城区尚且如此，其城乡接合部、乡镇乃至农村学校图书馆可能更加不乐观。强烈呼吁，贵港市教育部门等考量和提升本地中学图书馆建设水平，力求较及时地达到并超越国家要求与国内平均水平。

表 2-17　2016 年贵港市部分城区和学段的普通中学图书馆藏书总量及生均册数统计

城区	学段	藏书总量（册）	尚缺总册数（册）	生均册数（册 / 生）
覃塘区	初中	386 931	0	14.16
	高中	120 338	0	14.63
市辖区	初中	65 000	0	12.71
	高中	364 962	0	26.8
港北区	初中	883 716	0	23.7
	高中	216 837	0	24.58
港南区	初中	481 606	0	18.26
	高中	35 000	0	5.73

资料来源：广西壮族自治区教育厅所属部门出版的内部调研报告，各城区按照随机顺序排列，报告中合计部分不符合本研究统计口径，因此参考意义较小，所以此处没有列示。

表 2-18 是对 2016 年贵港市部分城区和学段的中学图书馆管理人员的统计。

表 2-18　2016 年贵港市部分城区和学段的中学图书馆管理人员统计

城区名称和学段		学校数	校均人员	合计	专兼职人数		职称				学历				年龄		
					专职	兼职	高级	中级	初级	其他	本科及以上	大专	中专（高中）	其他	35 岁及以下	36~49 岁	50 岁及以上
市辖区	初中	1	2	2	2	0	0	1	1	0	0	2	0	0	0	1	1
	高中	4	1	4	4	0	3	1	0	0	4	0	0	0	0	3	1
覃塘区	初中	21	0.67	14	3	11	1	7	2	4	5	5	4	0	6	6	2
	高中	3	0	0	0	0	0	0	0	0	0	0	0	0	0	0	0
港北区	初中	27	0.67	18	6	12	3	9	3	3	9	5	4	0	3	10	5
	高中	5	0.6	3	2	1	0	3	0	0	2	1	0	0	0	3	0
港南区	初中	20	0.3	6	0	6	0	6	0	0	3	3	0	0	0	5	1
	高中	3	0.33	1	1	0	0	0	0	1	1	0	0	0	1	0	0

资料来源：广西壮族自治区教育厅所属部门出版的内部调研报告，各城区按照随机顺序排列。

贵港市全市范围内（包括各县）的图书馆管理人员共 674 人，初中、高中分别有 82 人和 24 人，其中专职人员有 81 人（占人员总量的 12.02%）；在全市学校图书馆管理人员中，本科及以上学历的人员有 249 人、大专学历的人员有 345 人（大专及以上人员占比 88.13%）、中专（高中）学历的人员有 80 人（11.87%），无其他学历的人员（0）。按照我国 2003 年版《中小学图书馆（室）规程》的相关要求，全市初高中图书馆管理人员符合学历要求的人员分别占比 78.05% 和 79.17%；高级、中级、初级职称人员分别有 107 人（15.88%）、311 人（46.14%）和 224 人（33.23%），其他职称的人员有 32 人（4.75%）；年龄在 35 岁及以下的人员有 221 人（32.79%）、36~49 岁的人员有 332 人（49.26%）、50 岁及以上的人员有 121 人（17.95%）。按照 2003 年版《中小学图书馆（室）规程》的相关要求，初中、高中图书馆管理人员分别有 21.95% 和 20.83% 的人员未达到大专学历水平，即国家对中学图书馆管理人员学历的基本要求。另外，由职称数据可知，该市高级职称人员稀少的状况很明显，多数管理人员有提升职称和学历层次的强烈需求，且他们绝大多数都是教师系列职称，本职角度的专业层次水平有待提升。按照 2018 年版《中小学图书馆（室）规程》的相关要求，2016 年贵港市城区有高达 50% 的图书馆管理人员达不到国家的基本要求，即管理人员应具备大学本科及以上学历。

2.6.9　玉林市

截至 2017 年，玉林市各城区的普通中学共 56 所，普通中学专职教师 4 944 人，在校学生约 82 200 人。2016 年玉林市初中图书馆藏书约 438.99 万册，尚缺少图书约 313.89 万册，生均 15.48 册；高中图书馆藏书约 361.18 万册，尚缺少图书约 147.78 万册，生均 37.23 册。玉林市各城区中学图书馆较合理之处：高中生生均藏书量比初中生生均藏书量多出 21.75 册。

根据 2003 年教育部发布的《中小学图书馆（室）规程》的规定，2016 年玉林市各城区初高中图书馆中仅高中图书馆的生均藏书册数超出了国家二类标准（35 册），多出 2.23 册，但距国家一类标准还欠缺 12.77 册；而初中图书馆生均藏书册数相对较少也反映其馆藏建设工作的薄弱，该指标低于国家二类标准达 9.52 册，低于国家一类标准多达 24.52 册；而比照 2018 年版《中小学图书馆（室）规程》的规定，距离高中图书馆生均藏书量统一要求的 45 册仍差 7.77 册，距离初中图书馆生均藏书量统一要求的则差 19.52 册。2016 年玉林市部分城区和学段的中学图书馆藏书总量及生均册数如表 2-19 所示。玉林市作为广西的大市之一，其中学图书馆未达到国家出台的基本要求，有部分类型学校虽然能达到基本标准，但仅略微超过最低要求线，而比对 2018 年版《中小学图书馆（室）规程》的相关规定，两类学校全部不能满足国家相关要求；城区尚且如此，其城乡接合部、乡镇乃至农村学校的中学图书馆可能更加不乐观。强烈呼吁，玉林市教育部门等考评和提升本地中学图书馆建设水平，力求使建设水平较低的中学图书馆藏书量较及时地达到国家的基本要求，缩小与国家相关标准的差距，做好准备整体赶超国内平均水平甚至先进水平。

表 2-19　2016 年玉林市部分城区和学段的普通中学图书馆藏书总量及生均册数统计

城区	学段	藏书总量（册）	尚缺总册数（册）	生均册数（册 / 生）
市辖区	初中	0	0	0
	高中	110 472	62 248	6.9
玉州区	初中	438 802	413 522	17.57
	高中	0	0	0
福绵管理区	初中	144 069	106 057	9.72
	高中	8 635	82 045	2.69
玉东新区	初中	27 674	0	9.94
	高中	0	0	0

资料来源：广西壮族自治区教育厅所属部门出版的内部调研报告，各城区按照随机顺序排列，报告中合计部分不符合本研究统计口径，因此参考意义较小，所以此处没有列示。

表 2-20 是对 2016 年玉林市部分城区和学段的中学图书馆管理人员的统计。

表 2-20　2016 年玉林市部分城区和学段的中学图书馆管理人员统计

城区名称和学段		学校数	校均人员	合计	专兼职人数		职称				学历				年龄		
					专职	兼职	高级	中级	初级	其他	本科及以上	大专	中专（高中）	其他	35 岁及以下	36~49 岁	50 岁及以上
市辖区	初中	1	0	0	0	0	0	0	0	0	0	0	0	0	0	0	0
	高中	7	1.57	11	10	1	1	3	4	3	7	1	3	0	4	5	2

（续表）

城区名称和学段		学校数	校均人员	合计	专兼职人数		职称				学历				年龄		
					专职	兼职	高级	中级	初级	其他	本科及以上	大专	中专（高中）	其他	35岁及以下	36~49岁	50岁及以上
玉州区	初中	18	1.44	26	17	9	2	15	8	1	10	14	2	0	0	20	6
	高中	0	0	0	0	0	0	0	0	0	0	0	0	0	0	0	0
福绵管理区	初中	12	0.67	8	0	8	3	4	1	0	5	3	0	0	1	5	2
	高中	2	2.5	5	5	0	0	0	2	3	1	0	3	1	0	5	0
玉东新区	初中	2	1.5	3	0	3	1	1	1	0	3	0	0	0	0	2	1
	高中	0	0	0	0	0	0	0	0	0	0	0	0	0	0	0	0

资料来源：广西壮族自治区教育厅所属部门出版的内部调研报告，各城区先后按照随机顺序排列。

玉林市全市范围内（包括各县）共有图书馆管理人员 1 805 人，初中、高中分别有 229 人和 60 人，其中专职人员有 151 人（占人员总量的 8.37%）；在全市学校图书馆管理人员中，本科及以上学历的人员有 789 人、大专学历的人员有 861 人（大专及以上人员占比 91.41%）、中专（高中）学历的人员有 149 人（8.25%），其他学历的人员有 6 人（0.33%）。按照我国 2003 年版《中小学图书馆（室）规程》的要求，全市初高中图书馆管理人员符合学历要求的人员占比为 93.01% 和 70%；高级、中级、初级职称人员分别有 280 人（15.51%）、675 人（37.4%）和 738 人（40.89%），其他职称的人员有 112 人（6.2%）；年龄在 35 岁及以下的人员有 487 人（26.98%）、36~49 岁的人员有 1 007 人（55.79%）、50 岁及以上的人员有 311 人（17.23%）。按照 2003 年版《中小学图书馆（室）规程》的相关要求，全市初中、高中图书馆管理人员仍分别有 6.99% 和 30% 的人员未达到大专学历，即国家对中学图书馆管理人员学历的基本要求。另外，由职称数据可知，高级职称人员稀少而初级职称过多的状况在玉林市的表现尤为突出，多数管理人员具有提升职称和学历层次的需求，且他们绝大多数都是教师系列职称，本职角度的专业层次水平有待提升。按照 2018 年版《中小学图书馆（室）规程》的相关要求，2016 年玉林市城区约有 53.06% 的人员达不到国家的基本要求，即管理人员应具备大学本科及以上学历。

2.6.10 百色市

截至 2017 年，百色市城区拥有的普通中学共 18 所，普通中学专职教师为 1 748 人，在校学生约为 33 900 人。2016 年百色市初中图书馆藏书约 334.71 万册，尚缺少图书约 79.87 万册，生均 23.93 册；高中图书馆藏书约 232.42 万册，尚缺少图书 69.15 万册，生均 39.49 册。百色市各城区中学图书馆的合理之处：高中图书馆生均藏书量比初中图书馆多出了 15.56 册。2016 年百色市部分城区和学段的普通中学图书馆藏书总量及生均册数如表 2-21 所示。

表 2-21　2016 年百色市部分城区和学段的普通中学图书馆藏书总量及生均册数统计

城区	学段	藏书总量（册）	尚缺总册数（册）	生均册数（册 / 生）
市辖区	初中	0	0	0
	高中	0	0	0
右江区	初中	277 839	271 166	17.03
	高中	717 621	351 436	44.21

资料来源：广西壮族自治区教育厅所属部门出版的内部调研报告，各城区按照随机顺序排列，报告中合计部分不符合本研究统计口径，因此参考意义较小，所以此处没有列示。

根据 2003 年教育部发布的《中小学图书馆（室）规程》的规定，2016 年百色市城区初高中图书馆中，仅高中图书馆的生均藏书册数超出国家二类标准（35 册）约 4.49 册，同时距离一类标准欠缺 10.51 册，而初中图书馆生均藏书册数相对更少也证明其馆藏建设工作的薄弱，该指标低于国家二类标准 1.07 册，低于一类标准则多达 16.07 册；而比照 2018 年版《中小学图书馆（室）规程》的规定，距高中图书馆生均藏书量要求（45 册）差 5.51 册，距离初中图书馆生均藏书量要求则差 11.07 册。显然，无论是对照新标准还是老标准，百色市中学图书馆的藏书建设水平距离国内先进水平还较远，对于建设更加薄弱的初中图书馆更是如此。百色市作为全国有名的革命老区和边区，其中学图书馆无法达到国家出台的基本要求，高中图书馆的相关数据虽然能达到基本标准，但仅较少地超越了最低标准，而根据 2018 年版《中小学图书馆（室）规程》的相关要求，所有中学均值都不能满足。城区尚且如此，其城乡接合部、乡镇乃至农村学校图书馆可能更加不乐观。强烈呼吁，百色市教育部门考评和提升本地中学图书馆建设水平，力求较及时地达到国家的基本要求，缩小百色市不同学段学校的文献建设工作差距，做好整体赶超国内平均水平乃至先进水平的准备。

表 2-22 是对 2016 年百色市部分城区和学段的中学图书馆管理人员的统计。

表 2-22 2016 年百色市部分城区和学段的中学图书馆管理人员统计

城区名称和学段		学校数	校均人员	合计	专兼职人数		职称				学历				年龄		
					专职	兼职	高级	中级	初级	其他	本科及以上	大专	中专（高中）	其他	35 岁及以下	36~49 岁	50 岁及以上
市辖区	初中	0	0	0	0	0	0	0	0	0	0	0	0	0	0	0	0
	高中	0	0	0	0	0	0	0	0	0	0	0	0	0	0	0	0
右江区	初中	13	1.23	16	4	12	2	9	4	1	8	7	1	0	2	7	7
	高中	6	2.67	16	16	0	0	14	0	2	2	11	3	0	0	5	11

资料来源：广西壮族自治区教育厅所属部门出版的内部调研报告，各城区按照随机顺序排列。

百色市全市范围内（包括各县）共有图书馆管理人员 905 人，初中、高中分别有 121 人和 41 人，其中专职人员有 85 人（占人员总量的 9.39%）；在全市初高中图书馆管理人员中，本科及以上学历的人员有 207 人、大专学历的人员有 417 人（大专及以上人员占 68.95%）、中专（高中）学历的人员有 273 人（30.17%），其他学历的人员有 8 人（0.88%）。按照我国 2003 年版《中小学图书馆（室）规程》的相关要求，全市初高中图书馆管理人员符合学历要求的人员占比分别为 80.17% 和 70.73%；高级、中级、初级职称人员分别为 126 人（13.92%）、349 人（38.56%）和 366 人（40.44%），其他职称人员有 64 人（7.07%）；年龄在 35 岁及以下的人员有 96 人（10.61%）、36~49 岁的人员有 446 人（49.28%）、50 岁及以上的人员有 363 人（40.11%）。按照 2003 年版《中小学图书馆（室）规程》相关要求，全市初中、高中图书馆管理人员有 9.83% 和 29.27% 的人员未达到大专学历，即国家对中学图书馆管理人员学历的基本要求。另外，由职称数据可知，高级职称人员稀少而初级职称人员偏多的状况在百色市很明显，多数管理人员有提升职称和学历层次的强烈需求，且他们绝大多数都是教师职称系列，本职角度的专业层次水平有待提升。按照2018年版《中小学图书馆（室）规程》的相关要求，2016年百色市城区约有68.75%的人员未达到国家的基本要求，即管理人员应具备大学本科及以上学历。

2.6.11 贺州市

截至2017年，贺州市城区普通中学共计45所，普通中学专职教师共计3 356人，在校学生数约57 000人。2016年贺州市初中图书馆藏书约138.87万册，尚缺少图书约102.18万册，生均18.05册；高中图书馆藏书约55.77万册，尚缺少图书约27.93万册，生均19.25册。贺州市城区高中图书馆生均藏书量比初中图书馆生均藏书量多出1.2册。由此可见，贺州市高中图书馆的发展潜力很大，但在整个广西，贺州市中学图书馆的建设工作仍属于比较落后的行列。

根据2003年教育部发布的《中小学图书馆（室）规程》的规定，2016年贺州市城区初高中图书馆的生均藏书册数全部未达国家二类标准，分别缺少6.95册和15.75册，距离一类标准则分别缺少21.95册和30.75册；对比2018年版《中小学图书馆（室）规程》的规定可以发现，该城市相关数据低于初中图书馆生均藏书量要求的35册（差16.95册），即国家要求的将近一半藏书量在贺州市城区初中图书馆都不具备，而距离高中图书馆生均藏书量要求的45册则差25.75册。2016年贺州市部分城区和学段的普通中学图书馆藏书总量及生均册数如表2-23所示。贺州市城区中学图书馆一般无法达到国家出台的基本要求，而且距离合格还很遥远。从这方面讲，该市中学图书馆建设的落后程度仅次于钦州市和贵港市；城区尚且如此，其城乡接合部、乡镇乃至农村学校图书馆可能更加不乐观。强烈呼吁，贺州市教育部门考量和提升其中学图书馆的建设水平，力求较及时地达到和超越国家基本要求及国内平均水平。

表2-23 2016年贺州市部分城区和学段的普通中学图书馆藏书总量及生均册数统计

城区	学段	藏书总量（册）	尚缺总册数（册）	生均册数（册/生）
平桂区	初中	30 601	321 839	1.88
	高中	0	0	0

（续表）

城区	学段	藏书总量（册）	尚缺总册数（册）	生均册数（册/生）
八步区	初中	586 536	354 706	24.78
	高中	144 344	129 356	31.58

资料来源：广西壮族自治区教育厅所属部门出版的内部调研报告，各城区按照随机顺序排列，报告中合计部分不符合本研究统计口径，因此参考意义较小，所以此处没有列示。

表2-24是对2016年贺州市部分城区和学段的中学图书馆管理人员的统计。

表2-24　2016年贺州市部分城区和学段的中学图书馆管理人员统计

城区名称和学段		学校数	校均人员	合计	专兼职人数		职称				学历				年龄		
					专职	兼职	高级	中级	初级	其他	本科及以上	大专	中专（高中）	其他	35岁及以下	36~49岁	50岁及以上
平桂区	初中	16	0.25	4	0	4	0	3	1	0	2	2	0	0	0	2	2
	高中	0	0	0	0	0	0	0	0	0	0	0	0	0	0	0	0
八步区	初中	24	0.83	20	4	16	3	7	9	1	15	3	2	0	6	12	2
	高中	3	1.67	5	4	1	1	1	1	2	1	2	2	0	0	2	3

资料来源：广西壮族自治区教育厅所属部门出版的内部调研报告，各城区按照随机顺序排列。

贺州市全市范围内（包括各县）共有图书馆管理人员552人，初高中分别有105人和16人，其中专职人员73人（占人员总量的13.22%）；在全市初高中图书馆管理人员中，本科及以上学历的有194人、大专学历的有281人（大专及以上人员占比86.05%）、中专（高中）学历的有76人（13.77%），其他学历的有1人（0.18%）。按照我国2003年版《中小学图书馆（室）规程》的相关要求，全市初中、高中图书馆管理人员符合学历要求的分别占比90.48%和75%；高级、中级、初级职称人员分别有73人（13.22%）、271人（49.09%）和166人（30.07%），其他职称人员有42人（7.61%）；年龄在35岁及以下的人员有113人（20.47%）、36~49岁的人员有301人（54.53%）、50岁及以上的人员有138人（25%）。按照2003年版《中小学图书馆（室）规程》的相关要求，全市初中、高中图书馆管理人员仍有9.52%和25%的人员未达到大专学历，即国家对中学图书馆管理人员学历的基本要求。另外，由职称数据可知，贺州市高级职称人员非常稀少，所以多数管理人员有提升职称和学历层次的较强需求，且他们绝大多数是教师职称系列，本职角度的专业层次水平有待提升。按照2018年版《中小学图书馆（室）规程》的相关要求，2016年贺州市城区约有37.93%的人员达不到国家的基本要求，即管理人员应具备大学本科及以上学历。

2.6.12 河池市

截至2017年，河池市城区普通中学共计45所，普通中学专职教师共计3 356人，在校学生数约57 000人。2016年河池市初中图书馆藏书约278.29万册，尚缺少图书约224.76万册，生均17.66册；高中图书馆藏书约144.1万册，尚缺少图书约169.57万册，生均19.91册。河池市城区高中图书馆生均藏书量仅比初中图书馆生均藏书量多出2.25册。根据这些数据即可推断出，河池市中学图书馆建设事业较落后，但河池市中学图书馆建设事业，尤其是高中图书馆还具备较大的发展余地。对河池市的教育类调研显示，广西壮族自治区施行了农村义务教育薄弱学校改革计划、全面改善贫困地区薄弱学校基本办学条件等重大项目，在给河池市教育装备类项目投资了2.1亿元并配备了大批图书等后才达到了上述数据水平；到2015年年底，河池市中小学图书馆管理人员（研究中未单独统计中学）共1 110人，其中专兼职人数分别有149人（13.4%）和961人（86.6%），专兼职比例与下述该市教育厅工作统计数据非常接近。

根据2003年教育部发布的《中小学图书馆（室）规程》的规定，2016年河池市城区初高中图书馆生均藏书册数全部未达国家二类标准的要求，分别缺少7.34册和15.09册，距一类标准分别缺22.34册和30.09册。对照2018年版《中小学图书馆（室）规程》的规定可以发现，河池市城区初中图书馆生均藏书量低于国家要求的35册，还差17.34册，距离高中图书馆生均藏书量要求的45册差25.09册，即在河池市城区中学图书馆中，国家要求的多数藏书量都不具备。2016年河池市部分城区和学段的普通中学图书馆藏书总量及生均册数如表2-25所示。河池市城区中学图书馆一般无法达到国家出台的基本要求且差距巨大，从该角度讲，该市中学图书馆建设的落后程度仅次于钦州市和贵港市，与贺州市相当；城区尚且如此，其城乡接合部、乡镇乃至农村学校图书馆可能更加不乐观。强烈呼吁，河池市教育部门考量和提升本地中学图书馆的建设水平，力求较及时地达到和超越国家基本要求及国内平均水平。

表 2-25 2016 年河池市部分城区和学段的普通中学图书馆藏书总量及生均册数统计

城区	学段	藏书总量（册）	尚缺总册数（册）	生均册数（册 / 生）
市辖区	初中	0	0	0
	高中	23 376	326 624	2
金城江区	初中	189 662	0	16.86
	高中	0	0	0

资料来源：广西壮族自治区教育厅所属部门出版的内部调研报告，各城区按照随机顺序排列，报告中合计部分不符合本研究统计口径，因此参考意义较小，所以此处没有列示。

表 2-26 是对 2016 年河池市部分城区和学段的中学图书馆管理人员的统计。

表 2-26 2016 年河池市部分城区和学段的中学图书馆管理人员统计

城区名称和学段		学校数	校均人员	合计	专兼职人数		职称				学历				年龄		
					专职	兼职	高级	中级	初级	其他	本科及以上	大专	中专（高中）	其他	35 岁及以下	36~49 岁	50 岁及以上
市辖区	初中	1	0	0	0	0	0	0	0	0	0	0	0	0	0	0	0
	高中	4	0	0	0	0	0	0	0	0	0	0	0	0	0	0	0
金城江区	初中	18	0.28	5	3	2	2	2	1	0	1	1	2	1	0	4	1
	高中	0	0	0	0	0	0	0	0	0	0	0	0	0	0	0	0

资料来源：广西壮族自治区教育厅所属部门出版的内部调研报告，各城区按照随机顺序排列。

河池市全市范围内（包括各县）共有图书馆管理人员 930 人，初高中分别有 125 人和 36 人，其中专职人员 110 人（占人员总量的 11.83%）；在全市初中、高中图书馆管理人员中，本科及以上学历的人员有 202 人、大专学历的人员有 593 人（大专及以上人员占比 85.48%）、中专（高中）学历的人员有 129 人（13.87%），其他学历的人员有 6 人（0.65%）；高级、中级、初级职称人员分别有 188 人（20.22%）、482 人（51.83%）和 188 人（20.22%），其他职称人员有 72 人（7.74%）；年龄在 35 岁及以下的人员有 172 人（18.49%）、36~49 岁的人员有 451 人（48.49%）、50 岁及以上的人员有 307 人（33.01%）。按照 2003 年版《中小学图书馆（室）规程》的相关要求，全市初高中图书馆管理人员仍有 14.4% 和 11.01% 的人员未达到大专学历，即国家对中学图书馆管理人员学历的基本要求。另外，由职称数据可知，高级职称人员稀少的状况很明显，多数管理人员有提升职称和学历层次的强烈需求，且他们绝大多数是教师系列职称，本职角度的专业层次水平有待提升。对照 2018 年版《中小学图书馆（室）规程》的规定，2016 年河池市城区中学图书馆管理人员有高达 80% 的人员未达到国家的基本要求，即管理人员应具备大学本科及以上学历。

2.6.13 来宾市

截至 2017 年，来宾市城区共拥有普通中学 41 所，普通中学专职教师 1 642 人，在校学生约 65 400 人。2016 年来宾市初中图书馆藏书约 216.47 万册，尚缺少图书约 110.57 万册，生均 23.04 册；高中图书馆藏书约 105.76 万册，尚缺少图书约 265.76 万册，生均 14.07 册。来宾市城区高中图书馆生均藏书量比初中图书馆生均藏书量少 8.97 册，这显然不符合青少年学生的阅读发展规律与真实需求，由此可见来宾市高中图书馆的整体馆藏建设工作是相对滞后的。

根据 2003 年教育部发布的《中小学图书馆（室）规程》的规定，2016 年来宾市城区中学图书馆生均藏书册数全部未达到国家的二类标准的要求，分别缺少了 1.96 册和 20.93 册，同时距离一类标准则分别差 16.96 册和 35.93 册；比照 2018 年版《中小学图书馆（室）规程》的规定可以发现，来宾市的相关数据低于初中图书馆生均藏书量要求的 35 册，还差 11.96 册，即国家要求的多数藏书量在来宾市城区初中图书馆都不具备，而对照高中图书馆生均藏书量要求的 45 册则差了 30.93 册。2016 年来宾市部分城区和学段的普通中学图书馆藏书总量及生均册数如表 2-27 所示。来宾市城区中学图书馆一般未达国家出台的基本要求且差距非常大，从这个角度讲，该市中学图书馆建设的落后程度仅次于钦州市、贵港市，与贺州市、河池市处于类似水平，但来宾市高中图书馆的文献建设规模尤其落后。城区尚且如此，其城乡接合部、乡镇乃至农村学校图书馆可能更加不乐观。强烈呼吁，来宾市教育部门考量和提升本地中学图书馆建设水平，力求较及时地达到和超越国家基本要求及国内平均水平。

表 2-27 2016 年来宾市部分城区和学段的普通中学图书馆藏书总量及生均册数统计

城区	学段	藏书总量（册）	尚缺总册数（册）	生均册数（册/生）
市辖区	初中	3 685	88 795	0.99
	高中	432 387	2 327 553	7.99
兴宾区	初中	713 678	800 066	14.02
	高中	1 234	183 516	0.21

资料来源：广西壮族自治区教育厅所属部门出版的内部调研报告，各城区按照随机顺序排列，报告中合计部分不符合本研究统计口径，因此参考意义较小，所以此处没有列示。

表 2-28 是对 2016 年来宾市部分城区和学段的中学图书馆管理人员的统计。

表 2-28 2016 年来宾市部分城区和学段的中学图书馆管理人员统计

城区名称和学段		学校数	校均人员	合计	专兼职人数		职称				学历				年龄		
					专	兼	高级	中级	初级	其他	本科及以上	大专	中专（高中）	其他	35岁及以下	36~49岁	50岁及以上
市辖区	初中	1	0	0	0	0	0	0	0	0	0	0	0	0	0	0	0
	高中	6	0	0	0	0	0	0	0	0	0	0	0	0	0	0	0
兴宾区	初中	32	0.69	22	12	10	2	12	8	0	13	6	3	0	3	15	4
	高中	2	0	0	0	0	0	0	0	0	0	0	0	0	0	0	0

资料来源：广西壮族自治区教育厅所属部门出版的内部调研报告，各城区按照随机顺序排列。

来宾市全市范围内（包括各县）共有图书馆管理人员 426 人，初中和高中分别有 52 人和 11 人，其中专职人员有 66 人（占人员总量的 15.49%）；在全市初中、高中图书馆管理人员中，本科及以上学历的人员有 125 人、大专学历的人员有 212 人（大专及以上人员占 79.11%）、中专（高中）学历的人员有 81 人（19.01%），其他学历的人员有 8 人（1.88%）。按照我国 2003 年版《中小学图书馆（室）规程》的相关要求，全市初中和高中图书馆管理人员符合学历要求的人员占比分别为 82.69% 和 90.91%；高级、中级、初级职称人员分别有 77 人（18.08%）、191 人（44.84%）和 124 人（29.11%），其他职称人员有 34 人（7.98%）；年龄在 35 岁及以下的人员有 65 人（15.26%）、36~49 岁的人员有 218 人（51.17%）、50 岁及以上的人员有 143 人（33.57%）。按照 2003 年版《中小学图书馆（室）规程》的相关要求，全市初中、高中图书馆管理人员仍分别有17.31% 和 9.09% 的人员未达到大专学历，即国家对中学图书馆管理人员学历的基本要求。另外，由职称数据可知，高级职称人员稀少的状况很明显，多数管理人员有提升职称和学历层次的强烈需求，且他们绝大多数都是教师系列职称，本职角度的专业层次水平有待提升。按照 2018 年版《中小学图书馆（室）规程》的相关要求，2016 年来宾市城区中学图书馆管理人员约有 40.91% 的人员未达到国家的基本要求，即管理人员应具备大学本科及以上学历。

2.6.14 崇左市

截至 2017 年，崇左市城区拥有普通中学 14 所，普通中学专职教师数为 1 351 人，在校学生数约 20 000 人。2016 年，崇左市初中图书馆藏书约 138.7 万册，尚缺少图书约 89.97 万册，生均 17.55 册；高中图书馆藏书约 65.48 万册，尚缺少图书约 24.7 万册，生均 25.05 册。崇左市城区中学图书馆的合理之处：高中图书馆生均藏书量比初中图书馆生均藏书量多 7.5 册。

根据 2003 年教育部发布的《中小学图书馆（室）规程》的规定，2016 年崇左市城区初高中图书馆生均藏书册数全部未达到国家二类标准的要求，分别缺少了 7.45 册和 9.95 册，同时距离一类标准达 22.45 册和 24.95 册。比照 2018 年版《中小学图书馆（室）规程》的规定可以发现，崇左市的相关数据低于初中图书馆生均藏书量要求的 35 册，还差 17.45 册，而对照高中图书馆生均藏书量要求的 45 册则还差 19.95 册，即在崇左市城区，对于国家要求的大多数藏书量，其中学图书馆藏书量均尚未达到。2016 年，崇左市部分城区和学段的普通中学图书馆藏书总量及生均册数如表 2-29 所示。崇左市城区中学图书馆藏书量一般无法达到国家出台的基本要求并且差距很大。从这个角度讲，该市中学图书馆建设的落后程度仅次于钦州市、贵港市，与贺州市、河池市和来宾市处于类似水平，但崇左市高中图书馆的文献建设规模尤其落后。城区尚且如此，其城乡接合部、乡镇乃至农村学校图书馆可能更加不乐观。强烈呼吁，崇左市教育部门等考量和提升本地中学图书馆的建设水平，力求较及时地达到和超越国家基本要求及国内平均水平。

表 2-29　2016 年崇左市部分城区和学段的普通中学图书馆藏书总量及生均册数统计

城区	学段	藏书总量（册）	尚缺总册数（册）	生均册数（册 / 生）
市辖区	初中	0	0	0
	高中	137 073	10 177	23
江州区	初中	196 255	58 622	15.06
	高中	0	0	0

资料来源：广西壮族自治区教育厅所属部门出版的内部调研报告，各城区按照随机顺序排列，报告中合计部分不符合本研究统计口径，因此参考意义较小，所以此处没有列示。

表 2-30 是对 2016 年崇左市部分城区和学段的中学图书馆管理人员的统计。

表 2-30　2016 年崇左市部分城区和学段的中学图书馆管理人员统计

城区名称和学段		学校数	校均人员	合计	专兼职人数		职称				学历				年龄		
					专职	兼职	高级	中级	初级	其他	本科及以上	大专	中专（高中）	其他	35 岁及以下	36~49 岁	50 岁及以上
市辖区	初中	0	0	0	0	0	0	0	0	0	0	0	0	0	0	0	0
	高中	2	0.5	1	1	0	0	0	1	0	1	0	0	0	0	1	0
江州区	初中	12	0.17	2	2	0	0	1	1	0	0	2	0	0	0	1	1
	高中	0	0	0	0	0	0	0	0	0	0	0	0	0	0	0	0

资料来源：广西壮族自治区教育厅所属部门出版的内部调研报告，各城区按照随机顺序排列。

崇左市全市范围内（包括各县）共有图书馆管理人员 247 人，初中、高中分别有 36 人和 9 人，其中专职人员有 44 人（占人员总量的 17.81%）；在全市初中、高中图书馆管理人员中，本科及以上学历的人员有 40 人、大专学历的人员有 118 人（大专及以上人员占 63.97%）、中专（高中）学历的人员有 87 人（35.22%），其他学历的人员有 2 人（0.81%）。按照我国 2003 年版《中小学图书馆（室）规程》的相关要求，全市初中、高中图书馆管理人员符合学历要求的人员占比都是 77.78%；高级、中级、初级职称人员分别有 46 人（18.62%）、123 人（49.8%）和 61 人（24.7%），其他职称人员有 17 人（6.88%）；年龄在 35 岁及以下的人员有 34 人（13.77%）、36~49 岁的人员有 91 人（36.84%）、50 岁及以上的人员有 122 人（49.39%）。按照 2003 年版《中小学图书馆（室）规程》的相关要求，全市初高中图书馆管理人员分别都有 22.22% 的人员未达到大专学历，即国家对中学图书馆管理人员学历的最基本要求。另外，由职称数据可知，高级职称人员稀少的情况很明显，多数管理人员有提升职称和学历层次的需求，且他们绝大多数都是教师系列职称，本职角度的专业层次水平有待提升。按照 2018 年版《中小学图书馆（室）规程》的相关要求，2016 年崇左市城区中学图书馆管理人员约有 66.67% 达不到国家的基本要求，即管理人员应具备大学本科及以上学历。

根据官方调查可知，2016 年广西全区初高中各有 1 783 所和 361 所，校均图书管理人员分别有 0.8 人和 1.29 人，初高中人员专职率分别为 44.54% 和 87.77%，初中、高中图书馆管理人员的中高级职称比率分别为 12.11% 和 14.16%，学历在本科及以上的人员在初中、高中的占比分别为 49.23% 和 42.27%，年龄在 50 岁及以上的人员占比分别为 34.45% 和 44.42%。这种人员总体状况无疑不利于图书馆建设事业的发展：人员专职化程度不够，老龄化和中低职称倾向较明显，多数管理人员在学历上不符合国家规定。2016 年，全自治区中学（特别是初中）图书馆藏书总量和生均册数都有大幅增长，但仍远未达到国家 2003 年版《中小学图书馆（室）规程》的相关要求。

2.7 创新点

在研究的整体价值方面，本研究进一步证实了中学图书馆长期制度化存在、发展的必要性与意义，并利用科学和规范化的信息收集方法、工具和数据分析方法等得出客观、具备一定理论深度的结论，从而为本专业和教育学、心理学等相关专业人士起到启示和引领作用，进而为推广全民阅读、终身学习、教育公平、创新创业教育，以及构建学习型社会和创新型国家指明新的渠道和思路，为未来的相关研究奠定较坚实的基础。

在研究对象、内容方面，直到本研究完成之前，尚未发现公开发行的、具备省域实证研究支持的研究成果。对于在国内事业建设较薄弱、相关研究较贫乏的中学图书馆这一研究对象和领域，笔者进行了集中、全面、专业的学术研究；另外在研究内容方面，针对特定类型图书馆现阶段的关键事项，如资金投入、场地设施建设、人力资源（特别是专业人员）、馆藏资源建设及其加工整理、服务等，进行了调查、数据分析和评述。这样就较领先、较客观中立、较为独创性地反映、分析研究和发布了处于全国中下游水平的省份的中学图书馆的状况。本书以样本的实证数据作为依据，广泛结合了国内外已有研究文献和统计数据，得出了可靠的、具备一定代表性和说服力的研究结果及对图书馆事业发展的意见和建议，进一步构建了中学图书馆领域的理论体系和学科体系方案。

在研究范式和方法方面，笔者采用了目前图书馆学研究中较新较难的问卷调查、统计技术、非正式访谈和抽样调查等方法，切实采取定量、定性实证相结合的研究范式，利用比较可靠的数据，采取科学规范的方法得出有价值、有说服力的研究结果。在此，希望本研究在方法论等方面对本主题领域相关研究者以及其他同行、合作者等起到一定的感召和引领作用。

在学科各主题方向均衡发展、全社会阅读风气和氛围营造方面，虽然长期以来社会阅读推广工作和研究在如火如荼地开展，公共文化服务体系也已得到充分重视并投入到未成年人服务中，教育学中相关研究已集中在阅读教学、语文教学等主题领域，但对于中小学生身边最主要的教育装备等方面未引起充分的关注和重视，更不要说对这类机构进行基本的资金、人力投入，如馆藏建设投入、场所设备投入和制定服务水平要求等。通过体系化、规范化和专业化的研究，以及对图书馆领域的广泛宣传、报道、评述等，盼望本研究在图书馆学、情报学乃至教育学等领域，能够起到风气引领、思想理念引导、研究范式标杆指引等作用。

第三章

中学图书馆（室）研究述评

3.1　国外对中学图书馆（室）的已有研究

本节主要介绍国外关于中学图书馆主题的代表性科学研究。该主题领域在国外研究文献体量更大，具备一定的深入性与专业性，涉及的研究方法也更加繁杂。限于本书的篇幅和作者的精力，此处仅筛选出较典型、与本研究高度相关的研究进行述评。

3.1.1　国外学校图书馆历史现状的调研

从文献上看，1949年前已出现不少关于中学图书馆的研究成果，但几乎所有成果都是思辨论述或经验总结等较简单的研究成果，相比之下，1949年后关于该主题的研究在水平、数量与质量上都有明显提升。本书述评的所有成果大多都是1949年后正式公之于众的。

3.1.1.1　国外对1949年之前学校图书馆的历史回顾

20世纪初，Sayers（1911）出版的《儿童图书馆》已成为本领域的重量级著作，该书阐释了未成年人服务的必要性，并建议推出包括儿童心理学在内的专门化培训。下列综述全部是博士学位论文，研究内容以21世纪之前学校图书馆的发展历程为主。Mcdowell（2007）的教育学博士学位论文研究了图书馆职业中少儿服务的文化起源问题，也探讨了美国新英格兰地区公立中小学图书馆开设的课程及其对学生成绩的影响，从中可以看出图书馆学与教育学等学科间存在不可分割、互相交叉等紧密联系，并通过梳理历史进程发现200多年来新英格兰地区学校中深植于中小学图书馆的文化传统。Haar（2005）探讨了18世纪末到21世纪初美国新英格兰地区公立中小学图书馆的发展历程，也关注到20世纪90年代出现的大规模定量调查，这些调查指出，馆藏规模大、具备在线数据库电子存取功能、人员职业化程度高以及资金充沛的中小学图书馆被证实与学生标准测试成绩呈现正相关，同时指出有无专业化图书馆员的中小学图书馆在艾奥瓦州基本技能测试（Iowa Test of Basic Skills，ITBS）中的参考资料测试成绩呈现显著性差异。

3.1.1.2 国外对1949年及之后学校图书馆的现状调研

此部分包含的论文较多，因此将其继续细分主题后回溯，主题内容仍按发表时间的先后顺序排列。

1.学校图书馆与外界的关系及其所致结果

印度学者 Trehan et al.（1980）在《学校图书馆管理》一书中，以中小学图书馆及其各项服务为核心内容，在强调该机构教育职能的同时，认为当时印度教育体制变革需有中小学图书馆开展教学活动和提升学生素质作为有力支撑。此研究关注的内容已不局限于具体业务，而是从少儿阅读兴趣和动机等心理因素入手，探讨特定少儿群体的阅读行为。1998 年，挪威发布的教育法规定本国所有中小学都必须拥有图书馆，在极特殊状况下如果没有设置，应有一家距离较近的公共图书馆可供师生利用。Rafste，Satre & Sundt（2005）回溯了 20 世纪末挪威学校图书馆强有力的法律支持体系与合法性基础，认为两者存在动态关系，并得出强有力的法律与高素质图书馆管理员对学校图书馆都至关重要的观点。澳大利亚学校图书馆协会（Australian School Library Association，ASLA）的研究者在考查社会、技术与文化等环境变化的基础上推论出发展教育事业的目的在于将学生培养为成功的学习者与洞悉事理的公民，他们认为教育目标的回归和聚焦使中小学图书馆及其图书馆管理员在未来教育中起着关键作用。通过回溯 2001—2011 年美国 47 篇相关论文等文献，Ewbank & Kwon（2015）发现美国有 372 项独立的学校图书馆支持项目计划，这些计划的目标群体是一般学校社群，特别为行政长官和教师所设置的项目计划很少，它们最常见的目标是提升受关注度，研究者认为美国该领域研究在总体上仍不成熟，应进一步加强对该领域的调研。Loh et al.（2017）以新加坡某中学为案例，研究了如何利用图书馆培养阅读文化，经过问卷调研法、访谈法和观察法等得出培养阅读文化应注意五大因素：专门为读者组织选书活动、精心摆设图书以引人注意、策划引人入胜的项目、为阅读设计空间及建立阅读生态。

2.学校图书馆的整体状况、影响及其所致因素研究

在得到部分积极结论的同时，还有一些研究显示，不少学校图书馆所得到的关注和投入并不充分且不平衡，这已影响它们的顺利运营与发展。Allen（1994）采用访谈法和问卷法调研了某市三所学校三年级学生对读写能力价值和功能信息的反应模式，他发现社会经济指标处于两个极端的学生之间，以及最贫穷和富有的学校之间，确实存在较明显的异质性。Singh（1995）从国际视角研究了中小学图书馆事业的发展状况并得出结论：从总体上看，世界中小学图书馆的发展并不令人满意，其在教育事业中基本不受重视而只被看作教育过程中的补充角色，图书馆管理员的专业化水平普遍很低。Conway（1995）归纳得出英国（主要是威尔士和英格兰地区）学校图书馆存在同样的问题并出现资金缺乏和人员不足等困难。Eyre（2000）指出，在托管基金的影响下，英国学校图书馆中有实力的学校可使用托管基金开展服务外包，实力较弱的学校则更显颓势，因此会加剧本地区教育质量乃至经济上的贫富差距，相应地亟须本地包括教育在内的政府部门的科学性干预。Spring-Gifford（2000）在其教育学博士学位论文中，在收集多方资料的基础上回顾了加拿大艾伯塔省学校图书馆的发展历程。他在开展了 80 多个口述史访谈后指出，包括学校图书馆在内的艾伯塔省教育是当地司法机构授权的产物，当地图书馆的馆藏资源质量、设施设备、技术人员数量与水平以及为师生提供的服务不对等，这种情况由多个因素导致，包括缺乏官方省级政策、标准与项目模式等。另外，艾伯塔省出现了学校图书馆管理员的时间被非专业工作挤占或职位被替代的状况，这种状况在其他地域很少出现，而且近年来即使出现很多关于专业图书馆管理员重要作用的结论性研究，但仍出现了由于削减教育支持资金造成的馆藏资源购置削减、雇用人员压缩与新通信技术设备购置减少等情况。Baule（2002）在其行政管理专业博士学位论文中利用案例研究方法研究了学校图书馆和教育技术项目 1899—1997 年的发展历程，他认为近百年来影响学校图书馆发展的关键因素包括图书馆管理员、馆藏建设、技术发展与制度建设调整等。Rollandini（2009）研究了美国密歇根州“中等学区”（美国遍布全国的教育服务机构本地品牌）的收入支出状况，体现出整个州各区域较大的财政差异：州级收入远优于地方“中等学区”，各地方“中等学区”及对其所辖项目和服务的投资收入不均衡，问题的根源是地方税收的差异阻碍了“中等学区”资金均等化。Pribesh, Gavigan & Dickinson（2011）以美国北卡罗来纳州和弗吉尼亚州专业组织中 600 位学校图书馆媒体专家作为随机样本，经调研发现，相对于条件宽裕家庭的儿童，贫困家庭出身的儿童更可能取得较低的学习成绩和出现健康、行为或情绪问题，该研究团队认为可通过缩小学校图书馆的存取差异并提供各类资源来缩小贫困带来的学习状况差异，特别要改善高度贫困学校的图书馆服务。Gildersleeve（2012）在英国中学图书馆开展的定量实证研究中发现，良好的图书馆服务与学生积极参与阅读及其信息技能之间可能存在关联，此研究也发现师生都难以表达出图书馆与图书馆管理员是如何影响他们的，基于此伦敦大学学院尝试开发优秀实践案例库来说明此影响的发生机制。Huysmans et al.（2013）调研了2011—2012年荷兰68所学校中4 682位小学生和284位教师样本，发现小学图书馆对阅读态度和休闲阅读有轻微的显著性影响，这说明在促进课余阅读方面仅依靠学校图书馆自身收效甚微，阅读媒体的顾问角色及其对师生的影响作用可能需要加强。Kleijnen et al.（2015）研究了荷兰非西方背景的小学生所受学校图书馆的影响，他们利用实验方法对140个移民学生所做的研究表明，复合式图书馆未对学生认为阅读是否有趣和其阅读行为产生显著性影响，但实验组学生比控制组学生更加显著地认为阅读有用，该研究结论是当地学校图书馆并非真正有效的图书馆，加上研究的局限性影响其研究结果，而不能直接得出学校图书馆对移民学生几乎无效的结论；该研究还显示家庭阅读氛围是学生阅读态度、行为的重要预测因素，说明了家长作为学校图书馆合作伙伴开展阅读推广的重要性。En（2016）以两个公立学校为案例，利用比较社会空间法揭示了学校图书馆之间的不平衡，特别是在服务阶层不同的学校之间，图书馆空间设计与利用方面的差别很大。Wickramanayake（2016）在对斯里兰卡135所学校图书馆的问卷调研中发现，多数学校图书馆的问题在于图书馆管理员不够专业（特别是工作态度）、投资和文献资源不足等。Farmer & Safer（2017）根据2009—2012年美国学校图书馆员协会（American Association of School Librarians，AASL）对美国四个地理区域学校图书馆的调研数据，采用二次分析方法分析归纳出其学校图书馆的发展状况：相对于初中、小学图书馆，高中图书馆的发展最好；相对于其他地区，西部地区表现最差，不同地区之间的差异在很大程度上涉及了教育公平问题；最终强调了学校行政隶属层次、贫困状况和政府支出决策对学校图书馆人员、资源与活动的影响，而学校图书馆管理员也与文献资源及其利用状况相关联。

3. 学校图书馆具体服务项目及其影响

Hell et al.（2003）介绍了“为少儿读者开展的图书馆活动”项目的开展情况，旨在研究1998年发布的中小学图书馆标准南非政策框架草稿中的创新，也为瑞典与南非图书馆间的知识与经验交流提供了渠道。DuRant（2010）在其教育学博士学位论文中通过调研美国南卡罗来纳州中学477位图书馆媒体专家（213位提交了有效问卷），测评他们帮助学生利用新信息技术的状况，进而评价他们在支持帮助学生达到“the AASL Standards for the 21st Century Learner”中的素质状况。调研显示，教师等员工比学生更易接触到该研究中的技术工具，对于该研究中的46种技术工具，学校媒体专家有信心利用好其中的28种，而对AASL“25个最佳教学网站”（AASL，2009）的利用缺乏信心，这表明媒体专家不熟悉这份资源清单，他们仅能利用有限的技术工具帮助学生；学生则容易接触到传统技术工具而较少接触到AASL“25个最佳教学网站”，这表明未来媒体专家将接受更多新工具培训，而学生也将最终从中受益。Subramaniam et al.（2012）的研究指出，已有的最新技术及其在教育领域的应用，能促进学生将对媒体技术和社会网络的兴趣转移到学习STEM（Science，Technology，Engineering and Math，即科学、技术、工程和数学）上，但目前很少出现学校图书馆在此过程中发挥作用的研究。该研究还探讨了如何令学校图书馆在STEM教育中发挥关键作用的社会文化方法，并阐明学校图书馆在STEM学习的潜在混合空间中，可作为个人与正式学生之间、多种媒体与技术之间、教室与外部世界之间的枢纽存在，研究者建议通过学校图书馆管理员所扮演的信息专家、教学伙伴与技术盟友的角色，个性化地服务于学生课程学习，从而推动图书馆成为STEM学习的积极参与者。Chu（2013）通过网络调研了纽约市497家中学图书馆的在线信息和工具，他发现很多中学图书馆还未充分发展其网络服务，他建议在课程改革中重新评估中学图书馆的作用，从而使学生达到包括信息素养技能在内的学习标准，同时中学图书馆也要把握与大学、研究院的合作机会。

4. 学校图书馆利用状况、分类及其所导致因素研究

Spreadbury & Spiller于1998年对伦敦四所中学（私立和公立学校各两所）的学生进行了有关图书馆利用的访谈，在展示图书馆利用频次、访问图书馆动机与图书馆服务

状况等后，发现学生在校别、性别和年龄阶层间，凸显出图书馆阅读的显著性差异。该研究的结论是：相较于公立学校，私立学校学生的成绩有显著的优越性，尽管中小学图书馆的影响是学业成绩贡献性的因素，但多达 1/3 的学校教师很少或从不鼓励学生利用图书馆，学生则更喜欢休闲性阅读。Kershaw（2001）采用定量定性实证研究方法调查了新西兰克赖斯特彻奇的中学生，他们中有 60% 的学生利用了图书馆完成其最近一次学校作业，并且他们利用了更多类型的信息资源，该项研究发现两个影响中学图书馆利用的变量：能够时常在馆藏中找到所需资料，以及学生感觉能否在馆内找到相关资料。Cammack（2001）在其博士学位论文中结合英语和社会科学任课教师的教学进度，探究了中学图书馆学生用户的来访规律，他发现学生来访主要是基于学术研究和探索图书馆本身，他们的课业进度不构成影响造访次数和利用目的的因素，而传统与区块式的教学时间安排也未给图书馆来访带来显著性变化，即新的教学安排不保证能够提升图书馆的利用率，这也说明任课教师缺乏图书馆在学生成绩和自主学习上的重要性的认知与举措。Rafste（2003）探讨了挪威学生利用中小学图书馆的状况，他发现实际利用图书馆的学生读者极少，图书馆作为社会交往沟通场所受到了学生的最大青睐，所以他认为读者休闲性和教育性利用行为同样重要。

5. 对学校图书馆的认知和态度及其生成因素

Bikos，Papadimitriou & Giannakopoulos（2014）采用结构化问卷调查方法获取了衰退时期希腊雅典市中学的实证数据，涉及任课教师与学生两个关键用户群体，他们认为社会因素也许能解释对学校图书馆角色的不同观点，如学生性别、学生所在家庭的社会经济地位、师生角色和理念差异、年龄和经验差异。

6. 学校图书馆人力资源问题

Walker & Calvert（2016）的研究指出，随着“婴儿潮一代”退休，学校图书馆出现了人力资源短缺的问题，该研究访谈了九位在职中学图书馆管理员，询问他们选择其职业的原因，结论是大多数女性从业者认为该工作是一种有意识的选择，因为灵活的工作时间使其工作生活能协调平衡，另外环境、同事、工作内容等使该工作具备自主性、多样性和较高满意度；不满意的来源主要有工资和就业条件两项，不适合该职业的个体一般会很快离职，这种不满意来源和人员流动状况与我国的行业状况很类似。Weldon（2016）指出，澳大利亚教育部（及其前身）进行了有关学校员工的全国性调研，该项目于2007年、2010年和2013年共开展了三次，调研报告是在澳大利亚图书馆与信息协会（ALIA）、澳大利亚学校图书馆协会（ASLA）等机构的委托下编写的，专门用于分析中小学图书馆管理员的状况。调研报告显示，2007—2013年从事图书馆工作的小学教师占4%~5%，他们在地理和部门间的分布都较均匀；中学教师中占2%~3%，在管理部门兼任图书馆工作的老师相对更多。另外，2010—2013年经济状况好的学校图书馆的管理员人数更多，相反则人数较少，80%的管理员系女性，并且其平均年龄都高于任课教师的平均年龄，管理员整体呈现老龄化趋势，中小学中仅有不到10%的教师接受过图书馆学高等教育，中学一级低至3%~4%，接受过三年或以上专业教育的人员占比更低，小学中从事此工作的人员平均有8~9年经验，中学则有10~13年经验，这种年限下降趋势可能是较多高龄管理员退休造成的。Kachel & Lance（2018）发文表示，2009—2010年及2015—2016年，美国有9 200位（约为15%）全职学校图书馆管理员离职，从2000年到2018年则共计损失了10 000位全职图书馆管理员，小规模学区的人员损失更加严重，他们认为学校投资的紧张、管理层流动率高与学校提升方案的实施造成了对图书馆支持力度不稳定和专业人士稀缺等问题。

通过此部分综述可以看出，多数西方国家学者将中小学图书馆视为教育体系或机构中不可或缺的组成部分，重点考察了其与社会环境（特别是学生群体）之间的互动，并注重探究学校图书馆整体效能及导致现状的重要影响因素，该主题研究主要关注学校图书馆自身及其差异的影响因素，后续主题的研究不再将学校图书馆作为客体研究其被影响的作用机制，而是将其作为机构主体研究其所能发挥的影响力。也有研究者认为，当时中小学图书馆的地位与受重视度不理想，它们在不同程度上反映出理论与现实的巨大反差。另外，倡导阅读已得到多数国家的认可并给予了相应的政策支持，在这种国际发展趋势及全国文化教育发展水平整体有待提升的情况下，呼吁我国政府加大对该领域的关注、研究与投人，以缩小我国教育、图书馆等公共事业及科研成果与世界先进水平的差距。

3.1.1.3 中学图书馆及其特定服务对学生整体性影响研究

该专题研究是在组织层面探索相关属性规律，但由于西方国家从个人到州（省）政府再到国家层面都已高度重视学校图书馆的整体影响（直接决定其存在、发展的合理性），关于该主题的文献可谓内容深入、全面且研究方式多样化，因此将其分别列出述评。下文综述的主要是个人研究成果。

1. 中学图书馆各因素对学生整体性的影响

关于中学图书馆对学生群体的影响研究已分解出多个可测量的影响因素，包括是否有学校图书馆，以及学校图书馆的馆藏规模、技术与服务水平等。图书馆管理员的职业水平等人力因素也包含在内，但相关研究一般将此人力因素单列做专门的影响研究，以便凸显学校情境中专业能力的重要性。与上述因素相关的研究内容未将各因素对图书馆的整体影响脱离开，因此将其划归该类目述评。此部分研究全部以实证研究范式开展，数量较大，因此将其分为两部分，分别按照时间顺序综述。

（1）与学术、学习成绩直接相关的影响作用探究

Roberson, Applin & Schweinle 采用定量实证方法确认了学生更高的学业表现与中学图书馆间的强相关关系，诸如师生的图书馆利用行为、馆藏规模和更新状况、技术利用状况及其与公共图书馆的合作关系，特别是图书馆管理员的合作与参与度，都与学生学习存在正相关关系。另外，学校领导对中学图书馆的观念极大影响着图书馆管理员的合作次数和图书馆所受援助，从而导致学生在校学业表现的差异。其结论认为实际工作中的当务之急为：改革课程，更新教育行业中领导、教师和图书馆管理员对合作关系的态度，以及鼓励学生利用图书馆以便促进其学习。Dent（2006）采用观察法、问卷调查法、深度访谈法和焦点小组访谈法等方法对比了乌干达两所农村中学的学生状况，两所中学中仅有一所中学拥有附属图书馆，通过比较可以发现中学图书馆的存在对学生的发展有着显著性影响，如阅读习惯、对文献的课内外利用与学业成绩。2008 年，在世界银行的支持下，相关学者对非洲亚撒哈拉地区国家的初中图书馆进行了调研，调研结果显示，在被访的 18 个非洲国家中，除博茨瓦纳外所有国家都缺乏强有力的中小学图书馆，农村地区基本无中小学图书馆。亚撒哈拉地区国家无任何可用作教育部门或学校投资指南的初中图书馆建设标准，但仍有少量声望较高的精英初中拥有高效和可持续发展的学校图书馆。关于非洲中小学图书馆对学校整体影响的研究于20世纪60年代首次出现，并都得出了显著性积极影响的结论。Haycock在加拿大英属哥伦比亚大学调研验证了：在控制学校总投资的前提下，学生更高的标准化测试成绩与学校图书馆资金投入、资源可获取性、员工职业化水平和管理水平等具有显著性相关关系，无论公私立学校或各年级都是如此。

（2）与学术、学习成绩不直接相关的影响作用探究

Syed Zia Ullah Shah et al. 对巴基斯坦拉合尔市560名高中教师进行问卷调研，得出中学图书馆对学生形成良好的学习态度有明显的帮助。具体方式是提供了良好和舒适的学校环境，建议提早令学生养成阅读习惯；图书馆带给学生的帮助作用主要体现在鼓励学生终身学习并唤醒其自主学习意识、加强其完成学校任务的自信心、提升学生的学习技巧和能力、帮助培养其阅读兴趣与积极的学习态度、促进其理解能力的发展和积极的自我认知。Sin收集了13 000名美国高中生的相关数据，利用结构方程分析了个体个性特征和图书馆服务水平对高中生公共图书馆利用行为的影响，结论为学校信息环境、图书馆利用频次、家庭中计算机可利用程度等因素，已成为影响高中生公共图书馆使用状况最重要的因素，而公共图书馆服务水平对学生图书馆利用频次有着显著的正向影响。该研究建议连续性地资助服务水平较高的公共图书馆（尤其是贫困地区图书馆）。另外，确认了在个人层面信息行为研究中纳入群体因素相关的指标有利于得出研究结论。Krueger得出在美国艾奥瓦州高度贫困的乡村地区学校中，图书馆管理员的充足度与学生批判性阅读素养和文明信息利用得分间呈现正相关。

2. 专业图书馆管理员的知识技能对学生群体的影响

1911年塞耶斯出版的《儿童图书馆》指出，在20世纪初，儿童及对其的服务愈加重要，该书写道："近来，人们发现，对于年轻读者的需求需要更加特别地对待。"他建议专门化地培训图书馆管理员，因为"图书馆管理员应当更熟悉心理学，以便更加了解儿童的心理过程"。我们虽然无法计算教育和儿童心理学新观点在何种程度上影响了当时的图书馆管理员等，但可以确定的是，教育学家、儿童心理学家及儿童图书馆提供与改造的关注者的话语之间存在很多的相似性。Smalley（2004）强调了有资质的中学图书馆管理员对学生信息素养与成绩的重要影响。Achterman（2008）以描述性统计检验了美国加利福尼亚州中小学图书馆与学生学业成绩之间的关系，调查结果显示，小学、初高中图书馆的师资力量具有显著性差异，另外各年级学生学业成绩的表现与有资质的图书馆管理员水平间显著相关，而且这种相关关系趋向于随着年级的升高而增强，高中是协变关系最强的。再结合上述其他相关文献可知，在剧烈变化的社会与技术背景下，在当前的教育部门中，学校图书馆面临着日益不利的境遇，需要教育系统改变观念，认识到图书馆管理员即教学协调员的重要地位，使其不断为图书馆事业发展添砖加瓦。

以上关于学校图书馆的研究结果与国内业界的观点一致。资深儿童阅读推广人阿甲认为："世界上有不少人在做这样一件事情，就是把孩子和书连接起来……怎么连接起来的机制很重要……其中最关键的就是图书馆。"目前国内学校图书馆使用率普遍很低，并且馆藏很少能吸引孩子们，其中的关键原因就是图书馆体制的专业化水平较低。建议中学图书馆努力使其人员、机构和机制专业化。只有专业化，图书馆的馆藏和服务才能有效传递信息，使图书馆真正起到教育教化作用。

3.某项阅读指导服务或在线学习系统应用与否所带来的影响

国际上开展了很多关于图书馆某项专门服务给学生群体带来的影响的研究，其专门服务包含图书馆管理员主讲的阅读指导课、数字图书馆与多个针对性项目的实施等，学者们对专门服务项目的影响作用无一例外持积极、肯定的态度。例如，Abdullah（2008）研究得出互联网技术有助于学生开展信息管理活动，合作型数字图书馆能为学生提供与他人合作的场所并展示研究项目，目前已出现成型的针对学生信息素养提升的在线系统就是典型例证。

3.2　国内对中学图书馆（室）的已有研究

3.2.1　以经验总结与纯思辨式推导和建议为主范式的研究

在图书馆学、情报学与文献学等一级学科还未成功引入实证研究方法之前，经验总结、纯思辨式研究和培训教材对工作开展乃至理论构建有着积极意义。20 世纪 90 年代，国内出现了一批关于中小学图书馆主题的教材、专著、论文汇编等研究成果，如 1996 年熊钟琪编著的《少年儿童图书馆理论与实践》，1997 年孟绂、何红编著的《儿童图书馆工作》，1998 年张树华等主编的《中小学图书馆员业务学习指南》。上述作品内容涵盖全面，已形成体系化结构并具有现实指导意义，但其问题在于缺乏科学、有力的现代研究方法，普遍未提出研究问题和路径，对于实践中的规律总结与未来趋势展望较不充分，因此典型思辨式研究的科学性、规范性和预见性比较有限。邹永利、胡志波（2015）以探究性学习为切入点，介绍分析了日本学校图书馆的法律框架、学校运营管理体制以及相关行政机构的措施，提出关于推进我国学校图书馆发展的国家政策、财政投入、学校组织架构、用户推广和教育等策略的建议。类似的研究还有钟伟（2012）的研究等。上述研究从总体上看都属于思辨论述式研究，2010 年前该主题研究绝大多数采用此范式。

以思辨见长的国内学者对该主题研究仍以思辨型论述为主，但这种研究的影响最多停留在经验交流，或情感上短暂的鼓舞、劝勉、感召等层面，对于目前日趋规范化和科学化，旨在发现内在规律的社会科学研究并不适用。因此，目前关于该主题的中文研究成果的科学性和影响力都很有限，并未在国内学术界引起充分的关注与思考。

3.2.2　对中学图书馆发展现状的调查研究

截至目前，国内各界大都未高度重视中学图书馆的建设发展，此命题可通过以下综述中的对比分析予以验证。Liu et al.（2008）在收集了教师、图书馆管理员和相关系统的数据后发现，我国中小学图书馆在学生健康教育方面起着极为有限的作用，师生极少利用健康类馆藏，而学校图书馆馆藏也不能为学校的健康教育提供足够的支持。吕瑞莲等（2009）调研发现，学校图书馆是培养学生阅读喜好、阅读习惯的教育场所。丰富的馆藏和充足的信息设备是提升阅读学习绩效的重要因素，也是推动阅读教育的基石。吕星宇、占盛丽（2010）提出了上海学校图书馆存在的问题。卓毓荣（2011）通过对广州市学校图书馆的调研得出目前的主要问题是学校图书馆的建设发展不被重视、到馆读者少、利用率低等。于斌斌（2012）研究了苏州某校初中生学业成绩受到中学图书馆服务的影响状况，采用问卷调研方法后他发现，在以应试教育为主的教育观念下，中小学图书馆利用与学生学业表现之间不存在显著相关关系；在教师与学生的感知里，中小学图书馆对学业表现仅有很小的帮助，其所提供的服务仅有三项对学业成绩产生显著影响；中小学图书馆影响学生的途径主要是使学生书籍获取便利化、帮助提升学生的阅读能力、通过馆内阅读积累写作素材并用馆内资料辅助完成社会实践活动。瞿嘉福（2013）基于对某中学的调研，用描述性统计方法展示了学生在学期间的图书借阅总量与高考总成绩和语文成绩之间的关系，得出了“课外阅读不是越多越好，应该把握好一个度”的结论；同时，他通过分析借书的具体清单和馆藏流通类别，得出“课外阅读不能盲目追求数量，更要注意阅读的层次与品位……必须要以理性读物为素质教育雪中送炭”的结论。鲁旻（2013）的研究在对上海中小学生的阅读状况进行较大样本容量的问卷调查和较简单的描述性统计分析的基础上，提出相关建议，即应根据中小学生的身心特点，不断完善中小学图书馆的硬件建设；关注中小学生的阅读需求，提升中小学图书馆的服务水平并主动延伸工作触角，辅助支撑教育教学改革。Zhang et al.（2016）在调研广州130 余所学校的图书馆的基础上，指出其馆藏和服务水平与办学主体、学校类型等属性呈现出显著性差异，总体仍有较大的发展空间。2017 年，我国开展了针对中小学图书馆的官方调研，此次调研的结果通过相关专著等渠道得以公布，该研究由教育部教育装备研究与发展中心运用问卷调查、半结构化访谈等方法，对全国 6 省（直辖市）所属169 所中小学进行调研，以便考察我国学校图书馆的建设、利用状况，并根据经济发展水平与教育投入情况划分为三大区域，各区域有两个省级单位，在各省（市）进一步分层抽样收取 13 550 份有效的学生问卷（有效回收率为 95.3%）、151 份有效的管理员问卷（有效回收率为 90.4%），下文将详细介绍此调研结论。

虽然实证范式的社科研究技术含量较高、实施难度与成本都较大，但对于规范性较强的实证研究，其结论的科学性、准确度和可靠性都较高，可重复验证真伪，解释性强，因此其所贡献的理论积淀与对实践研究的启示是非传统范式研究所能比拟的。虽然目前国内此类调研的数量及所占比例已比较可观，但其规范程度和被访者的代表性易受到质疑。另外，使用推论式统计、质性和实验范式的研究凤毛麟角，目前此范式研究的学术影响力比较有限，该主题或学科分支的理论体系也未构建完善。上述九项研究从现实出发，大都强调了教育评估机制或观念变革（更新）的必要性，它们也都注重从受教育者自身情况出发为开展工作提出对策建议。但是，这些研究的地域性或案例专指性较强，无法代表其他省份或机构的状况，而目前未发现针对广西中学图书馆的公开调研。综上所述，目前内地的相关研究正由纯思辨型研究向定性定量实证型研究范式转化，虽然实证型研究的实施成本高、难度大，但基于该类研究的影响力和被认可度较高，以及为实现与国际同类研究有效接轨，学术界有不少研究者正在不畏艰苦和辛劳，努力开创我国学校图书馆研究的一片新热土。

3.2.3　采用历史或定性等研究范式所做的研究

采用历史研究范式的研究主要有下列两项：吴惠茹（2015）分别从标准化进程、标准内容、特点分析比较了我国大陆和台湾地区的学校图书馆，并参照台湾地区学校图书馆相关经验为大陆学校图书馆的标准化建设提出了六点建议；吴梦（2018）以 1978 年后学校图书馆事业发展历程为基础总结出四个历史阶段特点和重点，并指出该领域的研究成果有限，以主观探索、经验总结和调查报告类文章居多，欠缺科学性和创新性，未形成系统、规范的学校图书馆学科体系。另外，刘亚（2008）采用定性的内容分析法，通过对小说《哈利·波特》的分析思考，展示了英国初中学校图书馆已能有效地支持学生自主阅读和学习，在帮助学生认识世界、增长知识的同时指导学生独立地解决实际问题。由此可见，该主题研究由来已久，但研究方法比较简单，其文献所得结论较浅显，总体上对构建学科与理论体系的贡献程度有限。

3.2.4 我国中学图书馆已有研究的总结与述评

学校图书馆和阅览室应成为学生阅读的神圣殿堂，成为集中展示校园精神文化的场所。40 多年间，美国、加拿大和英国等发达国家由政府主导了有关其中学图书馆影响的调研。但我国目前尚无这种公开发布结果的官方调研出现，伴随个人团队研究过程的相关调研亦是凤毛麟角。

国内有关该主题的学术研究虽已起步并取得一定进展，但远未成熟完善，仍具备比较可观、充分的发展空间，绝大多数中学图书馆管理员的科研积极性未被充分调动，他们的优势是拥有丰富的实践经历，但因特定岗位活动造成视野局限，而已具备较高学术研究能力、来自高校（包括其图书馆）与科研院所等机构的研究者，对此领域能长期关注且投身其中的少之又少。相应地，目前中学图书馆研究缺乏能为素质教育实践和图书馆阅读工作提供有启迪作用、基于数据支持的研究成果。

拓展到以阅读推广工作为对象的学术研究也是如此，中国图书馆学会青少年阅读推广委员会收集了不少优秀案例并做了部分读者满意度调研，但目前的研究注重表象，基础理论研究匮乏，特别缺乏专门、严谨的评估研究（特别是对读者的影响评估）。一旦某学科或主题不够成熟，就很难保证相应的专业工作持久、深入、可持续地发展，因此学科主题研究的到位程度及能否发挥对实践的指导、引领作用非常关键。有学者指出，目前阅读推广领域的理论研究较少、较弱，落后于实践发展，这已成为图书馆界普遍、自觉地开展推广活动、提升推广品质的一个主要障碍。

总之，中学图书馆主题研究（可扩展至阅读推广领域）的地区分布极不均衡，从整体上看研究深度与水平有限，此研究领域面临着一场较彻底的反思、革新与突破。另外，其在研究技术方法方面整体落后，这与一线管理人员缺少方法论训练和自主学习有关，但也可以看出相关中文研究正由纯思辨型研究为主向定性定量实证型研究范式为主转化。基于上文提及的实证研究范式的显著优势，特别是数据及其分析在研究成果中的适度利用能够帮助强化论证效果，学者群体已不宜仅靠自身岗位实践的“孤证”做研究。因此，强调该主题实证研究已成为整体发展趋势，其理论产出与带给学术界的启示也愈加得到广泛重视和推崇。

3.3 国内外中学图书馆（室）研究比较与述评

3.3.1 国内外相关主题研究存在的问题

通过梳理国内外已有研究，我们发现中学图书馆（室）研究普遍存在较明显的问题和可提升的空间。

（1）从20世纪90年代到21世纪初，美国开展了针对中学图书馆的大规模调研，并得出结论：学生学业成绩与中学图书馆服务状况呈现出统计学意义上的显著正相关关系，各地应以此为依据做好图书馆宣传推广工作并对管理层决策施加影响，以便维持和提升对中学图书馆的关注与投入。这种已在美国普及化开展的官方调研也有其局限性，这种局限性受到了学术界某种程度上的质疑。Lonsdale（2003）在其文献述评中指出，行动研究、问卷调查和深度访谈等实证研究法非常适用于测量中学图书馆及其管理员带给学校的变化，但最适宜的是用以测量学生自尊、自信和自主性等所产生的隐性效果，或者用于特殊的亚群体。但美国的相关调研往往仅将标准化测试成绩设定为唯一的因变量，并且将其作为衡量学业水平的唯一指标，这种做法有过度功利化倾向且有失偏颇。在美国调研的对照下，澳大利亚对学生成绩与中小学图书馆的研究倾向于在更广泛的意义上进行探讨，Lonsdale在综述中将学生成绩分解为学术水平（标准化测试成绩）、阅读素养（包括阅读兴趣）、广泛意义上的学习（如信息技术学习和提升自我概念等）与其他（如特殊亚群体影响）四部分。因此，在国际上，“学生成绩”概念也须经过确认并被广泛认同其更为稳定和科学化的界定，只有这样其作为因变量测量出的数据及其研究结果才能获得更强大的解释力与科学性，进而得到学界业界内外，特别是跨行业人士和相关行政机构的认可。

（2）在研究成果推广应用方面，目前美国LIS领域研究虽然很多都是在官方的大力支持下进行的，但其成果的应用状况仍不乐观，多数成果并未能有效地影响管理层决策。而国内图书馆界的研究成果本身就很稀缺，其所能发挥的影响力更加微不足道。在当前国内社会的读书风气和未成年人群体整体的阅读率未得到明显改观的背景下，理论界尚未认识到发展中学图书馆事业的紧迫性与重要性，对中学图书馆的认识与公开研究仅停留在书面语言和特定区域（限于个别学校）调研上，未发现国家和各省市政府机构对中学图书馆发展与工作状况有全面公开的调研与评估，国家对相关主题研究的支持力度也很弱。

3.3.2 国内外中学图书馆研究存在的差距

虽然国外的中学图书馆研究并非十全十美，也时常面临严峻挑战，但毕竟在很大程度上领先于国内的发展水平，因此此处有必要探究国内外中学图书馆主题研究存在的差距。根据国内外研究的结构性综述可初步得出国内相关研究的三点差距：①国内外综述虽都划分为三个分主题，但从文献体量与所涉研究主体的异质性上可以发现，国内相关研究的广度与深度都远不及国外相关研究；②对文献进行深入分析后可知，国外相关研究（特别是近 20 年）大都较为规范地采用了实证研究法，研究结果有较强的解释力和说服力，而国内研究大都存在方法与过程科学性不强和研究问题肤浅等问题；③美国对“图书馆这一机构或某项服务对学生整体性影响研究”这一主题的研究已普及，这也说明国外同人已结合心理学、教育学的原理，深入探讨了学校图书馆及其阅读的内在规定性，同时从另一个角度可看出，国内外包括教育学在内的其他学科专业对此主题的研究都有大量的相关成果出现，由此可见欧美国家对此主题研究的重视度、研究深度，以及相关学科专业对此主题研究的包容度等对国内研究有重要借鉴价值。

综上所述，我国中小学图书馆研究成果总量较少，发表在高等级期刊上或博士学位论文等相对高水准的研究成果就更少见了，总体来讲其理论研究滞后于实践进展且未发挥出应有的作用，已有相关成果所受关注与学界影响力仍有较大的提升空间。结合对以往文献的比较和评述可知，相比国外同主题的研究和服务实践，国内学校图书馆相关理论与标准研究严重滞后，相关跨学科研究也很滞后；较少出现关于该主题较深入的思考与提炼，存在研究方法缺位、研究内容不够系统全面，以及缺乏与国际学术圈有效对话等问题，该主题现有研究的深入度与系统性有待提升，事业发展未获得科学理论体系的有效推动与指导，工作实践也缺乏理论与方法的支撑，盲目开展未成年人服务、服务效果不佳的现象比较普遍，因此亟须特别关注并促进该主题研究的现代化、系统化与国际化发展。

第四章

中学图书馆（室）事业发展历程与现状

本章主要研究国内外中学图书馆事业发展历程与现状，并特别收集了广西中学图书馆的发展现状，以便为本研究和未来图书馆事业发展描绘较清晰、客观且开阔的图景。

4.1　国外中学图书馆（室）事业发展历程与现状

从国际视角看，不少重视普通教育和基础教育的国家，相应地也重视学校图书馆的发展。为了保证各国中学图书馆事业发展脉络和情境的可比性，本研究按国别和时间顺序依次回溯，以确保本研究的逻辑性和条理性，方便读者阅读理解。

4.1.1　美国中学图书馆事业的发展历程与现状

1743 年，美国思想家本杰明·富兰克林提出了建立学校图书馆的构想。美国的图书馆未成年人服务起始和发展于 19 世纪上半叶。1827 年，时任纽约州州长的德威特·克林顿提议：在每所学校设置一个小型图书馆。此提议直到 1839 年才在纽约州正式通过，它也是世界上第一项校区图书馆法令，旨在为学校的社区居民提供政府支持的图书馆服务系统，之后美国其他州（包括马萨诸塞州和密歇根州等）和加拿大纷纷效仿，但此法令并非强制性而是由各地区自行选择。1850 年，美国各州立学校图书馆的藏书总量达 150 多万册。另外，在 19 世纪中期，美国也出现了学区图书馆，事实上它是公共图书馆与学校图书馆的综合体，扮演了两种图书馆的角色。美国对于学区图书馆的思想萌芽于 1812 年，1835 年美国第一家学区图书馆在纽约州诞生。根据美国政府的统计，至 19 世纪 70 年代有 20 个州建立了学区图书馆，但之后专门法令有限的强制力导致了资源投入普遍不足，学区图书馆逐渐走向了灭亡。事实上，美国在“联合”性质的图书馆方面开创了先河，但这类图书馆仅存在发展了 40 多年。在 20 世纪 30 年代，南非、新西兰等国又出现了性质、功能类似的图书馆，事实上此类图书馆最适用于广大发展中和不发达国家或地区，此类图书馆的产生与消亡过程也体现出资源投入对图书馆发展的重要作用。1852 年，美国通过了首个全国性《义务教育法案》，将学校图书馆确定为学校的基本构成，为学校图书馆的生存与发展提供了更有力的法律保障。

1876 年前，美国少量公共图书馆已提供未成年人服务，如列克星敦青少年图书馆（运营时间 1827—1839 年）、宾厄姆公共图书馆（1803 年建立，是最早提供未成年人服务的公共图书馆）和匹兹堡乡镇图书馆的青少年馆（1834 年建立），上述三家图书馆的未成年人服务可看作图书馆未成年人服务的雏形，但其不足在于将适用于不同群体的图书混杂在一起，未将未成年人的资源与服务明确区分开。1876 年，美国图书馆协会（American Library Association，ALA）成立，之后图书馆未成年人服务逐渐受到重视，有 19 个州颁布了学校图书馆法规，以促进公立学校图书馆的发展。这也是美国图书馆未成年人服务走向专业化的起点，除了 ALA 等专业组织出现外，《图书馆杂志》等专业期刊也开始出版并讨论未成年人信息需求等问题。另外，该时期公共图书馆的迅速发展也促进了学校图书馆的新发展，学校开始利用公共图书馆提供团体借阅的服务方式，为学生提供了更广泛的阅读机会和资源。1882—1889 年美国分别发布了 8 份美国青少年阅读发展报告，这些报告全是基于对未成年人阅读状况的调研，其中问卷回收数为20~152份，问题总量一般不超过20道。这些报告引起了人们对未成年人阅读的关注，推动了美国该事业的发展，它们也使未成年人服务成为图书馆事业中唯一得以系统、连续反映的研究领域，因此，延续到当代，它们也是图书馆领域最系统的历史资料，它们确立了定性定量相结合的图书馆调研模式，开创了图书馆界合作的良好风尚；同时这 8 份报告也印证了女性管理员在推动图书馆未成年人服务中发挥着重要作用，进而确立了她们在美国图书馆未成年人服务事业发展史上的重要地位。在美国学校与公共图书馆共同取得长足发展的背景下，1892 年克利夫兰公共图书馆管理员论述了两者之间的关系，1894 年 ALA 年会上，Lutie Stearns 递交了“青少年阅读报告”，建议图书馆服务取消年龄限制，并在未成年人中使用专门的图书馆空间和专业人士，此次会议标志着图书馆未成年人服务开始被接受。美国卡内基图书馆的普遍兴起也推动了未成年人服务，其将成年与未成年人阅览室分离，室内布置也更适宜未成年人。

1896 年美国教育协会成立学校图书馆委员会，此协会推动了 ALA 与新成立的学校图书馆委员会的合作，到 1900 年美国学校图书馆进入全新发展阶段，完全独立，自成一体，被视为美国教育系统的重要组成部分，而图书馆管理员通常是教师中素质最高的成员。1900 年被视为美国图书馆未成年人服务专业化形成的标志性年份，如美国图书馆协会成立了儿童馆员部门（American Library Association's Section for Children's Librarians）。1919年，ALA儿童馆员部门开始奖励在未成年人服务上做出贡献的图书馆员、书商和出版家；1914年美国英文教师委员会的中小学图书馆分委员会成立，部分教育协会极大地推动了美国学校图书馆事业的发展，ALA还创立了中小学图书馆分会，1900—1920年美国该主题最突出的进展是推进了多个阅读指导项目，被文学研究者视为“未成年人文学的黄金时代”。1914年，ALA所属的AASL分会成立。除此之外，在ALA所属的11个分协会中，还有儿童图书馆服务协会和青少年图书馆服务协会，由此可知美国早已将未成年人服务对象严格、科学地区分为儿童和青少年。

在美国图书馆事业发展早期，杜威图书馆学的相关学者推崇图书馆的教育功能，他们认为教化读者是图书馆从业人员的使命，当然，学校图书馆也受此思想的深刻影响，后来这一近乎神圣的图书馆使命在1930年后逐步受到质疑，反对者认为公共资金资助的社会服务需要保持公平性，不能将具有党派教义的“教育”掺杂其中，到《图书馆权利宣言》问世后，权利观念逐渐被认同并占据主流地位，而1994年《公共图书馆宣言》修订版也指出公共图书馆要提供平等服务的“通向知识之门”，最初在图书馆发展中占据主流地位的“理想主义”思潮逐渐退居次要。

20世纪20年代至20世纪50年代，美国青少年图书馆服务快速发展，这也使其成为图书馆儿童与成年人服务间的桥梁和纽带，比如1929年ALA下设的儿童图书馆协会和青少年阅读圆桌（Young People's Reading Round Table），1949年其又发展为青少年馆员协会（Association of Young People's Librarians），专门指导图书馆青少年服务，由于该组织成立较早且在专业上有不同的服务对象群体，因此与下文的儿童图书馆员协会有所区别。1925年，美国克利夫兰公共图书馆开放了史蒂文森阅览室，这是美国首个青少年阅览室。1939年，ALA发布《图书馆权利宣言》第一版，它具有图书馆界“宪法”的意味，其条款中第5条为未成年人利用图书馆提供了依据，在其20多个解读条款中有4个条款直接关联未成年人读者，由此可见美国同行对该主题领域的关注和重视程度。

第二次世界大战结束后，美国学校图书馆事业继续调整优化并迅猛发展。1947年，已成立10年的儿童图书馆员协会以独立身份加入美国图书馆协会，到1959年它吸纳了

1 000 名会员。1947 年，芝加哥大学成立了青少年、交流与图书馆协会，出版了不少之后成为该主题经典的论文集，集中讨论了公共图书馆与学校图书馆之间的关系。1950 年后，美国儿童教育事业快速发展，带动了美国图书馆未成年人服务的转型发展，这也是两部教育法令的颁布所产生的推动作用；另外，学校也成为公共图书馆的合作和宣传对象，学校图书馆在无法满足师生的需求时会向公共图书馆求助。1951 年，AASL 分化成了独立部门。20 世纪 50 年代中期，美国学校图书馆也实现了量的飞跃，但直到 20 世纪 60 年代，美国仍有一半公立学校无图书馆。另外，在 20 世纪 50 年代，人们发现社会上缺乏训练有素的儿童图书馆管理员，因此通过举办培训活动解决此问题。在这个时期，图书馆界继续把儿童图书馆看作文化战场，希望能够击退腐化人心的流行文化大潮，无论是“鸦片”文学、漫画书、电话还是图书馆举办的木偶戏。图书馆管理员还发现儿童的不良行为与恐怖漫画之间存在某种联系。1955 年，IFLA 专门下设了图书馆儿童和青年工作委员会。1956 年，艾森豪威尔总统签署了《图书馆服务（工作）法令》，由此提升了学校的联邦财政预算，从而极大地鼓励了中小学图书馆的用户服务工作，后来又制定了《图书馆服务与建设法》。1958 年和 1965 年美国分别发布了《国家保护教育法令》（或译为《国防教育法》）和《基础教育和中等教育法令》（或译为《初等和中等教育法》），由此图书馆获得法定地位并介入儿童教育领域，明确了学校图书馆的经费保障与来源，后一项法案第二部分就有关学校图书馆，其第一次直接要求联邦政府拨款 1 亿美元专门支持此类图书馆的发展。在相关法律的支持下，该时期美国学校图书馆馆藏规模急剧增长、开馆时间延长、全职管理员数量增加，学校图书馆事业实现飞速和全面发展，由此也促使学校图书馆利用率大幅提升。

美国联邦法令也要求政府为学校图书馆提供资金支持，并支持图书馆管理员培训课程的开展，到 1969 年，随着图书馆馆藏资源的发展，中小学图书馆转变了角色，由过去的学校图书馆转变为媒体中心，图书馆管理员也转变为媒体资源专家。机构角色的转变对其服务实践产生了一定程度的影响，而在学生阅读能力和信息素养的提升等方面，媒体中心与媒体资源专家的影响作用逐渐得到广泛认可。1976 年以后，美国公共图书馆未成年人服务日趋完善，具备专门馆藏、空间和专业图书馆管理员，能够针对不同年龄段的未成年读者的特性和兴趣爱好提供相关资源，并普遍能与其他机构间开展合作，尤其是始终与中小学图书馆保持紧密联系。20 世纪 80 年代，美国教育改革主旋律是重建教育体制，其内容是在信息社会中实现教育公平与效益的统一。1980 年美国中学图书馆员协会主席 Marily Miller 在国会发言中首次将图书馆定性为学校信息基地。20 世纪 80 年代，学校图书馆事业也出现明显进展，经调研可知，当时美国已有 85% 的公立学校拥有图书馆或“媒体中心”，用于收藏包括电影、录音资料在内的文献资源，那个时期美国学校图书馆已成为真正意义上的中小学信息基地。1987 年，里根总统签署文件确定当年为“全国读者年”。在美国中学普遍存在中学图书馆机构的前提下，美国 ALA 下属的青少年图书馆服务协会（YALSA）为青少年读者量身制定了多项服务指南，如《图书馆员服务青少年的能力——青少年值得最好的》（1981 年第 1 版和 2010 年第 4 版分别颁布）《12 至 18 岁青少年图书馆服务指南》（2006 年与参考和用户服务协会联合制定，2008 年颁布）和《青少年活动指南》（2014）等，以维持、检测、提升其已有服务水平和质量。

20 世纪 90 年代及以后，人们的关注点从儿童转向幼儿图书馆服务，这起因于社会对幼儿及其家庭的兴趣日增。1997 年，美国推出“美国阅读挑战”活动，动员民众帮助儿童提升阅读能力。1998 年，美国政府颁布了《阅读卓越法》以便为家庭阅读服务提供保障，并将阅读教育纳入法制化轨道；美国政府还颁布了《阅读优先法案》，规定美国儿童每天必须有一小时在阅读作业室学习。20 世纪 90 年代末期，美国西雅图公共图书馆发起“一书一社区”活动，随后该活动被美国和世界其他国家或地区纷纷采纳与推行，而不少中小学也利用了此种阅读推广方式。到 2000 年，美国有 92% 的公立学校都拥有其学校图书馆，有 85% 的公立中小学拥有“媒体资源专家”。由此可见，20 世纪 80 年代至 90 年代，美国学校图书馆事业仍在扩大规模并向专业化方向发展。到 20 世纪末，整个美国图书馆界的焦点都转向了未成年人教育与图书馆服务的关系上，并深入思考探究了该主题。上文介绍的研究综述也支持该命题，特别是诸多在官方支持下的调研项目凸显了其关注度。20 世纪 90 年代至 21 世纪初期，美国中小学图书馆在学校系统中处于核心地位，专业图书馆管理员的教学指导角色最终得以稳定。总之，美国学校图书馆事业的发展与教育界的合作、支持分不开，可以说美国学校图书馆发展的各阶段都存在图书馆与教育系统合作的线索，在美国两者合作已成为一种优良传统，而且此类型图书馆的发展完善在较大程度上也支撑了美国图书馆事业的生存与发展。

进入21世纪后，随着现代信息技术的迅猛、持续发展及广泛应用，未成年人所处媒体环境和条件发生重大变化。美国图书馆从业人员也在思考信息化给阅读带来挑战的背景下，各类图书馆对未成年人的服务问题，美国国会图书馆就在其成立200多年后首次对未成年人开放。近年来，美国几乎每一任总统都大力提倡阅读，历届总统都会定期去中小学给孩子们讲故事。“美国国家读书节”创办于2001年，由美国国会图书馆组织，声势浩大，影响力遍及全美国。2002年，美国政府为推广教育均等颁布了《不让一个孩子落伍法》，针对学前教育提出阅读优先政策，该法案还推出“通过学校图书馆提高素质项目”和“优先阅读项目”。其中，前者主要用于改善学校图书馆的资源与服务，促进学生提升阅读能力与学业成绩，该项目自实施以来已投入1亿美元，年均83项补助，极大地推动了学校图书馆的发展；后者是针对学龄前到三年级儿童的早期阅读项目，它也是《不让一个孩子落伍法》的核心部分。2006年，克林顿发起“美国读书运动”。2008年，美国实施“学校图书馆媒体中心作为教学核心计划”，学校图书馆地位不断提升。2009年，奥巴马继续推行全民阅读方案，所签署的《美国复苏和再投资法案》提出了提升学生阅读能力的综合性计划，并加强对学校领导与教师的培训。在具备上述资源投入与管理举措的情境下，ALA统计得出：全美国每周约有4 700多万名中小学生利用学校图书馆。2015年，奥巴马还签署了一项作为《不让一个孩子落伍法》后续产物和纠偏的法案，即《每一个学生都成功法》，2016年1月该法案在美国实施，两个法案的核心思想都是保障美国境内学生教育的公平性。经实践检验可知，前者提升了教育的整体质量，但使学校每年疲于应付测试，应接不暇；后者的相关规定有力推动了美国学校图书馆的发展，使其在社会中逐步发挥出关键与独特的作用。2010年9月，美国加利福尼亚州教育部通过并开始实施《加州公立学校图书馆标准范本》，其描述了从幼儿园到12年级各年级学生应该与能够完成的事，旨在引导学生不断学习以成为终身学习者，另外该范本也规定了对资源等的基本要求。由此可以看出，美国未成年人阅读立法具备了很好的连贯性，从完善立法到增加拨款再到加强管理，体现出美国政府对儿童阅读重视水平的不断提升。AASL等机构由20世纪20年代至最近几年制定的一系列标准，也表明美国对未成年人阅读立法和学校图书馆工作的持续性关注、思考与努力，而且有效地为学校图书馆的发展争取了经费。表 4-1 中的文本也体现出 1920—1950 年美国学校图书馆发展迅猛，各项工作逐渐走向规范化、标准化，到 20 世纪 60 年代各类标准进一步促进服务发展，学校图书馆角色向多重化转变，成为师生学习、资源、视听与交流中心，图书馆在选址、功能区安排设计、内部设施设备、馆藏与阅读支持装备等方面做出细化规定，使各时期图书馆建筑设计、管理和服务都有法可依、有章可循。

表 4-1　美国青少年图书馆服务协会（YALSA）和 ALA 所属 AASL 等制定发布的全国与各州学校图书馆及其相关法案、标准和指南

编号	标准名称	英文名称	制定或执行时间	制定机构及其备注
1	《不同规模中学的图书馆组织与设备标准》	*Standard Library Organization and Equipment for Secondary Schools of Different Sizes*	1918 年提出，1920 年执行	NEA（National Education Association，系美国最大全国性教育专业团体）
2	《小学图书馆标准》	*Elementary School Library Standards*	1925 年	NEA 与 ALA（编号“1”和“2”两个标准为适应美国学校管理规范化所需，主要规范了物质条件）
3	《图书馆权利法案》	*Library Bill of Rights*	1939 年初版发行，经六次修订现行 1996 年 1 月版	ALA
4	《学校图书馆的现在和未来：功能与标准》	*School Libraries for Today and Tomorrow: Functions and Standards*	1945 年	ALA 与 NEA 等（解决第二次世界大战后基础教育重建背景下学校图书馆的地位和发展问题）
5	《自由阅读声明》	*Freedom to Read Statement*	1953 年实施，后经过四次修订，现行 2004 年 1 月版	ALA 与 the American Book Publishers Council
6	《学校图书馆项目标准》	*Standards for School Library Programs*	1960 年	AASL（该机构独立制定了第一个学校图书馆标准）
7	《学校媒体中心活动项目标准》（中小学图书馆媒介中心项目标准）	*Standards for School Media Programs*	1969 年	AASL，NEA 所属 AINEA（Audio-visual Instruction of the National Education Association）

（续表）

编号	标准名称	英文名称	制定或执行时间	制定机构及其备注
8	《未成年人免费使用图书馆》	*Free Access to Libraries for Minors*	1972 年实施，1981 年、1991 年修订	ALA（解读图书馆权利法案）
9	《媒体项目：学区与学校》	*Media Programs：District and School*	1975 年	AASL & AECT（Association for Educational Communications & Technology）编号“9”和“10”两个标准体现了多媒体资源在学校教育中的重要作用）
10	《信息的力量：学校图书馆媒体项目指南》	*Information Power：Guidelines for School Library Media Programs*	1988 年	AASL & AECT（此标准是学校图书馆指南制定发展的历史转折点，之后信息与学校图书馆的联系更为密切）
11	《未成年人非印刷文献的使用》	*Access for Children and Young People to Videotapes and Other Non-Print Formats*	1989 年实施，1991 年修订	ALA（解读图书馆权利法案）
12	《绩效评估：青少年图书馆服务计划》	*Output Measures and More：Planning and Evaluating Public Library Services for Young Adults*	1995 年	Virginia A. Walter（威斯康星大学麦迪逊分校图书馆和信息研究学院，美国青少年图书馆服务协会）
13	《信息的力量：为学习而建立合作关系（为学习协同努力）》	*Information Power：Building Partnerships for Learning*	1998 年	AASL & AECT（系标准“10”的补充，提出学生学习九大信息素养标准，这两份强调在信息社会环境中图书馆服务体系的建立与管理员的作用）
14	《为未来设计一个学校图书馆媒体中心》(第 1 版、第 2 版）	*Designing a School Library Media Center for the Future. 2*	2001 年第 1 版，2007 年第 2 版	Erikson，Rolf & Carolyn Markuson（ALA 委托）
15	《(新）青少年图书馆服务指南》	*New Directions for Library Service to Young Adults*	2002 年	Patrick Jones & Linda Waddle（YALSA）
16	《21 世纪学习者标准》	*Standards for the 21-Century Learner*	2007 年	AASL（本身与其补充文件体现了学校图书馆服务支持学生提升学习创新能力）

（续表）

编号	标准名称	英文名称	制定或执行时间	制定机构及其备注
17	《21世纪学习者行动标准》	*Standards for the 21-Century Learner in Action*	2007年	AASL（即标准“16”补充文件一）
18	《赋能（授权）学习者：学校图书馆项目指南》	*Empowering Learners: Guidelines for School Library Programs*	2009年	AASL（即标准“16“补充文件二）
19	《青少年空间指南》	*Teen Space Guidelines*	2011—2012年	YALSA
20	《为青少年举办并有其参与的图书馆服务未来：一个行动的召唤》	*The Future of Library Services for and with Teens: A Call to Action*	2013年	YALSA
21	《青少年读者活动项目指南》	*Teen Programming Guidelines*	2014—2015年	YALSA
22	《为青少年服务的专业人士核心职业价值观》	*Core Professional Values for the Teen Services Profession*	2015年	YALSA
23	《为学习者、学校图书馆员和学校图书馆所设全国学校图书馆标准》	*National School Library Standards for Learners, School Librarians, and School Libraries*	2017年	AASL（描述了全面教与学方法，从学生、图书馆员和图书馆三个角度强调学习过程中三方合作的重要性）
24	《图书馆工作人员青少年服务能力》	*Teen Services Competencies for Library Staff*	2017年	YALSA
25	《内布拉斯加州面向青年人的图书馆服务指南》	*Nebraska Guidelines for Young People's Library Service*	1983年初版，2002年修订版	内布拉斯加州图书馆委员会（Nebraska Library Commission）
26	《纽约州公共图书馆青少年服务标准》	*Standards for Young Services in Public Libraries of New York State*	1984年	纽约州图书馆联盟（NewYork Library Association）等
27	《马萨诸塞州面向青少年公共图书馆服务标准》	*Standards for Public Library Service to Young Adults in Massachusetts*	1987年首版，现行2010年版，5年修订一次	马萨诸塞州图书馆协会（原）儿童事务部，（现）未成年人事务部的青少年标准特别分委会（Ad Hoc Committee on Young Adult Standards）

（续表）

编号	标准名称	英文名称	制定或执行时间	制定机构及其备注
28	《南卡罗来纳州公共图书馆青少年服务》	*Youth Services Guidelines for South Carolina Public Libraries*（指南电子全文见官网）	2002 年	南卡罗来纳州立图书馆
29	《堪萨斯州青少年公共图书馆服务指南》	*Kansas Public Library Youth Services Guidelines*	2004 年	堪萨斯城市公共图书馆（Kansas City Public Library）

注：表中所列事项参考了 ALA、AASL 网站相关信息，Garrett（2001）博士学位论文和 2011 年张丽的期刊论文，这些文本依照先全国后地区并按发布时间顺序排列，此表对地方文本收集不全面，聊作列举和参考（见 ALA 相关标准和指南）。

4.1.2 英国中学图书馆事业的发展历程与现状

图书馆未成年人服务的思想起源于英国，早在公共图书馆未出现前，英国就兴起了供孩子们读书学习的场所——周末学校图书馆（主日学校图书馆），成为未成年人读书学习的重要场所。1850 年，英国出现公共图书馆，并于当年颁布了世界第一部全国性公共图书馆法律《公共图书馆法》，其经过数次修改于 1964 年改名为《公共图书馆和博物馆法》并重新颁布。1861 年，英国历史上有记载的首个为儿童服务的曼彻斯特公共图书馆（Manchester Public Library）已开始为儿童读者开设单独空间。1865 年，伯明翰公共图书馆开始向儿童借书，1882 年英国诺丁汉出现独立的儿童图书馆及其建筑。在 1870 年《初等教育法》的推动下，截至 1891 年，伦敦约有 40 个图书馆提供儿童馆藏，1898 年在英格兰和威尔士的 300 多个图书馆中有 108 个图书馆提供青少年馆藏。1877 年，英国图书馆协会成立，此后其面向未成年人的图书馆理论研究与服务实践也逐渐出现并发展起来。英国图书馆管理员们希望“好的”阅读可使儿童远离“一分钱恐怖的恶行”与更便宜的“搞笑”和“漫画”构成的精神情感“垃圾”，有图书馆评论员认为，这些读物严重影响儿童未来良好性格的塑造。另外，一个英国创建儿童图书馆的现实原因在于通过驱散或集中管理图书馆空间中的大量男孩，而为成年读者提供安静空间，虽然很多图书馆管理员认为这种做法并不经济、不可行，但这对成年读者和全馆秩序来说是必要的。这种做法能为处于课余时间的未成年人提供安全、顺理成章的制度化空间，以避免他们出现社会性、生物性退化，并在一定程度上通过提供空间、馆藏等彻底解决家长乃至全家有关未成年人养育的后顾之忧。英国最早面向十几岁青少年的图书馆出现在沃尔瑟姆斯托。1920 —1950 年是图书馆青少年服务发展最快的阶段，比如 1920 年，英国图书馆未成年人服务出现重要进展，图书馆组织中学生在图书馆定期交流、聚会，并且为他们预留特定空间，由此图书馆中的青少年空间逐渐形成；1932 年，在英国图书馆协会年会上出现了儿童图书馆服务工作组；1937 年，英国成立儿童图书馆员协会。到 20 世纪 60 年代及之后，儿童图书馆界出现了更为建设性且自由的论调，另外在英国图书馆协会新课程大纲的指导下，学校图书馆开设了为期两年的培训课程，由此职业预备专业化程度得以加强；1964 年出台的《公共图书馆条例》确定了学校图书馆馆藏建设及其加工整理可通过公共图书馆进行，最终交还中小学图书馆。二十世纪七八十年代，英国在经济动荡的背景下，推广了社区图书馆服务模式，其目标是优先考虑“弱势群体”，该模式进一步增加了社区未成年人的福利。1972 年，英国在院校图书馆学领域中开设儿童图书馆学相关课程，所有图书馆学专业学生都可选修，同年英国通过《不列颠图书馆法》。1998—1999 年英国政府额外拨付 11 500 万英镑的购书经费，平均每所学校 4 000 英镑，相应地全国学校图书馆共计增加 2 300 万册藏书。

1992 年，英国图书信托基金会发起“阅读起跑线”计划，到 2000 年 3 月，英国有 92% 地方政府加入此计划，其也演变为全国性阅读指导计划（国际上首个全国性阅读推广活动），之后它在世界不少国家得到推行，最终成为全世界为数不多、具备较大国际影响力、受到各国推崇的阅读推广活动。1997 年，英国图书馆协会青年图书馆委员会（Youth Libraries Committee of the Library Association）还通过并推行了《儿童和青少年：图书馆协会的公共图书馆服务指南》，该指南规定了英国图书馆服务的馆藏、馆员、空间环境、服务项目、宣传推广、合作、经费、技术及评估管理等事项，其中专项细化规定也使英国全国范围内的图书馆未成年人服务有章可循。在学校图书馆研究领域，有学者发现英格兰和威尔士缺乏对该类型图书馆的法定要求，这在很大程度上意味着学校图书馆会根据不同学校的教育环境自行地提供资源服务，而国际上的最佳实践指南，以及有关学校图书馆的更广泛文献已能解决许多独立学校图书馆的管理问题，部分实际工作者也为产出这些文献做出了贡献。进入 21 世纪后，英国图书馆将儿童和青少年服务逐步区分开来，图书馆针对不同群体提供了差异化资源和服务，其中 16 ~ 18 岁群体还被单独提取出来，由此可见英国相关服务的专业化、精细化程度与发展水准，这也在一定程度上体现出英国行政系统对特定对象图书馆服务的重视与投入。英国学校图书馆流通量一直保持稳定高位，2003 年年初英国教育部又号召“把阅读进行到底”，借助各种传播渠道持续性地宣传阅读推广活动。这或许是由于学校图书馆作为学习过程中的资源服务，具备了明显的地理、行政管理等方面的便捷性，而不是像大多公共图书馆一样需要读者专门前往，只是读者空闲时间的一种较纯粹的个人选择。

4.1.3 日本中学图书馆的发展历程与现状

日本最早的学校图书馆可回溯到 1859 年，1859 年其海军负责人胜海舟在所任职的军舰操练所与神户操练所分别创办图书室，这是近代意义上中小学图书馆的起点。1869 年日本政府所创办的海军兵学寮设立阅览室，它已初步具备了近代图书馆的规模。日本较早的具有知名度的儿童图书馆是 1887 年设立的，该图书馆收藏了小学生阅读的必要书籍。

1902 年，山口县立图书馆设立儿童阅览室，这在日本公共图书馆界是首次。1905 年，京都市下京区设立私立修道文库，这是普遍意义上被公认的独立儿童图书馆，而宫城师范学校附属小学也正式设立学校图书馆。有学者认为 1905 年正式提出了独立名词“中小学图书馆”。1913 年，作为东京市立图书馆第一馆的日比谷图书馆开始外借儿童图书，1914 年起儿童阅览免费，之后东京市、京都市和山口县等城区开始设立中小学图书馆，至 1921 年达到 20 家，各中小学图书馆也设立儿童区和儿童阅览室等。之后日本走向军国主义扩张道路，起步不久的日本学校图书馆事业沦为军国主义附庸，20 世纪 30 年代，日本全面发动侵略战争，这也彻底摧毁了日本经济和社会事业发展，第二次世界大战结束时，日本图书馆事业基本处于荒废状态。

第二次世界大战结束后日本社会进行了全面改造，教育事业改革属重点领域。1947 年，日本恢复了战时废止的“读书周”活动，活动形式由读书指导向多样化方向发展。1949 年，日本政府再次推行读书周制度。1950 年，日本全国学校图书馆协会（School

Library Association）成立，成为日本全国性的中小学图书馆行业组织，目前已形成覆盖全日本的网络体系，它还制定并发布了《学校图书馆宪章》，作为日本中小学图书馆行业的立足点，该文本经重新修订通过后于1991年再次发布；它还制定了中小学图书馆各类业务标准，包括馆藏建设、设施设备、评估工作、馆员培训、活动指导标准和残障人士服务指导文件。由此可见，在日本学校图书馆事业的发展过程中，专业图书馆学会/协会占据关键地位并发挥了重大作用。1953年，在日本全国学校图书馆联合组织的推动下，日本制定并颁布了一部规范学校图书馆的专门法律《学校图书馆法》，之后对该法律进行了不定期修订，截至2017年年底，该法已修订了11次，目前已形成以其为核心的一整套全备的专业法律法规体系，大幅提升了学校图书馆的地位并有力推动了其建设发展，使学校图书馆事业发展开始走上全新的道路。另外，日本还发布了《图书馆令》和《图书馆法》，上述三件法律性文本成为日本现行图书馆法律体系的“三大支柱”，由此日本学校图书馆得以持续性地发展为学校心脏并起到基础性作用。当时日本中小学图书馆已成为学校读书中心和信息中心，也是学校教育的核心设施。1950年，日本成立该领域的行业组织——全国学校图书馆协议会。1956年，日本图书馆协会所属公共图书馆部会成立儿童图书馆分科会。1959年起，日本将五月的前两周确定为“儿童读书周”。

到20世纪80年代，日本学校图书馆设置率接近100%，这是因为其不仅有专门的国家法律约束，而且制定了配套法规和相应的标准规范，用来解释专门法律或为其实施提供详细指导，如《学校图书馆设施标准》《学校图书馆四书教谕课程实施纲要》《地方经费对公共义务教育学校图书馆的购书经费拨款的相关措施》等。另外，1991年日本全国学校图书馆协议会修订并发布了《学校图书馆法》；1993年日本制定了一套非常严格规范的分配标准《学校图书馆图书标准》；2000年全国学校图书馆协议会制定了《学校图书馆多媒体标准》，规定了不同层级学校多媒体资料数量。1997年，日本为推广阅读开展了对《学校图书馆法》的又一次修订，该修订法施行后政府对中小学图书馆的投资力度明显加强，学校图书馆在各类图书馆中的地位得以巩固。

进入21世纪后，日本学校图书馆继续取得巨大进步，具体体现在其发展水平明显提升与学生阅读状况整体改善上。2001年，日本颁布《少年儿童读书活动推进法》，明确了国家、地方政府等在推广活动中的责任与义务（包括财政保障）。随后，日本在其立法宗旨下制定了《关于推进儿童读书活动的基本计划》（2008 年颁布）《文字及印刷品文化振兴法案》（2005 年通过并实施）。另外，日本公立图书馆经常与学校图书馆等通力协作，开展了很多具有较大影响力的读书活动。2006 年前后，日本发起了“儿童读书年”“国民读书年”等读书活动，将阅读推广定位在国家战略层面。2008 年发布的《关于推进儿童读书活动的基本计划》强调图书馆是营造儿童阅读环境的重中之重，提出要继续充实学校图书馆和公共图书馆。

4.1.4 苏联学校图书馆的发展历程与现状

由于以往的研究文献对苏联和俄罗斯帝国时代，学校图书馆是如何萌芽、产生和发展的无详尽描述，本研究也非重点研究国外图书馆发展历程，因此仅根据能接触到的现有文献简单回顾苏联学校图书馆的发展历程。1913 年，列宁在《对于国民教育能够做些什么》提到西方国家是“使大量藏书连儿童也能利用；他们关心的是使读者能够在自己家里阅读公家的图书。他们认为一个公共图书馆引以为豪和引以为荣的……而在于……图书在人民中间流传的广泛程度，在于吸引了多少新读者，如何迅速地满足读者对图书馆的各种要求，在于有多少图书被读者带回家去，有多少儿童来阅读图书，利用图书馆……衡量教育工作是否安排得合理，要看有多少书被读者借回家去，要看为多数居民提供了什么方便条件。纽约公共图书馆在纽约的曼哈顿、布朗克斯和里士满这三个区（居民总数将近 300 万人）共有分馆 42 个……这样做的目的……是要有步骤地使每个居民在自己的住宅周围方圆 3/4 千米以内，即 10 分钟内就能走到的地方，都可以找到一个分馆，这些分馆就是各种机关和企业的国民教育中心”。他进一步论述：“纽约公共图书馆系统 1911 年出借的图书近 800 万册，比 1910 年多 40 万册。一年内平均每 100 个居民（不分年龄和性别）借回家阅读的图书为 267 册……纽约公共图书馆为儿童设立了专用的阅览室—中心阅览室……图书馆工作人员尽量给儿童提供各种方便，并给他们解答问题……儿童借回家去的图书有 2 859 888 册，略少于 300 万册（占出借图书总数的 1/3）。到阅览室阅读的儿童有 1 120 915 人……这就是纽约图书馆现行的制度，而我们呢？”当苏联图书馆遭受不公平待遇时，列宁又指出：“文明国家……尽一切可能帮助建立图书机构。而在我们这里，国民‘教育部’……却在采取最可耻的警察措施……竟然毁了学习图书馆！！”1936 年苏联人民委员会发布了“关于扩大学校图书馆网和出版学校图书馆用的书籍”的决定（〔1933〕号决定），做出每所学校必须设立学校图书馆的指示；此决定在学校支出预算中规定了购书用专款，并将出版中小学生用书“学生文库”主要工作交给儿童出版社，由此为有计划地发展学校图书馆创造了前提；1937 年开始，各学校图书馆的预算列入了补充学生用书专款，1952 年图书馆约有 60% 的学生图书经费被集中到国家、地区预算内，这就使各层级教育机关监督各学校经费使用情况变为可能。

4.1.5 其他发达国家中学图书馆的发展历程与现状

20 世纪初，发达国家和地区的图书馆阅读指导项目发展很快，图书馆管理员关注未成年人阅读材料品质，确定了不少选书标准。20 世纪 20 年代，法国图书馆未成年人服务肇始，1919 年法国公共图书馆第一次开设少儿图书室，1924 年巴黎少儿图书馆开馆，不过该时期法国图书馆未成年人服务仍发展很慢，到 1939 年仅有 15 家少儿图书馆，1945 年其国民教育局设置图书馆部，但直到 20 世纪 50 年代仍未有较大起色。第二次世界大战结束后，作为法国公共图书馆主要部门的儿童图书馆得以继续发展，这得益于战后国家紧缩期过后公共财政支出的增加和福利政策。20 世纪 50 年代中期，法国公立学校图书馆才成为主流，在法国本土逐渐普及并广泛为师生提供服务，从 20 世纪 60 年代中期到 20 世纪 80 年代，法国公共图书馆未成年人服务真正发展起来，这是基于密特朗执政后政府的公共图书馆拨款是以往的四倍，而且政府拨给公共图书馆的管理员编制等资源也成倍增加，相应地其未成年人服务得到极大发展，这大幅缩小了与英美等国家的差距。

1964 年丹麦出台的《公共图书馆法》要求丹麦每一所小学都建立图书馆，并且要与公共图书馆儿童部合作。

1994 年韩国制定《图书馆与读书振兴法》，2006 年在其基础上制定《阅读文化振兴法》和《图书馆法》，《图书馆法》第六章“学校图书馆”部分专门为该国学校图书馆发展提供强有力的法制保障，在国家法律框架的支撑下，其未成年人阅读成绩和阅读素养已出现非常明显的连续性提升，2000 年和 2009 年两次 PISA 调研报告说明了这一点。

挪威在 2003 年发布并于 2005 年修订了《2003—2007 年的全国阅读促进计划》，其目标在于提升中小学生和学龄前儿童的阅读能力与阅读兴趣，但该计划行动广泛地涵盖任课教师、图书馆员、校长和家长等群体，挪威新教育改革与该计划的执行并驾齐驱且都强调阅读的重要性，后者也服务于此项改革。为顺利完成此项改革，挪威各地方政府和学校每年都会收到财政支持，据统计，2004 年全年挪威学校共开展 200 个由图书馆作为驱动和主导力量的阅读项目，各地方乃至学校对此项目的执行普遍兴致盎然并使所属图书馆受到普遍关注，2004 年作为该项目的组成部分，挪威还成立了全国学校图书馆职业发展网，该组织由两所大学负责协调运行。

4.1.6 发展中国家中学图书馆的发展历程与现状

包括亚洲、非洲、拉丁美洲国家在内的不少发展中国家已对图书馆“以书育人”功能引起高度重视并采取相应举措，但是由于举措力度和资源投入不够等原因，发展中国家学校图书馆的发展普遍不尽如人意，与发达国家相比还存在较大、较明显的差距。近 100 年前，保加利亚就立法规定：每 30 户居民村庄就要建立“人民阅读室”。1986 年，印度出台《印度新教育政策》，强调公共图书馆在教育中的作用，鼓励并保障学生利用公共图书馆开展自主学习。

当前绝大多数非洲国家、经济不发达的亚洲国家的学校图书馆建设仍比较滞后和薄弱，学校缺乏强有力的学校图书馆支持，而且多年来发展很缓慢。马来西亚华文教育受到 1961 年发布的《达立报告书》的新教育法令的限制，已不再有政府划拨学校的津贴，但基于有识之士的努力，华文教育仍得以保留完整，地位稳固，实力可观；马来西亚华文图书馆虽在一般独立中学都已建立，但是它们长久以来未被重视并未得以大力经营。A. & Othman（2012）在对马来西亚凯曼区 10 所中小学的 10 位管理员进行问卷调研后发现，不少马来西亚学校及其图书馆并未足够重视管理员的人力资源培训与职业发展，这导致管理员才干普遍未得到充分施展，因此需要更多相关专业培训，而且该国相关培训政策也未正式制定和实施，学校图书馆并无相关的标准做法可模仿或遵循。从其他国家的经验教训可以看出国家法律政策框架搭建完善的重要性：如果没有行政或立法立规系统的推动和大力倡导、支持，学校图书馆很难获得稳定、持久和快速发展的动力，其在学校中的地位只能日趋边缘化，在争取投放更多更优质资源时不占据任何优势。

非洲各国普遍面临更加严峻的教育文化（特别是学校图书馆）发展态势。Doust（1999）研究指出，在津巴布韦的现有条件，特别是经济条件极度缺乏的情况下，其小学基本上没有图书馆，更无人重视专职专业的图书馆管理员。在国际组织和其他机构的支持下，津巴布韦布拉瓦约公共图书馆于 20 多年前开通并持续运营了服务小学的移动书车，但可以想象，这仅有的机构所提供的小学图书馆服务对于广大师生读者群体来讲可能杯水车薪。Wessels（2010）在其信息科学硕士学位论文中指出，南非中小学生素质水平（包括阅读水平）极低，该研究围绕两所城镇的贫困小学开展了为期五年的行动研究，其已形成的核心理念是学校图书馆能为弱势学校做出重要贡献；在定性定量调研中，他发现虽然学校教师不能通过学校图书馆完全支撑其教学和自主学习活动，但教师们对图书馆在扫盲中的作用已有更深刻的理解。Mojapelo（2016）利用定性定量相结合的实证研究方法研究了南非林波波省城乡两类地区中学图书馆的现状，他发现该省中学图书馆发展与教育资源投入存在巨大差异，大多数中小学未拥有真正意义上的学校图书馆，欠缺必要的基础设施、预算和人员等，从而影响了整体教育质量和水平，从该调研中也可以发现加快农村技术、文化和教育等基础设施建设的必要性。从对南非的研究中我们可以看到，中学图书馆在学校中能够发挥重要作用，但各中学图书馆的发展存在很大差异。Kalejaiye，Fabunmi & Adeoye（2011）得出在尼日利亚的学校，图书馆在技术整合中的作用不可或缺，但若干因素限制了其功能的充分发挥：信息技术设备的应用较少、教师的计算机焦虑和信心的缺乏、缺少培训而导致的教师职业竞争力的欠缺、存取信息不足乃至于基础设施的缺乏等。如果这些问题不能得以解决，图书馆是不能有效地促进技术整合的，因此作者建议政府改善对技术应用的态度，出台专门的支持性政策以及加大资金投入。根据众多文献可知，孟加拉国、加纳、尼日利亚、肯尼亚等发展中乃至不发达国家的中学图书馆建设状况也非常滞后，无法令人满意，其境内一般只有少数精英或者国际学校拥有真正意义上的学校图书馆，产生这种状况的原因是其图书馆建设未受到政府和社会的重视，相应的资金预算和专职人员投入不足。

事实上，对于发展中国家和处于发展早期的发达国家，由于资源匮乏或欠缺，后者

（如 20 世纪 30 年代的新西兰）已出现“联合图书馆”办馆模式。该模式是由地方图书馆管理部门提供各项支持，主要依靠政府投资，严格来讲这是一种学校与社区公共图书馆共建共享的联合型图书馆。后来南非、加拿大、英国也推出了此类联合图书馆，主要适用于偏远农村学校或社区，这种图书馆模式虽在一定程度上缓解了资源匮乏或紧张的现状，更加优化配置了现有资源，但如果要使此类图书馆长期有效运营，还需要管理员精心的服务设计与持续的运营管理。而我国的联合办馆模式是基于构建公共文化服务体系，特别是在总分馆建设的探索中实现的。

4.2 国内中学图书馆（室）事业发展历程与现状

纵观我国中学图书馆（室）发展历程，可将其划分为五个阶段：初创阶段、奠定基础阶段、停滞混乱阶段、恢复与快速发展阶段，以及数字化与现代化阶段。每一阶段都具有其鲜明特色，都与社会历史发展背景、初中等教育发展状况及国家政策法律措施密不可分。

4.2.1 初创阶段（公元723年—1949年）

我国中学图书馆最早可追溯到唐开元十一年（公元 723 年），前有丽正书院后有集贤书院，到北宋时期（公元 960—1127 年）出现著名的四大书院，它们一般都配备藏书供师生利用，另一古代即有的发展来源是私塾藏书，两者都是我国现代中学图书馆的原型和前身。

从严格意义上讲，我国中学图书馆产生于 19 世纪 80 年代。一种是受西方影响由传统书院藏书楼改造为新式学校图书馆，如“1874 年上海格致中学建立图书馆，从此，中国开始有了现代意义上的中小学图书馆”。1887 年课程改革后的（京师）同文馆作为具有中学教育性质的综合性学校，也有了专门的藏书阁。另一种是外国人在国内建立和管理的教会中学图书馆，如 1884 年设立的上海圣芳济中学图书馆、1885 年设立的北京汇文学校图书馆（藏书共计 41 034 册），也有学者认为教会学校图书馆才是真正现代意义上的中小学图书馆。后来在部分仁人志士的倡导下，政府不仅大力倡导开设图书室，还利用法规规范相关工作，如 1902 年颁发的《钦定学堂章程》明确要求中学堂和小学堂应设图书室，该时期上海、广州和天津陆续建立了 8 所学校图书馆，但它们以私立学校为多数，教会学校尤多。

20 世纪初，我国图书馆逐渐由旧藏书楼转变为近代图书馆，1909 年教育家庄俞和图书馆学家孙毓修先后在《教育杂志》发表文章《藏书楼与学堂之联络》和《图书馆》，提倡我国建立儿童图书馆和学校图书馆，促进了我国现代中学图书馆的创建。1912 年，我国第一所儿童图书馆在湖南省双峰县青树镇亮相。1915 年，政府连续颁布《通俗图书馆规程》《图书馆规程》，明确规定各种公私立学校应设立图书馆，并将其经费列入主管学校预算内，这促使中学图书馆的设立有法可依，对中学图书馆的创办和发展起到较大的促进作用，紧随其后公立学校纷纷设立图书馆。1915 年，南洋中学正式建立了以我国经典文献为主要馆藏的图书馆，还独立编制了图书分类法和馆藏书目，该校分类体系较彻底地突破了我国历史上的四部分类体系，是我国中学图书馆最早的分类法。1916 年澄衷中学创建学校图书馆，1925 年总计拥有 31 086 册图书和 60 种期刊报纸。此时上海市多数中学都具备了一定的阅读区域。到 20 世纪 20 年代，随着图书馆教育功能发挥作用并被广泛认同，北京高等师范学校图书馆（1917 年成立，1921 年增扩建）、（北京）师大附中图书馆（1920 年成立）、（福建）集美中学图书馆（1920 年成立）、（上海）复旦中学图书馆（1922 年成立）、（上海）民立中学图书馆（1923 年成立）、（上海）复旦实验中学图书馆（1925 年成立）、（广州）培英中学图书馆（1920 年成立）、（广州）执信学校图书馆（1921 年成立）、天津中学图书馆（1923 年成立）和（天津）觉民中学图书馆（1928 年成立）等也相继成立，其馆藏量都超过万册且藏有不少外文文献。20 世纪 30 年代前后，我国学校图书馆事业发展进入了一个高潮期。1936 年的相关统计显示，1920—1936 年中小学图书馆数量共增加 108 所，调研显示 1937 年教育领域图书馆多达 172 所，它们仍以私立中学为最主要构成，藏书规模也有很大增长，藏书最多的北京孔德学校已藏书 6.6 万册，北京（或北平）汇文学校、广州培正中学、杭州高级中学、北京市和广东省立一中藏书也超过 3 万册，这显然与学科研究兴旺、图书馆学相关学术组织的创办及发展直接相关。在实践领域中，学校图书馆的管理也日渐科学和规范，截至1936年，中学图书馆在大力发展的同时，多已具备一定规模，但与大城市的中学图书馆的办馆差距（如藏书量）仍然较大，相比其他地区和公立中学图书馆，经济较发达地区和私立中学图书馆明显发展更佳，这很可能与各自的创办、经营理念，以及资金、人员、设备等资源投入程度直接关联。1937年后，在抗日战争与解放战争期间，中小学图书馆受到巨大破坏和损失，到新中国成立前，在教育事业整体非常萧条的背景下，所属学校图书馆也未见恢复和发展。

在1949年之前，我国具备近现代形态的中小学图书馆事业虽已在局部地区出现并起步，但在全国背景下它们仍是新生事物，并且范围局限在部分东部沿海地区，这与当时我国的社会性质有关。没有现代化中国及其现代化教育事业，就不会有现代化的中小学图书馆；没有独立、富强、文明和法制的国家及其教育事业，就不会有先进、规范和专业化的中小学图书馆。

4.2.2 奠定基础阶段（1949—1966年）

1949年新中国成立标志着我国学校图书馆事业进入崭新的历史时期，之后我国教育体系和功能在逐步建立、发展和完善的同时，中学图书馆也出现前所未有的进步与翻天覆地的变化。

在这一时期，在教育事业不断发展和教育部关心重视的背景下，我国中学图书馆事业奠定了初步基础，1949—1957年我国对初中等教育进行了规范调整，并大力建设了学校及其图书馆，此时期的“先破后立”使学校及其图书馆的数量先减后增，初中等教育整体面貌焕然一新。1956年，教育部发布了《关于指导小学生阅读少年儿童读物的指示》，由此明确了正确地指导学生阅读少儿读物是学校贯彻全面发展教育方针的重要组成部分。1965年8月，教育部在《关于购买教学图书问题》的通知中，明确提出各级教育行政部门要给中学生划拨更多的购书经费，并且要及时拨款以保障学校有计划地开展订购工作。这种倾向性政策有利于推动基层学校图书馆的发展，但由于未细化指标、量化要求（如何衡量“多划拨一些购书经费”、怎样算“及时拨款”），而且未见明确的强制性，导致其在基层的影响力和执行力度都比较有限。这一时期多数城市和发达地区的中学已设立图书馆（室），部分已具备一定规模，一般市县中少数条件好的中学也建立了图书馆（室），小学图书馆（室）取得初步发展，但此时期国家对学校图书馆的发展缺乏统一规划和要求，事实上也未明确规定其地位与作用。根据国际建设标准，这一时期我国学校图书馆仅刚刚起步，尚未步入正规化发展轨道。

4.2.3 停滞混乱阶段（1966—1976年）

1966—1976 年，我国学校图书馆事业并未得到发展，整体处于停滞混乱状态。

4.2.4 恢复与快速发展阶段（1978—2000年）

改革开放至 20 世纪末这一历史阶段，我国基础教育事业重回正轨，学校图书馆事业也进入恢复并快速发展的新阶段，不仅全面走向正轨，而且在资源、管理、技术和服务等方面逐步向现代化、科学化、规范化、标准化和联盟化趋势发展。

1980 年中共中央书记处通过了《图书馆工作汇报提纲》，1981 年文化部、团中央等联合召开新中国成立以来有关少儿图书馆工作的第一次专项会议，即全国少年儿童图书馆工作座谈会，会后国务院转发了《关于全国少年儿童图书馆工作座谈会的情况报告》（国办〔1981〕62 号文件），这两份文件的颁布很好地推动了我国儿童图书馆事业的发展，并由此迎来我国儿童图书馆事业发展的首个高潮。在此期间，除了少数大城市，不少中等及以上城市和大城市辖区都设立了少年儿童图书馆，因此这两份文件在我国儿童图书馆事业发展史上具有划时代的意义。另外，1981 年教育部转发了《天津市中小学图书馆（室）暂行工作条例》，此条例是新中国成立后教育部批准转发的首个中小学图书馆（室）工作的章程性文件，在全国起到了较好的示范作用，之后部分城市（如重庆、南京、天津、上海、延吉、湖州和哈尔滨）教育厅、局也先后颁布了学校图书馆（室）条例（试行草案），从而在区域范围内推动和指导学校图书馆建设事业。上述三份文件在该时期于全国层面，为学校图书馆（室）的发展指明了方向。

1989 年国家教委[①] 主持召开了全国中小学图书馆工作会议，成立了全国中小学图书

① 1998 年 3 月更名为中华人民共和国教育部。

馆协会筹备组，讨论了《中小学图书馆工作暂行条例（讨论稿）》，这是新中国成立后第一次召开全国性学校图书馆工作会议，标志着我国学校图书馆事业逐步走上正轨并进入规范化、科学化发展阶段，是我国此项事业发展的重要里程碑。在此之后，我国大多数省级区划也成立了中小学图书馆工作委员会，1989 年中国图书馆学会专门成立了中小学图书馆委员会，1990 年国家教委成立条件装备司，下设图情处，负责大中小学图书馆日常管理，之后不久，条件装备司成立了中小学图书馆工作委员会这一常设机构。而上述讨论稿经修订后，于 1991 年 8 月由国家教委确定并正式颁布为《中小学图书馆（室）规程》，成为新中国成立后第一部针对学校图书馆建设的法规文件，起到重大纲领性和指导性作用并较大程度上推动了我国此项事业的发展，促进了其规范化、法制化和科学化进程，也结束了相关工作无法可依、无章可循的局面，从而为中学图书馆的发展指明了方向，明确了其在中小学教育教学中的地位作用，标志着我国学校图书馆事业进入高速、全面发展阶段。此后，《中小学图书馆（室）规程》经过 2003 年和 2018 年的两次修订，已明确了我国学校图书馆的定位包括学校、教育事业与公共文化服务体系三层面内容，学校图书馆从整体上讲是学校的文献信息中心，这是我国基础教育事业现代化和中国特色社会主义教育事业根本特征的重要体现。另外，最新版《中小学图书馆（室）规程》在对资源服务有较可观的底线水平要求的基础上，对数字图书馆建设提出的要求确保了教育文化公平的逐步实现，从而对各地学校图书馆建设工作起到指导与推进作用。基于相关法律规程，学校图书馆可向本地社区乃至全社会开放，2018 年发布的《中华人民共和国公共图书馆法》明确规定了鼓励学校图书馆的开放举措，因此学校图书馆也成为各地方保障民众公共文化服务权益的重要机构。

之后各地区相继建立健全了中小学图书馆（室）主管部门、图工委、装备部门等，有些地方还成立了相关学会、协会或专业委员会，采取制定文本、检查验收、评估等措施推动我国学校图书馆事业的全面发展。 据统计，到 1990 年，我国约有 20% 的小学、40% 的中学建立了图书馆（室），办馆条件不断改善，馆藏质量、数量稳步提升，管理员水平整体提升。1991 年全国中小学图书馆工作委员会成立，之后省级委员会纷纷成立，用以建立网络并开展馆际互借。1994 年广西发起“知识工程”，1997 年国家九部委联合发出《关于在全国组织实施“知识工程”的通知》，将该工程向全国推广标志着全民阅读推广工作已上升到国家文化政策层面，其总体目标部分明确指出："在全国中小学继续倡导'人人读好书、从小学做人'，充分发挥课外书籍的育人功能……中等以上城市和大城市的区建立独立建制的少年儿童图书馆，县、区、市公共图书馆中设立少年儿童阅览室。加强……中小学图书馆（室）的建设。"2003 年后各省市结合实际，制定了不少有地方特色的学校图书馆建设标准。

4.2.5 数字化与现代化阶段（2000年至今）

进入 21 世纪后，我国学校图书馆继续推进现代化、规范化、标准化、普及化和联盟化发展，发达地区则考虑将其与科技前沿、本地教科研实践以及国际管理服务发展趋势接轨，拓展学校图书馆在本校与本区域的影响力。在这一时期，文献资源结构发生了剧烈变动，新媒体资源如电子图书、光盘、视听文献及在线数据库占比增大，读者的阅读方式、习惯与信息需求也发生深刻变化，从而推动了数字化与现代化图书馆的形成。2000 年教育部发布《关于在中小学实施"校校通"工程的通知》和《中小学信息技术课程指导纲要（试行）》（教基〔2000〕35 号），这些都为中小学图书馆（室）实现现代化管理创造了契机和有利条件。2001 年教育部印发的《基础教育课程改革纲要（试行）》（教基〔2001〕17 号）聚焦义务教育和普通高中素质教育的实施，在其第一部分"课程改革的目标"中提到，"培养学生搜集和处理信息的能力、获取新知识的能力、分析和解决问题的能力，以及交流与合作的能力"；第三部分"课程标准"中指出，"义务教育课程标准应……体现对公民素质的基本要求，着眼于培养学生终身学习的愿望和能力。普通高中课程标准应……开设选修课程，以利于学生获得更多的选择和发展的机会，为培养学生的生存能力……创造能力打下良好的基础"；第四部分"教学过程"中指出，"要处理好传授知识与培养能力的关系，注重培养学生的独立性和自主性，引导学生质疑、调查、研究……创设能引导学生主动参与的教育环境，激发学生的学习积极性……充分发挥信息技术的优势，为学生的学习和发展提供丰富多彩的教育环境和有力的学习工具"；第五部分"教材开发与管理"中指出，"积极开发并合理利用校内外各种课程资源。学校应充分发挥图书馆……的作用；广泛利用校外的图书馆……各种社会资源"，即明确了图书馆作为重要的课程资源，能为实施课程改革提供资源保障。

2011 年，教育部和新闻出版总署联合印发了《关于进一步加强中小学图书馆（室）图书配备和管理工作的通知》，旨在通过规范中小学图书采购管理和市场准入，加强学校图书馆（室）的建设和管理，充分发挥学校图书馆（室）促进学校文化建设和学生健康成长的作用。之前政府相关部门给各校制定的目标是：到“2011 年年初，全国 2 856 个县（市、区）全部实现‘两基’，全国‘两基’人口覆盖率达到 100%。这标志着全国 32.6 万所普通中小学校都建有了不同规模的图书馆（室），达到了教育部 2003 年《中小学图书馆（室）规程（修订）》中的要求”。国家相继下发《国家中长期教育改革和发展规划纲要（2010—2020 年）》（相关内容见第五章）《国家教育事业发展“十三五”规划》《关于加强新时期中学图书馆建设与应用工作的意见》，并于 2018 年第二次修订了《中小学图书馆（室）规程》。对于未在本研究其他部分提及的国家教育行业“十三五”规划而言，国家明确指出目前教育行业存在的突出问题包括科学的教育理念还未牢固确立，促进学生全面发展的育人模式与环境有待完善，科教融合的协同培养机制尚未形成（《国务院关于印发〈国家教育事业发展“十三五”规划〉的通知》）。该文件还明确指出“十三五”时期，我国教育改革发展的总目标是教育现代化取得重要进展等，具体目标包括学校办学条件明显改善、教育信息化实现新突破、形成信息技术与教育融合创新发展新局面等；在落实立德树人根本任务部分，包括提高学生文化修养，具体举措中包含了充分利用图书馆等资源。

根据相关调研可知，目前我国（特别是西部地区）学校图书馆的发展状况仍不理想，亟须教育主管部门和学术界、业界，乃至全社会的关注与支持。国内学者以调研为基础指出，目前很多学校图书馆由于教育经费（特别是专项经费）短缺，无法及时购置供学生阅读的新书，导致学校图书馆门可罗雀，甚至多数学生不知晓学校图书馆会对学生开放，其根源在于多年来，多数地方政府严重缺乏对制度性设置中小学图书馆（室）的关注与投入。另外，影响我国学校图书馆事业整体发展的重要因素是教育公平，这主要表现在城乡发展、地区发展和公共服务水平的差距上。国内相关研究报告指出，从中小学图书馆的普遍状况来看，东部地区优于中西部地区，城市优于农村，高中优于初中、小学；中西部地区的中小学校图书馆装备较为落后，其开展的工作离教育部对中小学校图书馆的装备要求还有相当的距离；另外不同主管机关所办学校，以及重点与普通学校之间图书馆发展状况差异也较大。如果持续欠缺相关政策的引导和扶持，这种显著的不平衡、不充分发展态势不仅得不到解决，而且很可能愈演愈烈，从而由文化教育领域威胁到地区乃至国家社会安定团结与和谐社会构建。

近年来现代信息技术，特别是人工智能技术获得迅速发展和应用，教育部原部长陈宝生指出，人工智能是实现教育生态重构的有效手段。他表示在教育领域中，人工智能技术的深度广泛应用，将彻底改变教育时空场景和供给水平，将实现信息共享、数据融通、业务协同、智能服务。调查数据显示，目前我国基本建立了国家教育资源公共服务体系，有超过 60% 的教师和近 50% 的学生开通了网络学习空间，这也有效推动了初中等教育系统逐步实现“校校用平台、班班用资源、人人用空间”。陈宝生还指出，未来智能教育可能步入融合之路，会将产业界创新创造及时转化为教育技术新产品，稳步推进包括智能教室、智能图书馆等在内的智慧校园建设；未来可能步入变革路径，用人工智能技术推动学校教育教学变革等，以智能技术创新人才培养模式、改革教学方法等；未来另一条创新路径则会更多关注“数字公平”，用技术弥补差距、缩小鸿沟。由此可见，未来有高新技术应用的教育形态距离我们并不遥远，学校图书馆要抓住发展机遇，如果在错失信息化、网络化浪潮的基础上，再次错失智能化发展机遇，将会对学校图书馆事业发展带来消极影响，因此学校图书馆必须及时做好馆内外技术和多媒体资源布局。未来具备真正意义上的智能图书馆的初中等教育必将更加美好。

总之，在我国学校图书馆事业步入正轨 40 多年以来，部分学校图书馆的地位已得到充分肯定和认同，中学图书馆建设已初步走上规范化、科学化、现代化发展道路，办馆水平普遍大幅提升，目前此事业已全面进入黄金发展期。同时，学校图书馆事业发展空间还很大，有业内资深人士的评述也证明了这一点：“在当前的基础教育领域中，学校图书馆远没有发挥出它应有的重要作用，甚至可以说，很多中小学图书馆的利用状况是令人担忧的……存在‘藏’和‘用’两张皮的现象，在教育教学中未能充分发挥图书馆资源的作用。”目前的学校图书馆在资金投入、现代化建设、管理运营、外部合作、工作标准化与国际化等方面仍有很大的调整和改进空间，不同投资状况（受重视程度）和不同地区（财政收入状况等）的学校图书馆间也面临着均衡发展的突出问题，其焦点在于各地区、学校间教育资源分布不均衡，这也明显地体现和映射在图书馆建设与师生阅读文化推广方面。

4.3 广西中小学图书馆（室）事业发展现状

广西中小学图书馆事业发展可划分为藏书建设、人力资源、信息服务、制度体系等多个方面，但由于之前针对该地区相关业务的实证研究很少（公众能阅读到公开的研究报告、著作和论文凤毛麟角），虽然能探知其基本情况但也需要花费一定心思获取和阅读已有统计资料（包括年鉴、内部工作报告等），基于现有数据和因素的重要程度，本研究以考察其藏书配备、人员基本状况为主。

根据广西教育厅发布的教育事业统计简报，2010 年广西普通高中各校藏书总册数 2 000.7 万册，生均藏书 26.5 册；普通初中藏书总册数 3 104.7 万册，生均藏书 15.5 册。2017 年广西普通高中各校藏书共计 2 931.3 万册，相比 2016 年增长 399.2 万册，共计增长 15.77%，生均藏书 30.1 册，比 2016 年增长 2.5 册（增幅 9.06%）。2016 年广西普通初中各校藏书共计 7 588.9 万册，相比 2015 年增长 1 614.8 万册（增幅 27.03%），生均藏书 37.3 册，比 2015 年增长 7.2 册（增幅 23.92%）（广西教育厅网站公布的教育事业统计简报）。结合 2017 年普通中学在校总人数统计，广西城乡中学生均藏书量 35 册，其中初中生均藏书 37.3 册，高中生均藏书 30.1 册。这种发展状况还是该地区近八年中学校藏书总量和生均藏书册数等指标水平（2010 年到 2013 年生均藏书册数有小幅缩减除外）逐年提升的结果。从近年来的藏书量看，广西小学图书馆发展态势更不乐观，具体内容如表 4-2 和表 4-3 所示。

表 4-2　2010 —2017 年广西中小学图书馆藏书状况及其变动

单位：万册

年份	普通高中	普通初中	小学
2010 年	2 000.7	3 104.7	4 945.7
2013 年	2 160	3 657.1	5 627.2
2014 年	2 243	3 990.5	5 980.7
2015 年	2 388.7	4 838.3	7 261.4
2016 年	2 532.1	5 974.1	9 526.5
2017 年	2 931.3	7 588.9	12 862.3
2016—2017 年增量及其增幅	399.2（15.8%）	1 614.8（27%）	3 335.8（35%）

（续表）

年份	普通高中	普通初中	小学
2010—2013 年增量及其增幅	159.3（8%）	552.4（17.8%）	681.5（13.8%）
年度平均值	2 376	4 858.9	7 700.6

资料来源：根据广西教育厅发布的广西教育事业统计简报 2010—2017 年统计表整理而成。

表 4-3　2010—2017 年广西中小学图书馆生均藏书量及其变动

单位：万册

年份	普通高中	普通初中	小学
2010 年	26.5	15.5	11.5
2013 年	26.4	18.8	13.2
2014 年	26.8	20.5	13.9
2015 年	27.6	24.6	16.5
2016 年	27.6	30.1	21.1
2017 年	30.1	37.3	27.7
2016—2017 年增量及其增幅	2.5（9.1%）	7.2（23.9%）	6.6（31.28%）
2010—2013 年增量及其增幅	–0.1（0.4%）	3.3（21.3%）	1.7（14.8%）
平均值	27.5	24.5	17.3

资料来源：根据广西教育厅发布的广西教育事业统计简报 2010—2017 年统计表整理而成。

另外，笔者根据广西教育厅“馆配图书适宜性评价报告”调查成果发现，2017 年广西中小学校共有图书馆（室）管理人员 11 719 人，校均 0.5 人，其中专职人员 1 437 人，占比 12%，兼职人员 10 282 人，占比 88%；该群体大专及以上学历人员共计 9 786 人，占比 83%。

现有城乡学校图书馆发展数据显示，在藏书总量上，小学的年度藏书均值最大，其次是普通初中，再次是普通高中。学生从小学阶段发展到高中，原本的规律是认知能力和阅读需求量呈逐年提升的趋势，但在广西各学段学校的藏书量上，却是折半式萎缩，这种不符合常理的现象可能与素质教育改革不到位有关。另外，2010—2013 年广西学校图书馆总藏书增量与增幅，与 2017 年单年度数据对照，也出现与常理相左的现象，即 2010—2013 年四整年积累的藏书增量值不如 2017 年单个年份的增长量大，而且四年增量不及 2017 年单年增量的一半，年度增量不均衡现象最突出的是小学，对于广西小学图书馆，2017 年单年藏书增长量接近四年总增量的五倍。广西初高中藏书量跨年增幅差别也较大（广西教育厅网站上公布的教育事业统计简报）。上述状况让人产出下列疑问：中小学生文献借阅需求是否在2017年及其之后才格外旺盛呢？2017年前非评估、核查等的一般年份，学校师生是否就不需要获取最新、优秀图书用于充实教学、提高教学科研水平，或是丰富课外阅读了呢？这样突击式的文献资源建设方式完全不符合专业化文献建设工作的相关要求，因此也不禁让人质疑广西中小学校图书馆存在与建设的目的和着眼点究竟在哪。

城乡中小学图书馆生均藏书量在不同学段上有所差别，普通高中大于普通初中，又大于普通小学。但与上述指标类似，这三类学校都出现跨年度生均图书增长率很不均衡的现象，2010—2013年普通高中生均藏书量缩减了0.1册，而2017年单年生均藏书增量达2.5册。在这两个时间段中，前者的小学和初中图书馆生均藏书增长量不及2017年单年增量的一半（广西教育厅网站上公布的教育事业统计简报）。这也让人发出与上文类似的质疑。

另外，2003年版《中小学图书馆（室）规程》在其附表中指出，一二类高中生均最低藏书量分别是50册和35册，一二类初中为40册和25册，一二类小学为30册和15册。比照表4-3，2017年普通高中生均藏书册数均未达到2003年版《中小学图书馆（室）规程》的最低要求，并且距离达标仍有较大的差距；而在最近五年内，普通初中和小学生均藏书量达到并少许超越了国家要求的二类标准，接近但未达到一类标准。对比这六年广西中小学图书馆生均藏书量平均值可知，仅有小学图书馆达到了国家二类标准，普通初中接近但未达到国家最低标准，普通高中生均藏书量距离国家最低标准在7册以上（广西教育厅网站上公布的教育事业统计简报）。另外，这三类学校的生均藏书量全部未达到国家一类标准，而且差距全部在10册以上（广西教育厅网站上公布的教育事业统计简报）。2018年版《中小学图书馆（室）规程》的相关要求更高，对高中、初中和小学生均藏书量的要求分别是45册、35册和25册，结合广西城乡普通中学生均藏书量35册并考虑其发展需求，在学生规模相对稳定的前提下各校需深挖购书、藏书潜力，更好地贴合、满足学校师生的文献信息需求，从整体上提升学校图书馆藏书的富集度、质量及其服务能力。总之，广西学校图书馆生均藏书量达标程度普遍较薄弱，但在各学段和各类型学校中，小学图书馆馆藏建设最能达到或接近标准水平，普通高中图书馆馆藏建设最薄弱，距离达到乃至赶超标准水平还有很长的道路要走。

表 4-4 将广西城乡中学图书馆藏书量水平与国内部分省份进行了比较和分析说明，其比较对象必须是在各自教育厅网站能查询到相关数据的省级区划，以便读者更加了解、理解广西学校图书馆事业发展现状，明确广西学校图书馆事业发展状况在各地区发展中所处地位和水平。由于此处比较并未考虑各省级区划面积、人口、学校总量等因素，因此仅作为简单比照与参考。

表 4-4　2017 年广西与其他省级行政区划的中学（包括生均）藏书状况对比

地区	学校总藏书量（万册）	生均藏书量（册）	生均藏书量与广西的差距（册）
广西壮族自治区	10 520.2	35	0
云南省	8 438.2	31	4
山东省	20 371.2	41.2	–6.2
北京市	3 008.1	57.6	–22.6
福建省	7 490	41.9	–6.9
浙江省	11 886	51	–16
广东省	34 782	49.7	–14.7

资料来源：此表格是根据广西教育厅便民服务模块、北京市政务数据资源网、浙江省教育厅、广东省教育厅阳光政务平台、福建省教育厅、山东省教育厅和云南教育网等来源的数据计算、整合而成的，其中福建省总藏书及生均藏书数据仅有 2016 年而无 2017 年统计数据、云南省仅有 2018 年初中生均藏书数据并无高中数据（此处仅用 2018 年学生数和初中生均藏书数推算高中），利用相邻年份数据权作初步比对，部分省份并无高中初中相统合的普通中学统计数据，是由作者根据它们总藏书量和在校学生总量核算得出的。

由表 4-4 可知，在教育行政部门的长期建设、管理和支持下，广西中学图书馆文献体系已经具备一定的规模，生均藏书量已有一定基础，优于全国少数几个省份，却被我国多数省级行政区划（直辖市、区、生产建设兵团）甩在身后，即远远落后于国内中等或较发达省级行政区划，这与经济发展总量与社会发展速度等指标在全国排位大致相同。结合国家政策和实际需求，广西必须在各地级市大力倡导中小学生阅读，继续充实、提升各地各学校的办学条件，着力建设好学校图书馆和做好校园阅读推广工作，并且要凝神聚力，多向其他省级行政区划学习、借鉴，争取实现迎头赶超。当然，仅简单凭借已有文献中的数据及其描述性分析，本研究过程及其结果的科学性、说服力和可靠性都较有限。因此，下文主要利用本研究团队实地收集的第一手实证调研数据，同时结合以往官方统计数据进行深入分析，以便说明问题，取得研究结论。

第五章

中学生阅读发展的现状

本章主要梳理和归纳国内中学生阅读状况和阅读事业的发展现状，并介绍我国现有针对未成年人的阅读推广举措。

5.1 国内中学生阅读发展的现状

相关调研显示，在阅读领域，国内多个城市被访初中生的传统阅读（特别是图书馆阅读）状况和习惯不佳，处于完全未开发或萌芽发展阶段，并且趋同性明显，此状况与学生主客观多个因素有直接且紧密联系。同时，绝大多数初中生甚至无法将课内知识学习与图书、图书馆及课内外阅读等因素相关联。实际上，绝大多数国内外相关研究都显示图书馆阅读乃至普通课外阅读与课内知识学习存在紧密关系，课外阅读行为有利于提升学生的阅读兴趣、阅读能力与阅读投人，甚至能提升其信息利用、与人合作等能力，即能够帮助学生提升个人综合素质，而且多数相关实证型研究也证实课外阅读行为能对学生学习产生积极作用并且有利于提升学生课业成绩。

相关调研结果显示，父母的阅读习惯与他们对其子女进行课外阅读的态度两个变量对初中生的阅读态度、行为均有显著性影响，同时学生的年级层次也显著性地影响学生的阅读动机、习惯、校内学习态度等变量。

5.1.1 我国国民（包括未成年人）阅读发展概况

2019 年 4 月，中国新闻出版研究院发布的第十六次全国国民阅读调查结果显示，未成年人有声阅读继续较快增长，成为国民阅读新增长点，移动有声 App 平台已成为听书的主流选择。调查显示，2018 年 0~17 周岁未成年人图书阅读率下降 80.4%，相比 2017 年下降 4.4%：9~13 周岁少儿图书阅读率为 96.3%，比 2017 年提升了 3.1%；14~17 周岁青少年图书阅读率为 86.4%，比 2017 年下降 4%。在阅读量上，2018 年 14~17 周岁未成年人课外阅读量最大，即 11.56 册；9~13 周岁少儿人均全年图书阅读量为 9.49 册，0~17 周岁未成年人全年人均图书阅读量为 8.91 册，比 2017 年的 8.81 本增加 0.1 册。

2018年，我国成年国民各种媒介综合阅读率（包括数字出版物）为80.8%，较2017年有所提升；成年国民图书阅读率为59.0%，人均图书阅读量较平稳，2018年纸质人均阅读量为4.67册。尽管近年来我国通过阅读推广政策和举措，使国民图书阅读册数稳中有升，但我国的数据仍低于一些发达国家水平：统计数据显示，北欧国家国民每年人均阅读图书为24册左右，美国国民每年人均为7册，韩国国民每年人均为11册，日本和法国国民每年人均为8.4册左右。

另外，我国成年国民每年人均电子书阅读量为3.32册（较2017年增加0.2册），纸质报刊阅读量持续下滑；在阅读纸质媒介读物方面，成年国民阅读图书时间最长，人均每天19.81分钟，有12.3%的国民平均每天阅读图书1小时以上。这里也可用数字和事实证明阅读推广工作在全社会形成的显著影响：1999—2005年我国国民图书阅读量呈连续下降趋势，但自2006年开展全民阅读活动以来，国民阅读状况逐步改善，2013年我国成年国民各种媒介综合阅读率为76.7%，其中图书阅读率为57.8%。

再比照国内外城镇居民图书馆办证率：国内领先的“图书馆之城”深圳市图书馆办证率为10%，而美国图书馆办证国民率为65%，其中洛杉矶市达到80%，这种差距在一定程度上反映了我国的一些国民没有养成阅读习惯。另外，地区性调研也显示我国成年国民的阅读需求很弱，而且他们的（阅读）需求、行为乃至精神成长水平已出现明显的区分度。王惠（2004）的实证研究划分了当代学生读者的层次，她利用问卷调查和访谈法发现海口市青少年学生阅读活动总量降低，并且可根据课余活动方式将青少年学生划分为读者、观众和网络漫游者三类，对于这三类不同阅读状况的青少年学生，其理想追求、价值观念、阅读方式、审美情感和人格趣味等也存在较大差别（差别度逐一变弱），但在休闲和交往方式上差异不大。2013年，共青团上海市委员会和上海市新闻出版局发布了《上海市青少年阅读状况调查分析报告》，该报告指出，“无论是纸质读物还是数字读物，青少年的消费水平都要高于市民的平均水平……被调查者所阅读的（纸质或数字）图书的主要来源，居于前四位的分别是‘自行购买’‘图书馆借阅’‘免费数字阅读’‘向他人借阅’”，此结果与2013年主要针对成年人的“上海市民阅读调查”排名完全相同。对重庆市未成年人课外阅读爱好的研究证明，绝大多数人喜欢课外阅读，图书是他们最喜爱的文献类型，但该研究也发现对各类图书馆利用不足的问题。总之我国中小学生和成年国民总体阅读状况都不令人满意，无论是国民年度平均读书总量还是图书馆办证率都不高，为了在整体上提升我国文化软实力和国民的创新创造能力，必须进一步重视和加强推进面向民众的阅读推广工作，特别是确保各类型图书馆在我国阅读事业中起到应有作用，获得较大的显示度和影响力。中学生的可塑性、潜力和社会带动能力都较强，可谓阅读推广工作的重中之重。

5.1.2 国内中学生阅读发展特点

5.1.2.1 中学生读者阅读功利化

当前不少家长、教师等在引导中学生阅读时功利性很强，片面地认为中学阶段广泛、大量的阅读无法对中学生的成绩带来很大益处，从而采取“缺啥补啥”的功利性阅读策略，这就会影响中学生阅读兴趣和阅读习惯的养成，可能也会对其个人偏好和思想观念的形成产生负面作用。有关全民阅读的官方研究指出，目前国内大多学校教育不重视真正的阅读，多数学生未在主观上感受到阅读所带来的快乐，而是轻视甚至厌恶阅读；不少未成年人未得到阅读的滋养就过早步入社会。这些处于成长期的未成年人，如果不能接受科学的阅读引导并养成良好的阅读习惯，会非常可惜。中学生的主要活动范围是校园，在中学生阅读引导方面，学校作为育人机构和育人责任主体应发挥更加积极的作用，以便中学生各方面素质得以全面发展。2011 年，刘志永利用第八次国民阅读调研数据分析得出，对照 9~13 周岁的学生，任课教师对 14~17 周岁的学生的课外阅读行为支持率降低，而反对率明显提升，其中主要原因是在现有教育评估机制下升学率优先、其他活动让位的错误观念。林频（2010）、邹华华（2010）、杨柳（2011）与刘敏（2012）以问卷调研为主要实证研究方式，确认和验证了国内中学生存在课外阅读问题，而导致该问题的关键原因是学生课业负担沉重，功利性学习和阅读占据了其大量课余时间。目前这种功利性阅读在乡镇农村地区表现得尤其明显，已成为开展阅读活动的主因，而在都市或相对发达的地区，中学生读者阅读动机则倾向于惯性与兴趣引导。

5.1.2.2 中学生读者的阅读行为主流为“轻阅读”

在全媒体时代，中学生在其早期家庭教育中就深受图画、视频等数字媒体的影响，因为简便且新型的认知模式早已被大脑接受，所以更倾向甚至成瘾于通过形象化媒体的方式接收信息。有专家调研得出，无论性别，中学生普遍对阅读二三十万字的文学作品感到吃力，但口袋书、卡通漫画和其他快餐读物却备受追捧，“重读图轻读文”的倾向很明显，另外这些受欢迎的读物以娱乐、消遣功能的“轻阅读”为主，纯文字“大部头”读物则被束之高阁、无人问津，严肃、经典式、成长型阅读凤毛麟角。

“轻阅读”读物被青睐可能有两方面原因：一是中学生仍有孩童心理与认知惯性，简单读物容易吸引其注意力；二是中学生日常课业压力过于繁重，造成他们通过“轻阅读”读物来放松自我、获得精神慰藉。但“轻阅读”读物不宜成为主要阅读对象和目标，因为这类读物的思想性、人文性、社会性和科学性等有限，无法促进中学生思想水平与鉴赏品味的提升，还会妨碍中学生提高理解与写作能力，这些都值得我国教育行政相关人员、图书馆员和研究者等予以关注、思考、深入研究和开展管理实践。

5.1.2.3　中学生读者的阅读面狭窄且深度有限

目前在各类文学类作品中，中学生以借阅科幻类、玄幻类、言情类和武侠类畅销书为主，但这类读物的大部分内容重复而少有助益，因此转移学生阅读方向和对象也是相关学者及实践者面临的较大且较难的课题。蒋蓉（2003）利用定量实证研究方法调研了长沙市和永州市八所学校的少年群体样本，她发现这些学生普遍具备较好的课外阅读基础，教师、家长大都愈加重视学生的课外阅读并能给予支持，但其课外阅读存在阅读习惯欠佳、阅读内容需调整、信息能力有待加强等问题，为解决这些问题，她建议创设阅读条件、加大指导力度和更新教育观念等。

事实上，广泛、深入的阅读也与学生的阅读能力和成绩有关，2009 年 PISA 阅读测验成绩数据显示，比起没有任何阅读兴趣的学生，喜爱读小说学生的兴趣水平与取得更高的阅读测验成绩呈显著性正相关关系，而喜爱读漫画学生的兴趣水平与阅读测试成绩无显著性相关或呈负相关关系；另外，广泛参与在线阅读的学生群体的成绩，一般也好于无网络阅读的学生群体。

5.1.2.4　不同地域（特别是城乡）中学生读者的课外阅读差异大

薛天（2013）通过参与全国少儿阅读调查中湖南组调查活动，以论文的形式反映了湖南省城乡少儿阅读状况：该省少儿普遍热爱阅读，绝大多数少儿读者对阅读认知较正面，但阅读内容总体类似；城区少儿阅读量稍大于乡镇，而且城区少儿读者的阅读意识和兴趣水平更高，乡镇少儿的阅读多与学业有关，即利用阅读来解决学习等功利性问题。另外，城区少儿的社会、家庭阅读条件环境都更优越，特别是城区少儿家长更注重培养其阅读习惯与阅读能力。

因此，掌握和理解了上述特征就能帮助图书馆管理员和行政人员更好地理解服务、教育的对象群体的认知能力与心理压力等心理状况，在提供服务空间、资源、设施设备等方面更具针对性、实用性和科学性，使资金等本就稀缺的教育资源得到更合理、充分的规划和利用。

5.2　我国现有针对未成年人的阅读推广举措

事实上，我国已经就图书馆未成年人服务提出了具体要求，相关法律、标准和规范等，包括 2018 年由国家市场监督管理总局和中国国家标准化管理委员会共同发布的《公共图书馆少年儿童服务规范》（标准号 GB/T 36720-2018），其用国家标准的形式对图书馆服务的质量和最低限度做出规定；一般性的图书馆标准有 2011 年发布的《公共图书馆服务规范》（标准号 GB/T 28220-2011）、2015 年发布的《图书馆参考咨询服务规范》（标准号 WH/T 71-2015）、《公共图书馆评估指标　第 1 部分：省级公共图书馆》（标准号 WH/T70.1-2015）、《公共图书评估指标　第 4 部分：省级少年儿童图书馆》（标准号 WH/T70.4-2015）等；另有被列入国家标准化管理委员会的《公共图书馆少年儿童服务规范》（标准号 GB/T 36720-2018），各地方也发布了一系列相关标准。

2013 年全国“两会”期间，百余名代表委员联名正式提案将全民阅读立法，并将其上升为可实施的国家战略。2017 年 3 月，我国开始实施《中华人民共和国公共文化服务保障法》，该法第九条规定：“各级人民政府应当根据未成年人……群体的特点和需求，提供相应的公共文化服务。”第十条规定：“国家鼓励和支持公共文化服务与学校教育相结合，充分发挥公共文化服务的社会教育功能，提高青少年思想道德素质和科学文化素质。”另外，该法的落地与推行在一定程度上解决了公共文化服务在各地区间、城乡间和不同群体间发展不平衡问题，这是因为该法的基本方针是在推进国家公共文化事业均衡发展的过程中消除人群差距。显然国内还未出台针对学校图书馆机构的各级标准，学校图书馆只能参照少年儿童图书馆等的做法开展资源提供和信息服务，由于其他机构的标准并非专指化且完全适用的标准，因此所能规范和要求的力度也很弱。

《公共图书馆服务规范》第四部分“总则”指出：“公共图书馆服务对象包括所有公众。应当注重培养少年儿童的阅读习惯。”《公共图书馆少年儿童服务规范》第四部分“总则”也指出：“公共图书馆少年儿童服务应……保障和实现少年儿童平等获取公共图书馆服务的权益，不受年龄、种族、性别……的限制……应遵循分级服务的原则，根据不同年龄段的少年儿童心理和生理发育水平，提供不同形式及特点的专业性服务。”这说明我国在一定程度上开始重视少儿的权利与权益问题，相关标准规范等也已与国际接轨，但是能否真正落地还要看具体投入等举措的贯彻、实施及其影响力状况。

在国家、地区或行业范畴采取的阅读推广方针、政策上，2006 年至今，我国对青少年阅读推广活动的支持力度较大，据不完全统计，全国有 31 个省级行政区划都有属于本地区的读书活动，400 多个城市及部分农村地区开展了“阅读日”“读书月”和“读书节”等活动；2013 年中国图书馆学会联合国家图书馆，以及各地公共图书馆、少儿图书馆和学校图书馆共同组织开展“2013 全国少年儿童阅读年”系列活动，这些活动提升了阅读推广服务在社会生活中的可见度，促进了未成年人的健康、全面发展。

2017 年 6 月经国务院法制办审议通过,《全民阅读促进条例（草案)》于当月起实行。该条例指出：“各级人民政府应当加强……公共图书馆、中小学图书馆（室)、农家书屋……社区书屋、流动站点、公共阅报栏（屏）以及基层综合文化中心等全民阅读设施建设并健全管理服务制度。”该条例还指出：“公共图书馆、中小学图书馆（室)、农家书屋……社区书屋、基层综合文化中心、公共阅报栏（屏）等全民阅读设施管理应当保障和满足公众的基本阅读需求，有条件，应当提供多语种、多种载体的文献借阅服务和一般性的咨询服务，组织开展阅读活动和指导培训。”另外，“国家鼓励和支持学校图书馆（室）……民办非企业阅读场所及其他阅读设施承担或者参与全民阅读服务……国务院教育行政部门在推进实施素质教育过程中，应当根据未成年人身心发展状况和实际情况，加强培养其阅读兴趣、阅读习惯和阅读能力……国家鼓励中小学加强书香校园文化建设，加强校园阅读设施建设，完善相关建设标准……开展多种形式的校园阅读活动”。有了国家政府的引领，多个省（如吉林省、贵州省等）、地级市（如烟台市、宁波市等）随后发布了相关促进办法和促进条例等，这在一定程度上带动了各地的阅读风气和潮流。上述国家方针政策虽然具备了明显的引导性，但缺乏投入举措与对评价指标的硬性要求，特别缺乏专项资金投入与人员培养培训项目，以致这些政策的客观性和可行性都有一定欠缺。另外，由于目前该领域政府细化的统计资料和民间学术性调研匮乏（或不公开），包括广西在内的很多省市中学图书馆是否真正建立，它们的运营状况、建设水平、读者满意度和影响力状况大都处于黑箱状态，目前政府或民间相关研究也很少对广西城区中学图书馆做过系统公开的考察、梳理和评价，同时根据我国教育发展和教育资源分布不均衡状况（来自国家教育事业发展“十三五”规划通知），乡镇、农村等地区中学图书馆状况不容乐观，预估绝大多数图书馆（特别是有效的图书馆）根本不存在，因此可能少量存在的研究对象不列入本研究的关注范围。

从民间角度讲，以梅子涵、曹文轩、朱自强等老师为代表的儿童文学研究和创作者，一直在努力推动儿童文学创作及其研究。2002 年 4 月，阿甲和萝卜探长兄弟创办了红泥巴读书俱乐部，其诞生意味着我国有了真正意义上的儿童阅读推广机构。之后，全国又出现众多以亲子阅读为核心业务的公益机构。在学校阅读推广领域，有亲近母语实验和新教育实验作为儿童阅读推动力量，并且在朱永新的倡导下，新教育实验迅猛发展，其核心项目就是建设书香校园。2006 年 8 月，“毛虫和蝴蝶”新教育儿童阶梯阅读项目创立，旨在寻找特定年龄段最适宜的童书。另外，在此基础上发展起来的新阅读研究所和萤火虫亲子共读项目分别以书目研发和亲子阅读为核心业务。

第六章

中学图书馆（室）经费等投入及管理

本章将介绍中学图书馆研究所有合成指标，它们是由本研究调查问卷中多个变量计算出来的结果，用以集中说明某一问题。

6.1　中学图书馆（室）经费投入

6.1.1　中学图书馆（室）经费投入的专门理论规范与已有研究

有关学校图书馆经费，我们首先收集和列举了直接相关的理论、规范性文本及已有研究，以便为此部分研究提供参考与启示。杜定友先生在其专题著作中明确两点：图书是学校内必需的东西，所以无论经费怎样困难，都要设法办理；图书馆的建设，不是一天就可以成功的，一时虽然经费不足，但是仍可以日求进步，日益扩充。1999 年，IFLA 和 UNESCO 发布了《全民教育中的中小学图书馆——中小学图书馆宣言》，指出学校图书馆应得到专门的立法和政策支持，这是地方、区域以及国家当局的职责；学校图书馆必须拥有充足且持续的资金，以用于受训人员、资料、技术和设施的支出；学校图书馆必须免费开放。在特别确认了上级拨付的资金支持后，2015 年 IFLA 修订的《学校图书馆指南》（第 2 版）指出，为了确保学校图书馆教学和信息基础所需要的资金及其流动性，图书馆需要根据当地实际情况进行适当的预算分配，预算开支应与学校图书馆的校级政策框架相关，应反映对学校、教师和职员发展的投入，如此界定明确了学校图书馆安排、分配相关资金的决定性因素与遵循原则。另外，在已有中英文研究成果的基础上发现，马来西亚私立学校的图书馆经费也大都欠缺，但其经费来源已拓展到校务、收取学生图书费、获得家长的联合支持和相关协会支持等渠道，显然即使没有政府支持，它们的筹款渠道也比国内更为丰富，从而能在一定程度上更好地保障图书馆的创建、生存和发展。2009—2010 年对陕西省 3 000 多所学校图书馆的调研显示，同一地区内办馆状况的城乡差距、所属学校重点与否、县城市域差距都很大，而且差距有进一步拉大的趋势。Cicchetti（2015）在其教育学博士学位论文中较深入地研究了传统中学图书馆向学习共享空间服务模式的转化，他对三位中学图书馆员进行了访谈并对其内容进行了定性分析，他认为所属图书馆都已成功地完成了此转化，成功过渡的标志在于减少和重组藏书以增大协作活动空间，并且在服务上更注重能触发学生阅读兴趣的电子书；通过定性分析还归纳出影响成功转型的多个变量，如学校校长等的支持、教育技术、课程发展、预算、人员等。

根据国内外相关研究可知，我国学校图书馆（室）资金短缺状况不仅在西部或民族地区如此，目前我国普遍存在教育经费短缺状况，这种情况持续存在会进一步影响我国学校图书馆事业的发展，也会继续拉大与国际学校图书馆上中等水准的差距。从根源上看，这种状况非常不利于我国文化自信和全民阅读习惯的建立与巩固，更加无法支持我国建设文化强国和增强中华文化的吸引力与影响力。因此，我们必须及时认清我国各地区学校图书馆（室）的发展现状，采取强有力的措施推动其发展。

6.1.2 中学图书馆（室）经费投入和购书频率统计分析

广西城区中学图书馆资金投入及其分配问题是我们对中学图书馆研究的重心。根据调研（见附录 D），我们得出被访中学的下列描述性分析结果。由 A10a 题项答案统计可知，2016 年校均教育装备总经费为 1 298 459.22 元，此指标标准差值为 4 919 949.04 元，其标准差值超过总经费平均值三倍，这说明 2016 年被访学校之间的教育装备总经费差异很大；教育装备总经费中位数为 300 000 元，而学校均值超过 1 000 000 元，这说明 2016 年大部分学校拥有的此项经费仍较少，仅有个别学校拥有高额经费以致拉高了校均经费值。数据显示，此项经费最少的学校年度经费值为 0，经费最多的学校年度经费为 52 538 308.3 元。

从教育装备经费包含的图书采购费指标（A10b 题项答案）看，校均值为 161 317.89 元，标准差值为 372 468.12 元，由此可见 2016 年校际间图书采购费差异仍然很大，标准差值超过了平均值的两倍，但校际差异已远小于教育装备总经费指标。2016 年各校图书采购费中位数为 22 692.48 元，而均值超过 150 000 元，这同样说明大多数学校的图书采购费较有限，仅个别学校拥有高额经费以致将此指标校均经费值拉高。数据显示，经费最少的学校年度经费为 0，经费最多的学校年度经费为 2 893 939 元。

根据A9a题项的答案数据统计分析可知，2017年校均教育装备总经费为1 359 630.17元，标准差值为3 207 377.13元，标准差值是总经费平均值两倍但不足三倍，这说明2017年被访学校间的教育装备总经费差异仍然很大，但对照2016年的指标值，其不均衡程度已有较明显的改善；教育装备总经费中位数是450 000元，而校均值超过1 300 000元，这说明大部分学校此项经费仍然较少，有个别学校拥有高额经费以致将校均经费值拉高。数据显示，此项经费最少的学校经费值为0，最多的年度经费为27 000 000元。2017年教育装备经费中财政投入（A9b题项答案）各校均值为1 260 419.77元，标准差值为3 171 767.06元，标准差值是平均值的两到三倍，这说明教育装备中财政投入经费差距很大；该指标中位数为300 671.5元，而其均值超过126万元，这说明多数学校的财政投入教育装备经费很少，该指标平均值被少数投入很高的学校拉高。教育装备经费中各校自筹经费（A9c题项答案）均值为66 599.19元，其标准差值为299 204.65元，也是均值4~5倍的水平，此处校际差异是上述2016—2017年经费指标中最大的，其中位数为0，平均值则超过60 000元，即在2017年大多数被访学校自筹教育装备经费为0，只有个别学校（包括零星私立学校）自筹了较可观的教育装备经费，此自筹经费最大值为3 000 000元。

从2017年教育装备经费包含的图书采购费指标（D2a题项答案）看，校均值为273 524.51元，标准差值为566 853.36元，相比2016年的指标值（A10b题项答案），2017年各校图书采购经费普遍大幅提升，但校际间的图书采购费差异仍然很大，标准差值超过了平均值的两倍，较2016年改善幅度不大，校际均衡工作仍任重道远。2017年各校图书采购费中位数为49 500元，均值则超过270 000元，这说明大多数学校拥有少量的图书采购费，仅有个别学校的高额经费将校均经费值拉高。数据显示，此项经费最少的学校年度经费值为0，最多的学校则达到3 477 968.7元。2017年图书采购费包括纸质图书、期刊报纸和数字资源采购经费三部分，纸质图书采购费（D2b题项答案）平均值为230 945.16元，标准差值为513 229.01元，此值接近平均值两倍，这说明各校在纸质图书采购费上的差异仍然较大，但已经优于2016年和2017年的状况，其中获得最多纸质图书采购经费的学校所得总经费达到3 477 968.7元。2017年期刊报纸采购费（D2c题项答案）平均值为32 431.29元，标准差值为43 016.76元，虽然此项指标的校际差距相对较小，但也可能说明，基于学校需求和期刊报纸定价，期刊报纸采购费普遍少于纸质图书采购费。2017 年数字资源采购费（D2d 题项答案）平均值为 1 493 元，其标准差值为 10 080.83 元，此值超过平均值 6.75 倍，这说明广西城区中学图书馆数字资源采购尚未形成可观规模，其相关费用远远低于纸质图书和期刊报纸等媒体形式，而且校标间的数字资源采购费差异极大，其差距水平已远超出 2016—2017 年图书采购经费各校际差距水平，2017 年数字资源采购经费指标最高的中学达到 120 000 元，而绝大部分学校的此指标投入常年为 0，这初步说明了数字资源采购普遍未得到广西中学的重视并加以投入，一般中学的数字资源处于空缺或极有限的状态。

有研究者发现，上述所有指标的众数都为 0，即对于大多数城区中学及其图书馆来讲，2016—2017 年根本不存在教育装备资源投入和建设问题，更遑论图书采购、编目等具体业务工作。事实上，集中在特定的年份进行大量采购，而在部分年份完全不考虑此工作的状况很不正常，理由是在目前适用的信息资源建设理论体系中，建设工作须遵循的四大原则之一就是系统性原则，而系统性原则由三个客观因素决定，即信息资源自身的连续性（丛书丛刊、多卷书等）、读者需求的系统性（如需求时效性强，或者需要循序渐进地阅读资料等）以及保存和传递的系统性。因此，系统性原则要求完整、系统地收集特定专题文献，购买包括多卷书等在内的连续出版物时更不能随意中断，各类型资源间须有合理的比例。根据上述专业化要求，在单年内突击式大量采购的文献资源建设方式并非科学、合理的工作方式，并且不能完全保证文献资源的质量（特别是时效性），应向高校、公共图书馆资源建设工作学习和看齐，尽可能逐步做到常年进行、常态化开展，这也是专业化、现代化图书馆应出色完成的基本业务工作。

购书频率由于直接与相关投资关联，并且考虑到章节平衡所需，因此不将其放入下文的文献信息资源建设部分，而在此处进行集中分析、探究。在购书频率方面，被访学校平均每年购书（D4 题项答案）约 0.86 次，标准差 1.02 次，年购书频次最大的学校达到 12 次，该指标的众数和中位数都为 1，这说明大多数被访中学能够基本实现或接近整年购买（接受调拨）一次图书。虽然该问卷自填购书频率的结果相对令人满意，但它并非单一且能完全保障客观性的指标，基于上述所列的每年图书采购经费和教育装备总经费数据，参考生均藏书量指标，广西城区中学图书馆的经费投入和购书频率状况不容乐观。

6.2　中学图书馆（室）场地设施投入与管理

6.2.1　中学图书馆（室）场地设施的国家和专业要求以及现有相关研究成果

场地设备是学校图书馆正常开展工作的物质条件，是学校图书馆（室）不可或缺的重要组成部分，它们对资源建设工作、读者工作等都发挥着重要作用，同时更是学校师生借阅资料、开展教学教研及交流活动的公共场所，是课堂的延伸与高层次拓展。根据我国2018年版《中小学图书馆（室）规程》和《中小学校设计规范》（GB50099-2011）的规定，中学图书馆（室）应包括教师与学生阅览室、书库、编目及整修工作室、借书和读者活动空间等。

确保未成年人安全是开展图书馆未成年人服务的前提，而安全性服务原则也是该项服务强调的一项基本原则。中学图书馆面对的初高中生大都处于青少年阶段，他们喜动爱尝试，容易出现安全问题，一旦他们出现安全问题，往往会十分复杂和紧迫。因为安全对青少年的成长具有重大意义，如果在其成长过程中因为意外事故受伤致残，会对其生理、心理造成巨大打击，甚至影响其毕生发展。因此，除去通过《中小学图书馆（室）规程》规定中学图书馆的必要构成、建设标准和生均面积外，教育部还颁布了《城市普通中小学校校舍建设标准》，其中明确了中学图书馆用房是校舍用房的组成部分之一，并明确了防火、防水、防电、防滑、防潮、防虫和防尘要求，且对于各校的校园安全，各地区都有较严格且明确要求。

由于中学图书馆的文献属于国家、学校的文化资源和财产，是图书馆为读者服务、发挥其社会效益的根据和基础，因此图书馆管理员必须尽可能保管好各类文献。这也是继承、保护文化成果和遗产的需要，没有馆藏保护工作或未做好馆藏保护工作就谈不上发挥图书馆的效能，管理员应尽可能延长馆藏的使用寿命并充分发挥其作用。“防火是藏书保护的首要任务。为此，图书馆必须建立切实可行的消防制度……要经常检查电源线路……在书库的主要通道口安置消防设备，并有专人负责检查”。图书馆防火应“以防为主，以消为辅”，必须严格规定并执行防火安全管理制度。同时，图书馆管理员要经常对书库进行打扫和吸尘，书库里灰尘弥漫也会损害纸张，而且尘土与潮湿的空气凝结，会给害虫和霉菌创造生长条件；无空调设备的图书馆要根据书库内外温度变化，利用自然通风调节书库的温湿度，书库内不要安装洗手、拖把池或有排水管道通过，这些在南方地区尤其关键，要防止馆藏受潮发霉；利用建筑构造或遮阳设备防止强光射入书库，造成纸张变脆、发黄等老化现象，避免造成装订线（钉等）失效脱落、断线散页；建立书刊消毒制度，若有生物破坏（虫蛀、鼠咬等）的图书馆要采取措施进行防治，防止蔓延；对于电磁质视听资料，在注意物理保护的同时，还要防止外界电磁场的干扰。

美国某教育学博士学位论文探讨了学校图书馆技术服务自动化的促进因素，该论文作者从 6 000 位学校媒体专家中按规模分层，随机抽取了大约 550 个人员样本并回收到 330 份问卷，问卷数据显示所有图书馆服务中自动化程度最高的是文献流通功能，三大影响变量中影响最低的是规模，规模大的学校比中小规模学校的自动化程度高；影响居中的是硬件配置；影响最大的是各种资金来源，资金来源越丰富自动化程度越高。另外，媒体专家对自动化的支持态度也是其发展因素之一。我国教育部等相关部门经调研发现，在 169 所被访学校中，小学和高中各有一所没有图书馆，高中、初中和小学图书馆馆舍面积达到示范图书馆标准的比例分别为 10%、18% 和 50%，另外多数中小学图书馆办公家具可移动性差，缺乏适宜的环境设计布置，不适于开展阅读推广、教学活动和探究式学习研究。由此可见，整体上全国学校图书馆的场地、设施现况都令人担忧，亟须加强整改。2015 年广西教育厅对全区 12 个社区市开展了问卷调研，其 290 份有效问卷显示：250 所学校（占比 86.21%）已拥有图书馆（室）的功能用房，超出了其他功能用房（如体育器材室、理化生实验室、心理咨询室等）位列第一。在经费投入上，学校图书馆（室）的主要来源为自治区、地级市与县级调拨投入，而社会捐助等资金来源只占极小部分。另外，通过调研广西中越边境 6 所初中发现，按照 2003 年版《中小学图书馆（室）规程》的要求，它们藏书的基本达标率（二类标准配备要求）约为 33.33%，图书缺口为 12.5 册 / 人，平均每所学校报纸期刊种类缺口 26.67 种，校均工具书、教学参考书缺口 116.17 种，工具书等类型图书的缺口突出，而且该地区初中的藏书复本量偏高、图书更新率很低。由此可见，除少量学校外，广西中小学图书馆已普遍具备了一定基础，但经费来源还不够丰富和多元化，而且相比其他区域，中越边境中学图书馆建设管理更为薄弱，形势不容乐观。2016 年广东省出版的专著显示，在珠海市 36 所被访中学图书馆中，有 21 所（占比 58.33%）实现了计算机管理，有 15 所（占比 41.67%）处在手工管理阶段，由此可见其图书馆应用管理系统普及度和自动化水平都较低，而且在这 21 所实现了计算机管理的中学图书馆中，大多利用的是商业开发的集成管理系统，更新频率低，少数中学图书馆所应用的自主开发系统存在格式不标准、模块不完整和使用不流畅等问题，这种状况非常不利于中学图书馆提升管理效率和开展资源共享。在另一项关于北京市学校图书馆的调研中可以发现，利用自动化软件实现管理的学校占比 46%，被访学校使用清大新洋软件的最多，占比 26.5%，其次为北京华夏网信科技有限公司的中国专业图书馆网软件，占比 20%，由此可见各校所利用的软件品牌集中度较高。

学校图书馆添置和利用大量必要的现代化设施设备已成为通行且普遍做法，它们也被视为学校及其图书馆现代化、数字化、网络化水平以及整体财力水平的直接表征。除了设施设备的选择、购置，学校图书馆还要重视设备利用、人员业务培训、设备维护管理和服务跟踪等方面。

6.2.2 中学图书馆（室）场地调研结果

根据对本研究调查问卷中 C1 题项结果的统计可以发现，203 个有效样本中有 65 所中学图书馆（占比 32%）拥有独立建筑，有 138 所中学图书馆（占比 68%）未拥有独立建筑。这种结果可能意味着不少中学图书馆的空间利用较为紧张，也许做不到上述国家相关规范、标准所要求的细分多个区域和功能室。从基层调研中可知，这也是由不少学校用地和空间紧张的现状造成的，最有效的调整、改善方式是通过本地教育行政部门的监管、督促进行整改，同时在教育行政部门的支持与帮助下利用各种方式扩充可利用的空间，提升空间利用效率。

根据调查问卷 C2a、C2b 和 C2c 三个题项答案可得出下列指标统计分析结果：被访中学图书馆的总面积平均为 836.34 平方米，标准差为 1 588.78 平方米，由此可见校际图书馆总面积还存在较大差距。另外，总面积的中位数和众数都是 300 平方米，由此可见对于一般学校，图书馆（室）的面积非常有限甚至是局促，图书馆面积最小的学校的该指标值是 0，即没有供中学图书馆长期使用和经营的空间，而总面积最大的中学图书馆达到 12 216 平方米，由此可推测出广西城区相当数量的中学图书馆馆舍面积和服务空间达不到国家相关的规范要求，而且作为一项重要的办馆条件，校际图书馆总面积延续了经费投入分布不均衡的状况，存在较大差距。被访中学图书馆书库个数平均为 1.85 个，众数为 1 个，中位数为 2 个，标准差为 1.57 个，同时被访中学图书馆中有些无书库，而某一所中学图书馆的书库总量达到 13 个，由此可见校际差异仍然很大；书库总面积平均为 331.01 平方米，标准差为 436.52 平方米，这说明校际书库面积存在一定差距，其中位数为 200 平方米，该指标值最小的为 0，即不存在书库，而且其众数也是 0，最大值的中学图书馆则达到 3 000 平方米，由此可见多数中学图书馆书库面积仍然很紧张，可以说是为持续生存下去而不断斗争。根据 C3a 和 C3b 题项所得答案可知，被访中学图书馆平均拥有阅览室 1.66 个，标准差为 1.28 个，中位数为 1 个，此指标值最小为 0，最大达到 8 个，由此可见多数中学图书馆拥有至少一间阅览室，但校际阅览室细分程度差别较大；各校阅览室总面积平均为 278.55 平方米，其标准差为 349.15 平方米，该指标中位数为 150.4 平方米，众数为 120 平方米，由此可见中学图书馆阅览室面积一般要小于书库面积，其面积虽小但很多中学图书馆都专门保留了此功能性空间。

6.2.3 中学图书馆（室）设施设备建设调研结果

通过调查问卷中 C3c 题项所收集的数据可知，中学图书馆阅览室等地的座位数量指标的平均值为 137 个，中位数和众数分别为 90 个和 50 个，其标准差为 169.09 个，存在无座位的中学图书馆也存在拥有多达 1 415 个座位的中学图书馆，由此可见中学图书馆中供师生阅览的座位较为可观，从座位数量上看多数中学图书馆至少能容纳下一个班的学生开展阅读活动，此状况与校园现有设施资源紧密相关。

在调查问卷 C5 题项上共获取 203 个有效样本，其中有 171 所学校（占比 84.2%）表示已应用计算机系统管理图书馆，有 32 所学校（占比 15.8%）表示并未应用计算机系统开展管理。在 C7 题项中，即关于图书管理软件版本的问题上，203 份有效问卷中有 39 份（占比 19.2%）问卷缺失此题答案，有 61 所学校（占比 30%，有效百分比为

37.2%）填答了单机版，有 103 所学校（占比 50.7%，有效百分比为 62.8%）填答了网络版。根据上述两题项所得数据及分析结果可知，广西城区大多数中学图书馆已实现计算机管理，有少数学校普及自动化可能仍非常艰难，但无疑是极为迫切的，否则中学图书馆会长期远落后于时代潮流并被进一步边缘化，根本无力吸引多数读者群体并在学校发挥其应有的支撑作用，从而真正沦为可有可无或者纯摆设性的二级机构；在已实现计算机管理的 171 所中学图书馆中，多数中学图书馆利用的图书管理软件是网络版，这种应用状况特别有利于提高单个图书馆的编目效率和解决参考咨询等实际工作中遇到的问题，进而使同行间互通有无，在一定程度上提升各自的专业化水平和工作效率。仅应用单机版管理软件的中学图书馆的有效百分比为 37.2%，这说明进一步促进城区教育装备资源优化利用，特别是图书馆管理领域的现代化、网络化仍有漫长的道路要走。

C8 题项询问了 10 类较专业的设备设施在各被访中学图书馆中的拥有、使用状况，是一道多选题，被访中学图书馆可按自身实际状况选择并填答，也可在“其他设备”后填写汉字说明具备何种设施设备。在 203 份有效问卷中，该题项共计得到 1 025 次响应，平均每个中学图书馆做出了 5 个以上有效选择，其中防火设施共得到 154 次响应（占有效问卷总量的 75.86%），打印设施共得到 140 次响应（占有效问卷总量的 68.97%），图书安全防盗设施共得到 137 次响应（占有效问卷总量的 67.49%），通风设施共得到 126 次响应（占有效问卷总量的 62.07%），图书装订设备共得到 114 次响应（占有效问卷总量的 56.16%），防潮设施共得到 108 次响应（占有效问卷总量的 53.2%），防蛀设施共得到 96 次响应（占有效问卷总量的 47.29%），防霉设施共得到 88 次响应（占有效问卷总量的 43.35%），复印设施共得到 58 次响应（占有效问卷总量的 28.57%），其他设施设备共得到 4 次响应（占有效问卷总量的 1.97%）。由上述数据可知，各被访中学图书馆虽然普遍条件有限，但基本办公设备和较专业的保存保管设施已具备初步基础，当然还需较可观的资金投入并添置、更新相应设施设备，只有这样才能使各中学图书馆基本达到现代化、专业化办馆水平。在上述设施设备中，被访中学图书馆拥有消防装备的比例最高，普及度最高，相信此现象与教育局、学校每年多次强调的安全工作密不可分；其次拥有比例最高的的设施设备分别是打印设施、图书安全防盗设施，这说明基层管理人员大都已具备图书馆文献资源保护意识；再次拥有比例自高到低分别是通风设施、图书装订设备、防潮设施、防蛀设施、防霉设施、复印设施和其他设施，这种数值和排序也比较符合一般意义上的认知，而在“其他设施”处选择和填写的数量比例极低，这一方面说明广西城区中学图书馆总体上设施设备很有限，另一方面说明填写人专业水平和问卷填写耐心程度比较有限。基于相关数据，我们得知广西城区中学图书馆硬件建设仍有较大的提升空间，这意味着未来对设施设备进行专门投入的必要性，如果不具备专业设施设备，中学图书馆甚至是中学就无法实现现代化、规范化和专业化。

6.3 资金等投入管理现状总结、启示及对相关假设的验证

6.3.1 资金等投入管理现状的总结与启示

通过分析上述经费投入统计数据可知，无论是2016—2017年各校的教育装备总经费、2017年教育装备经费中财政投入与自筹经费总额、2016—2017年图书采购总经费，还是2017年各类文献资源采购总经费，校际差异很大是普遍情况，而且大多数被访学校无任何采购经费，仅有极少数重点建设中学、私立高中等具备较充足的相关经费。根据实地非结构化访谈或一般性交流可知，在一般情况下，学校馆藏采购工作并无自主权，绝大多数学校图书馆必须接受本市或本城区的统一调拨，不少学校对此建设方式很不满意，部分学校发现调拨文献存在比较严重的内容与载体两个方面的品质问题（如复本量过大、主题不适宜学生学习阅读、缺漏页等载体质量问题等）。同时，各中学要建设特色校园文化与校本课程，针对不同的学生群体因材施教，客观上也要求建设特色信息资源并使其成为教学科研的有力支撑，这就使恢复或者增强各中学文献资料建设自主权和话语权，成为目前广西城区中学图书馆文献信息资源建设的必然趋势与当务之急。

有关广西城区中学图书馆场馆空间问题，少量中学图书馆出现了无固定、专门的办公、服务空间现象，多数中学图书馆虽具备专门的功能性空间，但在很多情形中，由于房间个数及其空间较小的限制，根本无法再次划分书库、阅览室等主要功能分区。另一

种情况是，虽然具备简单功能分区，但空间局促、条件简陋，一般无力吸引师生在有限的课余时间去图书馆，因此极大地限制了图书馆功能的发挥和影响力的扩大。目前仅有极少量的中学图书馆空间经过扩充、改造，符合国家专业性基本标准和规范要求，能够有效地吸引师生读者。由此可见，在各校场馆空间资源的供应上，大多数中学图书馆达不到国家的基本要求，在现有很狭窄的图书馆空间中，各校差距依旧清晰而明显。总的来讲，广西城区中学图书馆不仅在资金投入、业务开展等方面具备很大的提升空间，而且在办馆的基础性要素——场馆空间上也必须大力扩充、整饬，只有这样才能够切实带给本校师生读者福利，才能够在真正意义上践行依法办学、依法治校的基本要求。

在广西城区中学图书馆设施设备建设方面，大多数中学图书馆仍未实现专业化和现代化，此方面物质条件比较简陋，但经过多年来的发展和经营，各校图书馆已具备部分基本的办公设施设备，但这显然距离专业化标准和国家相关规范要求相去甚远，中学图书馆在建设、健全设施设备，申报经费和项目等方面任重道远。

总之，通过对广西城区中学图书馆的调研可以发现，被访中学和各级行政部门等普遍性地对资金等基本办馆资源投入严重不足。“巧妇难为无米之炊”，想要办好广西乃至全国的中学图书馆，科学、充分、合理且可持续性的投入必不可少，它是有效推动中学图书馆发展、改造和提升办馆水平的直接动能及刺激性因素，也是保障中学图书馆健康生存发展的前提与先决条件。

6.3.2　对资金等投入的相关假设的检验

在本书第二章所提出的 7 个假设中，第 6 条和第 7 条假设与本章内容直接相关，所以此处要依次验证本研究是否肯定这两条假设。

两条假设原文分别是：H6——广西城区中学图书馆的图书采购经费、期刊采购经费、数字资源采购经费与管理员的数量、专业水平和有效工作时间等存在相关关系；H7——广西城区中学图书馆的各类采购经费与读者借阅比率等水平存在相关关系。上述假设经过多重相关性检验可以发现，对应两个变量集合间一个呈现、一个未呈现出统计学意义上的显著性相关关系，因此本研究肯定第一个假设，否定第二个假设。

H6 的相关关系如表 6-1 所示，H7 相关关系如表 6-2。

表 6-1 广西中学图书馆图书采购经费、期刊报纸采购经费、数字资源采购经费与管理员数量等变量间的相关关系

		2017 年图书采购经费	2017 年纸质图书采购经费	2017 年期刊报纸采购经费	2017 年数字资源采购经费	2016 年教装总经费中图书采购费	管理员数量	职称指数	教育程度指数	2015 年春季至今专职管理员参加专业培训总人次	计算机水平指数	平均开馆时间（h/w）	学生课余期间是否开放
2017 年图书采购经费	皮尔逊相关性	1	0.916	0.081	–0.009	0.086	0.071	0.036	0.065	0.045	0.072	0.048	0.029
	Sig.（双尾，下同）		0	0.273	0.900	0.250	0.334	0.626	0.382	0.540	0.334	0.512	0.688
	个案数	188	188	184	188	182	188	184	184	187	184	187	188
2017 年纸质图书采购经费	皮尔逊相关性	0.916	1	0.022	–0.035	0.101	0.063	0.041	0.058	0.055	0.072	0.042	0.072
	Sig.	0		0.768	0.636	0.172	0.393	0.583	0.435	0.451	0.332	0.567	0.325
	个案数	188	189	184	189	183	189	185	184	188	185	188	189
2017 年期刊报纸采购经费	皮尔逊相关性	0.081	0.022	1	0.094	0.060	0.295	0.261	0.293	0.108	0.221	0.011	0.015
	Sig.	0.273	0.768		0.198	0.419	0	0	0	0.139	0.003	0.877	0.839
	个案数	184	184	189	189	182	189	185	185	188	185	188	189
2017 年数字资源采购经费	皮尔逊相关性	–0.009	–0.035	0.094	1	–0.028	0.100	0.136	0.113	0.173	0.110	0.062	0.090
	Sig.	0.900	0.636	0.198		0.699	0.160	0.057	0.115	0.015	0.125	0.384	0.205
	个案数	188	189	189	200	189	200	196	195	199	196	199	200
2016 年教装总经费中图书采购费	皮尔逊相关性	0.086	0.101	0.060	–0.028	1	0.152	0.058	0.122	0.041	0.170	0.032	0.008
	Sig.	0.250	0.172	0.419	0.699		0.035	0.428	0.098	0.570	0.020	0.661	0.918
	个案数	182	183	182	189	191	191	187	186	190	187	190	191
管理员数量	皮尔逊相关性	0.071	0.063	0.295	0.100	0.152	1	0.816	0.919	0.190	0.808	0.164	0.190
	Sig.	0.334	0.393	0	0.160	0.035		0	0	0.007	0	0.020	0.007
	个案数	188	189	189	200	191	203	199	198	202	199	202	203
职称指数	皮尔逊相关性	0.036	0.041	0.261	0.136	0.058	0.816	1	0.790	0.225	0.694	0.232	0.216
	Sig.	0.626	0.583	0	0.057	0.428	0		0	0.001	0	0.001	0.002
	个案数	184	185	185	196	187	199	199	194	198	195	198	199

（续表）

		2017年图书采购经费	2017年纸质图书采购经费	2017年期刊报纸采购经费	2017年数字资源采购经费	2016年教装总经费中图书采购费	管理员数量	职称指数	教育程度指数	2015年春季至今专职管理员参加专业培训总人次	计算机水平指数	平均开馆时间（h/w）	学生课余期间是否开放
教育程度指数	皮尔逊相关性	0.065	0.058	0.293	0.113	0.122	0.919	0.790	1	0.178	0.798	0.217	0.220
	Sig.	0.382	0.435	0	0.115	0.098	0	0		0.012	0	0.002	0.002
	个案数	184	184	185	195	186	198	194	198	197	195	197	198
2015年春季至今专职管理员参加专业培训总人次	皮尔逊相关性	0.045	0.055	0.108	0.173	0.041	0.190	0.225	0.178	1	0.215	0.084	0.067
	Sig.	0.540	0.451	0.139	0.015	0.570	0.007	0.001	0.012		0.002	0.237	0.347
	个案数	187	188	188	199	190	202	198	197	202	199	201	202
计算机水平指数	皮尔逊相关性	0.072	0.072	0.221	0.110	0.170	0.808	0.694	0.798	0.215	1	0.208	0.184
	Sig.	0.334	0.332	0.003	0.125	0.020	0	0	0	0.002		0.003	0.009
	个案数	184	185	185	196	187	199	195	195	199	199	198	199
平均开馆时间（h/w）	皮尔逊相关性	0.048	0.042	0.011	0.062	0.032	0.164	0.232	0.217	0.084	0.208	1	0.165
	Sig.	0.512	0.567	0.877	0.384	0.661	0.020	0.001	0.002	0.237	0.003		0.019
	个案数	187	188	188	199	190	202	198	197	201	198	202	202
学生课余期间是否开放	皮尔逊相关性	0.029	0.072	0.015	0.090	0.008	0.190	0.216	0.220	0.067	0.184	0.165	1
	Sig.	0.688	0.325	0.839	0.205	0.918	0.007	0.002	0.002	0.347	0.009	0.019	
	个案数	188	189	189	200	191	203	199	198	202	199	202	203

注：**. 在 0.01 级别（双尾），相关性显著；*. 在 0.05 级别（双尾），相关性显著。

简单来讲，H6 假设用以说明广西中学图书馆各类采购经费与图书馆管理员组建之间的关系。通过上述推论性统计分析结果可知，两部分变量呈现出显著性相关关系。另外，通过对 188 个学校个案数据的统计分析可知，2017 年各校图书采购总经费与纸质图书采购费的皮尔逊相关性为 0.916，两者有 99% 以上的可能性实现了数值之间的正相关，即要实现各校图书馆图书采购总经费的提升，就必须提升纸质图书采购费等。

2017年，期刊报纸采购经费与管理员数量、职称指数、教育程度指数和计算机水平指数全部呈现显著性相关关系，其皮尔逊相关性分别约为0.3、0.26、0.29和0.22，虽然它与这四个指标间相关性不高，但毕竟具备了一定的影响力，即如果某学校提升了期刊报纸采购经费，那么其管理员数量、素质及图书馆计算机管理水平也会提高；反之亦然，即管理员数量增多，其素质进一步提升后，所属图书馆订阅的期刊报纸经费数额会更大，因为这些人员会主动争取建设广受欢迎的信息资源，在这种背景下领导一般也愈加重视图书资源管理工作从而带来购置经费额度的提升；另外，计算机管理水平高的学校一般在订阅期刊报纸方面经费投入更多，这直观地说明了计算机管理操作与阅览纸质出版物并不矛盾，这种现象应当是可用经费的校际差异直接造成的，这也证明了对中学图书馆的如下判断：在每一所学校范围内，图书馆相关业务工作“牵一发而动全身”，因此可能会发生“木桶效应”，即某中学图书馆业务水平受其组成要素中水平最低的因素的影响。

2017年数字资源采购经费与专职管理员参加专业培训总人次呈显著性相关关系，两者间的皮尔逊相关性约为0.17，从此处也可看出广西中学图书馆的数字资源采购经费指标，也与管理员的素质、能力呈正向相关关系。另外，2016年图书采购经费总额与管理员数量和计算机管理水平指数两个指标呈现显著性相关关系，其皮尔逊相关性分别为0.15和0.17。

管理员数量指标与多达8个指标值呈显著性相关关系，如上文已提及的2017年期刊报纸采购经费、2016年图书采购总经费，而未提及过的学生课余时间是否开放、平均开馆时间、计算机水平指数、职称指数、教育程度指数、专职管理员参加专业培训总人次都与之呈现显著性相关关系，其各自的皮尔逊相关性分别为0.19、0.16、0.81、0.82、0.92和0.19，由此可见管理员作为工作主体的重要程度。由相关数据可知，管理员数量和计算机水平指数、职称指数以及教育程度指数的相关度很高，这就说明专业培训在具备规模性需求时可能更易开展，另外管理员数量多且教育程度指数较高，就能体现出学校领导和管理员对图书资源管理工作有较高的关注度和投入度；而管理员数量多则计算机管理水平一般也高，反之亦然，这是由于管理员多就有更大的可能性能够提议利用或操作管理系统开展工作，而工作条件改善、体力劳动强度下降才可能吸引更多人才到中学图书馆工作，因此两者的高度相关可以得到有效解释。

职称指数指标也与较多指标值呈显著性相关关系，这也体现出其牵涉范围与重要程度，它与2017年期刊报纸采购经费、管理员数量、教育程度指数、专职管理员参加专业培训总人次、计算机水平指数、平均开馆时间和学生课余时间是否开放7个指标呈现出显著性相关关系，它们与职称指数的皮尔逊相关性依次为0.26、0.82、0.79、0.23、0.69、0.23和0.22，这说明7个变量普遍与职称指数有正向相关关系，但多数变量相关度一般，而相关度很高、其间紧密相关的变量仅包括管理员数量、教育程度指数和计算机水平指数三项（部分关系上文已提及），这就说明管理员总体职称水平和其总量可能相互促进、相辅相成。事实上这两个指标能体现出学校领导和图书馆管理员对图书资源管理工作的投入程度，实际情况并非人们想象的管理员越多职称晋升竞争越激烈，晋升难度越大，反而可能是更多管理员一起工作可起到相互砥砺、促进的作用，从而更加有效地实现管理员职业层次的迅速发展和工作团队的不断壮大；而职称水平越高的团队人员其学历水平和计算机水平指数一般也更高，因为职称、学历越高的管理员越注重用采计算机技术提升管理效率和专业水平，以及提升自身的受教育程度等，而受教育程度和计算机水平高的人员事业进取心也较强，相应地职称较低的可能性下降。因此我们可以得出结论：职称和学历两者之间并不矛盾，实力强的专业技术人员完全能做到“赢家通吃”，即学历水平和专业技术岗位层级（收入水平）双丰收、双受益，这可能也是各学校业务较强的人员愈加普遍并被青睐的原因。事实上，这也体现出初中等教育行业优势和专业人才会逐渐聚集的效应。

类似职称指数，与教育程度指数呈显著性相关关系的变量也有很多，如2017年期刊报纸采购经费、管理员数量、职称指数、专职管理员参加专业培训总人次、计算机水平指数、平均开馆时间和学生课余时间是否开放7个指标，它们与职称指数的皮尔逊相关性（与上文有少量重复）分别约为0.29、0.92、0.79、0.18、0.8、0.22和0.22，这同样说明了该指标的重要性以及7个变量普遍与职称指数有正向相关关系，但多数变量相关度一般，而相关度很高、具备紧密联系的变量仅有计算机水平指数、管理员数量和职称指数（部分关系上文提及），而与这三个指标高度相关的原因已在上文进行了初步解释，因此不予赘述。

专职管理员参加专业培训总人次指标也与5个指标呈较低相关度的显著性相关关系，依次分别是2017年数字资源采购经费、管理员数量、职称指数、教育程度指数和计算机水平指数，它们与专职管理员参加培训总人次指标的皮尔逊相关性（与上文少量重复）分别约为0.17、0.19、0.23、0.18和0.22，这说明5个变量普遍与职称指数有较弱但正相关关系，5个相关关系仅剩与计算机水平指数的关联未予解释，不再赘述其他关系。积累的培训次数较多，那么专职管理员的新思想、新技能就可能更丰富，相应地工作所用工具、手段可能就不会局限于传统的手工方式；同时计算机水平指数较高的管理员可能会感到自身技能、见识不足，所以会抓住各类专业培训机会以提升自身水平。因此，这种相关关系可能也是业务上“马太效应”产生的内在根源和发轫处。

计算机水平指数与多达8个变量呈现显著性相关关系，分别是2017年期刊报纸采购经费、2016年教装总经费中图书采购费、管理员数量、职称指数、教育程度指数、专职管理员参加专业培训总人次、平均开馆时间和学生课余时间是否开放，它们与计算机水平指数的皮尔逊相关性（与上文有较多重复）分别约为0.22、0.17、0.81、0.69、0.8、0.22、0.21和0.18，由此可见该指标的重要性以及其普遍关联性，这说明8个变量普遍与计算机水平指数正向相关，但它们的相关度普遍较低，仅有管理员数量、职称指数和教育程度指数与计算机水平指数关联性很高，但这3种相关关系已做过阐释，因此不再赘述。

平均开馆时间与5个变量呈显著性相关关系，依次是管理员数量、职称指数、教育程度指数、计算机水平指数和学生课余期间开放与否，它们与平均开馆时间的皮尔逊相关性（与上文较多重复）分别约为0.16、0.23、0.22、0.21和0.17，这说明这5个变量都与平均开馆时间有正相关关系，但所有变量相关度较低，并且多数相关已有说明，因此不再赘述。最后与学生课余时间是否开放关联的5个变量，上文已有提及，因此不再重复。

简单来讲，H7假设用以说明广西城区中学图书馆各类采购经费与读者借阅比率等的关系。通过上述推论性统计可以发现，两部分变量未发现显著性相关关系。通过表6-2可知，通过对上百所学校个案数据统计分析，2016年各校教育装备总经费与图书采购总经费的皮尔逊相关性约为0.22，两者有99%以上的概率实现数值间的正相关，尽管两者关联度相对较低，在试图提升图书采购总经费或教育装备总经费时，总要考虑到互为拉升的关联关系。由此统计分析可知，读者借阅比率未与中学图书馆各类采购经费形成显著性相关关系，因此可以否定 H7 假设。

表 6-2　广西城区中学图书馆各类采购经费与读者借阅比率等存在的显著性相关关系

		2016 年教装总经费	2016 年教装总经费中图书采购费	2017 年图书采购经费	2017 年纸质图书采购经费	2017 年期刊报纸采购经费	2017 年数字资源采购经费	读者借阅比率
2016 年教装总经费	皮尔逊相关性	1	0.215	–0 .017	–0.024	0.069	0.023	–0.005
	Sig.		0.008	0.839	0.772	0.411	0.782	0.957
	个案数	151	150	145	146	145	150	127
2016 年教装总经费中图书采购费	皮尔逊相关性	0.215	1	0.086	0.101	0.060	–0.028	0.002
	Sig.	0.008		0.250	0.172	0.419	0.699	0.985
	个案数	150	191	182	183	182	189	160
2017 年图书采购经费	皮尔逊相关性	–0.017	0.086	1	0.916	0.081	–0.009	0.028
	Sig.	0.839	0.250		0	0.273	0.900	0.732
	个案数	145	182	188	188	184	188	157
2017 年纸质图书采购经费	皮尔逊相关性	–0.024	0.101	0.916	1	0.022	–0.035	0.027
	Sig.	0.772	0.172	0		0.768	0.636	0.738
	个案数	146	183	188	189	184	189	158
2017 年期刊报纸采购经费	皮尔逊相关性	0.069	0.060	0.081	0.022	1	0.094	–0.011
	Sig.	0.411	0.419	0.273	0.768		0.198	0.891
	个案数	145	182	184	184	189	189	161
2017 年数字资源采购经费	皮尔逊相关性	0.023	–0.028	–0.009	–0.035	0.094	1	–0.006
	Sig.	0.782	0.699	0.900	0.636	0.198		0.943
	个案数	150	189	188	189	189	200	167
读者借阅比率	皮尔逊相关性	–0.005	0.002	0.028	0.027	–0.011	–0.006	1
	Sig.	0.957	0.985	0.732	0.738	0.891	0.943	
	个案数	127	160	157	158	161	167	168

注：**. 在 0.01 级别（双尾），相关性显著。

本章结果的总结和归纳

中学图书馆的资金投入、场地空间和设施设备都是其生存与发展不可或缺的关键要素，长期以来广西大多数城区中学图书馆对上述三类资源的投入严重不足，一般达不到国家的基本要求和规范并且校际差异较大，农村中学图书馆的生存状况更不乐观，三个要素中资金投入要素（包括财政投入等）的差异最大、最明显。同时广西城区中学图书馆的场地、现代化管理设施设备都仍有较大的提升和调整空间。

最后，H6 假设的广西城区中学图书馆图书、期刊及数字资源采购经费与管理员数量、专业水平和有效工作时间等存在相关关系，数据分析已验证此假设；而 H7 假设的广西城区中学图书馆的各类采购经费与读者借阅比率等水平存在相关关系，则被拒绝。在检验假设的过程中，可确认管理员数量、职称指数、教育程度指数和专职管理员参加专业培训总人次等人力资源数量质量指标，与各类投入经费、计算机水平指数和平均开馆时间等资源服务投入及服务质量正向关联。要想建设、发展好中学图书馆，人的因素不仅不可或缺而且至关重要，下文将进一步验证该命题。

第七章

中学图书馆（室）人力资源建设和管理

7.1　管理员及对其的组织管理

7.1.1　中学图书馆（室）人力资源的定义

《学校图书馆指南》（第 2 版）对“图书馆管理员”做出了权威且普适化定义：他们是接受过图书馆学教育、负责学校实体与数字学习空间，并在其中引领读者开展阅读、调查、研究、思考、想象和创造，日常开展教与学活动的教师。他们又可被称为学校图书馆媒体专家、教师图书馆员、学习资源教师和专业文献资料工作者等。

7.1.2　中学图书馆（室）人力资源管理直接相关的规范要求

图书馆管理员是馆藏资源与读者之间的桥梁，是开展服务的主体。没有图书馆员，图书馆就不可能进行工作。图书馆管理员是图书馆事业的灵魂，很多工作都要靠图书馆管理员完成。1999 年，IFLA 与 UNESCO 联合发布的《全民教育中的中小学图书馆——中小学图书馆宣言》指出，学校图书馆管理员具备专业资质，在尽可能充足的工作人员的支持下，通过与学校社群的所有成员协作，并与公共图书馆等机构保持联系，负责学校图书馆的规划和管理。2015 年，IFLA 修订的《学校图书馆指南》（第 2 版）指出，经研究表明，恰当配备了人员和资源的学校图书馆能够对学校的成就产生重大影响。学校图书馆最关键的资源是符合资质的专业图书馆管理员，通过与其他教师的合作，图书馆能够为学生提供更好的知识积累和学习体验。由此可见国际上对图书馆员地位的认知，以及对其应有素质、水平的基本要求。

图书馆日常管理也要逐步规范化，虽然可以招揽学生作为图书馆补充劳动力，但《学校图书馆指南》（第 2 版）明确指出，志愿者不可以替代图书馆带薪工作人员，在明确的职责范围内，同时在图书馆管理员的指导之下，学生也可以成为学校图书馆的志愿者，学生志愿者应该是高年级学生，通过正式的申请程序遴选且经过一定的培训才可上岗。在人员紧张的情况下，特别提倡由学生自愿、自主或经由读书社团组织参与图书馆管理工作，通过较丰富的志愿服务活动，不仅可以缓解图书馆劳动力不足的压力，增加图书馆与读者的沟通渠道，还可以使学生从小确立爱图书（馆）、爱阅读、遵规守法和爱劳动的理念和习惯。另外，在朋辈力量带动下加入这个社会实践平台，可以给予其更多激发阅读兴趣和培养图书馆意识的机会，还能培养他们的合作能力、利用图书馆自主学习的能力和习惯，以及服务他人的社会责任感。但是专业图书馆管理员和业余的学生志愿者显然有本质上的差别，学生志愿者始终是作为图书馆和学校的补充力量存在的，在专业图书馆管理员充足的背景下可以不设置学生志愿岗位，同时，即使拥有充足的学生志愿者也不能替代专业图书馆管理员的地位与作用。

7.1.3 中学图书馆（室）人力资源国内外理论与研究述评

7.1.3.1 已有且未提及过的国内外直接相关的理论

一个充实、专业、结构合理的图书馆管理员队伍是中学图书馆事业健康、持续发展的必要保障。除去必备的思想文化修养、图书情报专业素质和职业道德外，图书馆管理员最好拥有一定的教育学、心理学背景，儿童文学素养与思辨和创新思维，这样在面对学生读者不断变化的思想、人格、能力和兴趣等时，就可以有针对性、循序渐进地提供资源、开展服务，使当代中学图书馆能真正履行好教育文化职能，实现应有的社会效益和影响力。克鲁普斯卡娅指出，图书馆管理员是图书馆事业的灵魂，很多事情要靠他们来做；他们必须是自己事业的热爱者，善于向读者群众开展工作，掌握图书馆的工作方法，善于运用这些方法来组织图书馆的一切工作。由国内外经典理论可知，国内外学者已关注到中学图书馆管理员的重要地位、作用及应具备的素质，并开展了一定的考量性研究。

7.1.3.2 国内直接相关的研究述评

公共图书馆领域的经验和研究证明，我国很多服务人员是“半路出家”，具备图书馆学、教育学、心理学背景的从业人员很少，这直接影响到公共图书馆未成年人服务的质量和水平，比如不少活动中相比内容更注重形式，策划缺乏针对性、持续性，缺乏评价和研究机制。不仅公共图书馆存在以上问题，根据基层统计数据和检查结果，2010年有著作指出，就学历而言，我国城市中小学图书馆管理员已基本达到教育部的相关要求，而农村学校图书馆管理员达不到该要求，不熟悉业务、安置照顾等情况较多。2017年教育部相关部门调研发现，在被访的169所学校中，专业化队伍普遍匮乏，管理服务水平较低，比如有23%的学校未配备专职图书馆管理员，而绝大多数管理员都是“半路出家”，样本中科班出身的图书馆管理员的比例不足3%，他们每年平均接受培训1.5次，有将近30%的图书馆管理员反馈其培训频率低于一年一次，甚至没有接受过图书馆学专业相关培训。对此，该作者建议提升图书馆（室）专业人员的比例和专业知识技能准入标准，根据需求配置专兼职图书馆管理员并保持其稳定性，重视对其进行继续教育。

从我国地方性实证研究看，情况也非常不乐观。2006年有研究者对广西中越边境6所初中的图书馆进行了调研，经调研发现，在6所学校的图书馆管理员中，专职人员的比例为66.67%，其中高级职称为0，中级职称仅为33.33%，初级职称和其他分别为50%和16.17%，作者分析此状况是由图书管理工作不受重视、人员专业化水平低下且地位待遇较低的现状造成的。2015年，我国官方对广西中小学校的调研显示，图书馆管理员等教辅类人员无固定培训学习时间的学校高达64.5%，每学期和学年进行一次培训学习的管理员分别占20%和12.06%。2016年前后珠海市被访36所中学图书馆馆均在编人数为1.75人，不仅缺乏信息资源管理专业人才，而且缺乏技术人员，如缺失计算机专业毕业管理员。而缺乏专业技术人员又严重影响到图书馆自动化管理系统的普及与利用效率。对北京市学校图书馆的调研显示，在1 088所提供有效样本数据的中小学校中，平均每所学校拥有1.1位管理员，被访学校共计1 167位，拥有本科及以上学历的占比88%，全体管理员中专职人员有555人（占比47.6%），其中女性占比92%，在学校图书馆工作5年以上的人员占比42%，这说明人员具有很高的流动性；海淀区学校图书馆平均拥有1.9位管理员，中学状况明显优于小学，平均每个图书馆拥有2.3位管理员，在该城区所有189位图书馆管理员中，拥有图书馆学专业背景的有13人（占比约6.9%），由此可见该区图书馆管理员专业力量薄弱、专业水平不尽如人意。

在兼职、志愿工作领域，目前广西城区中学图书馆能妥善组织学生义工 / 学生助理 / 志愿者 / 学生社团成员开展活动的较少，据了解，广州市、珠海市、天津市、北京市和长沙市等城区中小学图书馆学生管理员参与图书馆的日常管理已成制度化常态，这也较好地推进了当地的书香校园、全民阅读等活动的开展，其管理经验和心得体会可供后进地区、学校学习和借鉴。

7.1.3.3 国际直接相关的研究述评

20世纪初，苏联出现图书馆（专业）人员和资金短缺问题，如克鲁普斯卡娅所写列宁专著的前言时提到，“一些同志在认真研究列宁的文章和讲话的时候却总是忽视了有关图书馆的文章和讲话：有些地方上的工作人员对购置图书与维持图书馆及图书馆管理员的经费往往显得非常吝啬。”“受过训练的图书馆管理员也非常缺乏，最大的困难是藏书异常缺乏……不单要重视和关心图书馆管理员，而且还要重视和关心图书馆。”从中可以判断和推论出，虽然有领导者的重视和大力提倡，苏联图书馆仍有资金和人力资源投入不足等问题，它们的整体运营未达到最佳状态。即使是在最早出现学校图书馆的美国，也存在缺乏专业学校图书馆管理员的问题。Jesseman（2006）在其教育学博士学位论文中研究了美国明尼苏达州公立学校学生阅读成绩是否受到专业人员流失的影响，该研究结合定性定量研究方法得出学生阅读成绩不会受到该事件的消极影响，而能够提升阅读成绩的因素可能包括图书馆资料、服务人员配备和阅读活动方案优化等，但作者也申明需要研究裁减专业人员是否对学生其他方面造成影响，并检验是否在美国其他州也是如此。Sigman（2008）在其教育学博士学位论文中利用问卷调研法研究了美国西弗吉尼亚州共计227个初中的媒体专家，并发现他们能够利用所提供的24种技术工具中的14种，其余10种则较少用到，相应地大多数学校媒体专家表示他们对应用多种新技术工具极有信心，但他们还未帮助学生使用大多数工具。具备高度自信的一个重要因素是他们多次接受技术培训，这也使图书馆所用的技术工具数量得到提升，使他们增加了利用工具协助学生的频率，上述研究结果都有力地证明了图书馆管理员，特别是相关专业人士对学校图书馆发展起到关键性能动作用和直接影响，此研究也直接验证了开发人力资源等同于提升服务水平。Massey（2009）采用定性访谈和语义分析等方式，调研了10位获得相关教学资质的学校图书馆媒体专家如何利用技术手段支撑中小学课程教学，最终得出示范性媒体专家为提供数字图书馆存取服务所开展的工作，他们强调在数字图书馆的整合过程中应特别注重合作。由此可见，即使在中学图书馆最发达、发展历史最悠久的美国，图书馆管理员及其技能素质水平也值得长期关注。

马来西亚同行也大多处于专业孤立境地，极少有外援，缺乏参与在职锻炼和专业学习的机会，他们主观上认为专业人士面临的最大问题也在此。非洲部分国家也存在此种状况，通过对尼日利亚奥韦里市 10 所中学（或培训学校）图书馆或信息中心进行问卷调查与数据统计分析得出，该市中学虽拥有图书馆，但缺乏人才特别是专业人才，多数图书馆由非专业人员管理，在被访时他们的个人专业提升、发展根本无从谈起，因此得出中学图书馆亟需在利益相关者支持下引进特别是专业人才，且公私立学校都须有充分预算支持他们专业成长，这再次证明了引进或开发人力资源相当于提升了服务水平。

上述国内外的中学图书馆发展状况，与领导部门的发展理念及由其直接决定的资源投入状况密切相关。“有为才能有位”，面对此种情况，基层人员期望一蹴而就并不现实，只有从点滴工作、小投入、小贡献做起，扩大工作范围及影响力，逐步获得上级信任和更大范围的发言权，再以实际行动改变他们的意识和观念，才能得到更好、更多的资源投入，从而在根本上改善中学图书馆的生存发展状况，同时改良、完善其生存的直接间接环境，使其整体运营步入良性循环。

7.1.4 广西城区中学图书馆管理员描述性统计分析结果

7.1.4.1 广西城区中学图书馆的制度体系建设

在广西城区中学图书馆调研所使用的调查问卷中，A8 题项用以询问各被访中学图书馆是否实行校长领导下的馆长负责制（根据调查现场的互动，不少学校图书馆管理员对此种制度一无所知）。统计结果显示，在 201 个有效答案中，已施行馆长负责制的中学图书馆为 89 个（占比 43.8%，有效百分比为 44.3%），未施行的中学图书馆为 112 个（占比 55.2%，有效百分比为 55.7%）。由此可见，广西城区中学图书馆目前的制度设计和安排非常不利于自身的建设和发展，同时根据实地调研发现多个中学图书馆馆长位置长期空缺，虽然可能会有实际意义上的负责人，但这类负责人在学校中的地位与所受认同度很一般，极少有人能进入学校决策层参与意见讨论和决策，因此目前广西城区中学图书馆的制度体系建设很不完善，极不利于实际工作的开展。

调查问卷中 D1 题项用以询问单个中学图书馆是否已施行岗位责任制，此单选题共获得 202 个有效答案，其中“已施行”被选中 177 次（占比 87.2%，有效百分比为 87.6%），“未施行”被选中 25 次（占比 12.3%，有效百分比为 12.4%）。这说明各被访中学图书馆在制度建设方面普遍对图书馆管理员具备一定要求，但少量中学图书馆仍需进一步完善基层管理制度。在制度体系建设方面，广西城区中学图书馆仍有较大的调整改进空间，具体发展策略与建议见本书第十二章。

7.1.4.2　广西城区中学图书馆专职管理员数量及其人口学特征和待遇状况

调查问卷中 B1a 题项用以询问各中学图书馆专职管理员的总量，研究显示平均每个被访的中学图书馆拥有 1.7 位专职人员，其标准差约为 1.58，这说明馆际专职人员总量有差别但差别并不大；其众数和中位数都是 1，这说明仅拥有 1 位专职管理员的中学图书馆较多，最小和最大值则分别为 0 位和 12 位。这种数据状况说明大多数被访中学图书馆专职人员数量和劳动力总量都很不宽裕，部分中学长期无人专职从事图书管理工作，校际专职人员数量存在一定差距，由此可见各中学对此类工作的重视程度，并可推测出中学图书馆管理工作亟待改善的状况。

调查问卷中 B7 题项用以询问专职管理员的“三金”（各类社会保险）缴纳状况，此单选题共获得 183 个有效答案，其中“全部人员完全缴纳”被选中 170 次（占比 83.7%，有效百分比为 92.9%），“全部人员部分缴纳”被选中 5 次（占比 2.5%，有效百分比为 2.7%），“部分人员全部缴纳”被选中 2 次（占比 1%，有效百分比为 1.1%），“部分人员部分缴纳”被选中 1 次（占比 0.5%，有效百分比为 0.5%），“全部人员未缴纳任何保险”被选中 5 次（占比 2.5%，有效百分比为 2.7%）。上述数据说明大多数中学图书馆管理员的社会保险缴纳依托于学校这种事业单位，较有保障，但少量中学还应进一步关注和提升图书馆管理员的综合待遇。调查问卷中 B6a 和 B6b 题项分别用以询问图书馆专职管理员中编制（事业单位）内外的人员总量，研究显示平均每个被访中学图书馆拥有 1.4 位在编专职管理员，其标准差约为 1.42，这说明馆际在编专职管理员数量差别较大，其众数和中位数都为 1，与上文说明的类似状况形成了呼应：很多中学图书馆仅有一位专职且在编的管理员，在编人员数最小和最大值分为 0 位和 11 位；不在编的最小和最大值则为 0 位和 4 位。这些数据表明中学图书馆专职管理员在各校的正式人员身份、基本待遇和地位，目前已得到较好和较全面的保障，但在各校均衡发展与更完备、高水平待遇保障上仍有较大的提升空间。

在专职管理员人口学特征方面，由题项 B2a 和 B2b 所得答案数据及其分析可知，此群体的男女比例有失衡现象，比如馆均男性与女性专职人员分别为 0.41 位（*SD*=0.69）和 1.3 位（*SD*=1.31），男性专职人员数量的众数和中位数都为 0，而女性则为 1，男女专职人员最少人数均为 0 位，最大人数分别为 4 位和 8 位。由此可见，基于多方面原因，广西城区中学图书馆的男性管理员已成为稀缺的人力资源，此状况显然不利于图书馆完成体力工作、培育人格素质全面发展的中学生、吸引师生读者到馆阅读及扩大图书馆的整体影响力。表 7-1 呈现了被访中学图书馆专职管理员的年龄结构及其工作适宜性。

表 7-1　被访中学图书馆专职管理员各年龄层次一览表

不同年龄层次专职管理员	平均值	中位数	众数	标准差	最小值	最大值
25 周岁以下专职管理员	0.06	0	0	0.26	0	2
25（含）~30 周岁专职管理员	0.1	0	0	0.33	0	2
30（含）~35 周岁专职管理员	0.16	0	0	0.54	0	5
35（含）~40 周岁专职管理员	0.25	0	0	0.6	0	5
40（含）~45 周岁专职管理员	0.32	0	0	0.72	0	6
45（含）~50 周岁专职管理员	0.34	0	0	0.61	0	3
50（含）~55 周岁专职管理员	0.45	0	0	0.75	0	3
55（含）~60 周岁以下专职管理员	0.1	0	0	0.33	0	2
60 周岁及以上（含返聘）专职管理员	0.01	0	0	0.12	0	1

注：此表格数据精确到小数点后第二位。

由表 7-1 可知，广西城区中学图书馆专职管理员以 50（含）~55 周岁的最多，每馆均值为 0.45，而其标准差也达最高值 0.75；平均值次之的分别是 45（含）~50 周岁和 40（含）~45 周岁的人员，它们的标准差值在各年龄段也是第三、第二高。这些数据说明广西城区中学图书馆管理员的年龄普遍偏大，多数人都超过 40 周岁，无论是在思维方式、思想理念方面，还是在脑体力水平、技能素养、工作投入度方面，这些人都非中学图书馆管理员的最佳人选。由于上下文已有类似介绍，且表 7-1 所反映的数据及其关系比较简单，因此此处不再赘述。

7.1.4.3 广西城区中学图书馆管理员学历职称等专业相关状况

有关阶梯式的人员学历、职称、通过全国计算机等级考试以及近五年接受的专业培训等状况，笔者主要利用表格的方式呈现，分别对应表 7-2、表 7-3 和表 7-4。

表 7-2 被访中学图书馆专兼职管理员学历水平状况一览表

不同学历水平的专兼职管理员	平均值	中位数	众数	标准差	最小值	最大值
本专业本科	0.09	0	0	0.3	0	2
本专业专科	0.03	0	0	0.17	0	1
非本专业专科	0.54	0	0	0.75	0	3
非本专业硕士	0.03	0	0	0.21	0	2
非本专业本科	1.16	1	1	1.44	0	11
中专及以下	0.25	0	0	0.62	0	4

注：此表格数据精确到小数点后第二位。

由表 7-2 可知，广西城区中学图书馆专兼职管理员的学历以非本专业本科最多，每馆人数平均值为 1.16 人，其标准差也达到峰值 1.44 人；平均值次之的分别是非本专业专科学历和中专及以下人员，平均值分别为 0.54 人和 0.25 人，其标准差值在系列数据中也是第二、第三高。这些数据说明广西城区中学图书馆管理员的学历水平虽接近，但未达到国家规程要求的大学本科学历，学历未达标的状况也反映出其专业化水平很低，科班出身的人员凤毛麟角，此状况很不利于高质量地开展专业工作。

表 7-3 被访中学图书馆专兼职管理员职称水平状况一览表

不同职称水平的专兼职管理员	平均值	中位数	众数	标准差	最小值	最大值
研究馆员	0.00	0	0	0	0	0
副研究馆员	0.02	0	0	0.19	0	2
馆员	0.21	0	0	0.46	0	2
助理馆员	0.14	0	0	0.46	0	4
无职称人员	0.48	0	0	0.94	0	5
其他职称序列人员	1.23	1	1	1.36	0	10

注：此表格数据精确到小数点后第二位。

由表 7-3 可知，广西城区中学图书馆专兼职管理员的职称状况以其他职称序列人员最多，每馆人数平均值为 1.23 人，其标准差也达到峰值 1.36 人；平均值次之的分别是无职称人员和馆员（中级职称），平均值分别为0.48人和0.21人，其标准差在系列数据中也是第二、第三高。这些数据说明广西城区中学图书馆管理员大多是从中学任课教师转岗到图书馆、专业上半路出家的人员，除此之外图书资料职称系列人员，从高、中到初级的人数基本遵循正态分布的一般规律，此数据集的明显特征在于高级职称人员过于稀少，而初级职称人员较多，最不正常状况是中学图书馆拥有诸多无职称人员——他们中一部分可能是因转岗而丧失职业追求的教师，而其他无职称人员的来历和执业依据就很令人费解。这种职称结构偏低甚至无职称人员过多的状况，非常不利于广西中学图书馆的生存发展。

表7-4　被访中学图书馆专职管理员通过全国计算机等级考试和近五年接受专业培训一览表

专职管理员通过计算机等级考试状况	平均值	中位数	众数	标准差	最小值	最大值
未通过任何计算机等级考试的人员	1.18	1	1	1.25	0	9
通过计算机考试1级的人员	0.41	0	0	1.02	0	11
通过计算机考试2级的人员	0.13	0	0	0.41	0	3
通过计算机考试3级及以上的人员	0.02	0	0	0.16	0	2
近五年接受专业培训	2.89	1	0	3.88	0	21

注：此表格数据精确到小数点后第二位。

在现代图书馆中，管理员的现代信息技术应用能力与知识更新水平都很重要。由表7-4可知，广西城区中学图书馆专职管理员的计算机等级以未通过任何级别的最多，每馆人数平均值达到1.18人，其标准差也达到峰值1.25人；平均值次之的分别是通过计算机考试1级和2级的人员，平均值分别为0.41人和0.13人，其标准差在系列数据中也是第二、第三高。这些数据说明广西城区中学图书馆管理员的计算机管理水平普遍不高，这可能会影响到开展日常工作和附加值较高的工作。当然，只以大学阶段是否通过某等级计算机考试来衡量管理员的计算机操作水平的方式具有局限性，不能排除他们自主学习和应用能力很强，但并未参加考级，或是在他人的指导帮助下得以提升，况且部分人申请职称评审时也必须通过计算机操作水平考试，因此此处数据及其分析结果仅作为参考。2015年后的5年，广西城区中学图书馆专职管理员的专业培训状况是：每家图书馆馆均2.89人次参加了外出培训，中位数为1人，这说明广西城区中学图书馆专职管理员外出培训的机会非常少；此变量标准差达到3.88人，培训人次最少为0人，最大为21人，这说明广西城区中学图书馆专职管理员的专业培训情况，已在校际间出现很明显的差距。

7.1.4.4 广西城区中学图书馆兼职和学生管理员的总量

调查问卷中B1b题项用以询问单个中学图书馆兼职管理员的总量，研究显示平均每个被访中学图书馆拥有0.47位兼职人员，其标准差约为0.79人，这说明馆（校）际兼职人员数量存在较可观的差距；其众数和中位数都为0，这说明被访中学图书馆中无兼职管理员的占据大半比例，其最小和最大值分别为0人和5人。这种数据状况说明大多数被访中学图书馆兼职人员的总量是捉襟见肘的，同时结合上述专兼职数据可知，广西城区中学图书馆人力资源供应大多很匮乏，形势不容乐观。要发展广西城区中学图书馆事业，提升办馆水平，人力资源的数量和质量可能是首先需要关注并解决的问题。

调查问卷中B1c题项用以询问各中学图书馆学生管理员的总量，研究显示平均每个被访中学图书馆有17.83位学生管理员，其标准差约为40.78人，这说明馆际学生管理员人数差别很大；其众数和中位数分别为0人和3人，这证明无学生管理员或学生管理员人数很少的中学较多，该指标最小和最大值分别为0人和300人。这种数据状况说明被访中学图书馆学生管理员制度建设和该角色人员的作用发挥状况差异极大，如上文所提及的，广西利用义工/志愿者/学生助理等制度的中学相比东部发达地区明显偏少，这显示出有必要进一步完善学校基层图书资料和学生管理等制度。

7.2 中学图书馆（室）管理人员的外部合作

在理想状态下，图书馆未成年人服务本就是一项系统性的社会化工程，20世纪30年代克鲁普斯卡娅指出，苏联图书馆管理局和中、小学校管理局都认为，“儿童图书馆还要同学校图书馆紧密地结合起来……学校图书馆和独立的儿童图书馆之间的密切联系是防止学校图书馆走上单纯的为学校教学服务的道路，防止独立的儿童图书馆脱离学校，脱离教育和教学的目标，有效地保障独立的儿童图书馆在对儿童工作中利用学校的全部经验。”中学图书馆要搞好专业工作，图书馆管理员应与校内外任课教师间保持紧密联系，双方要共同讨论如何促进儿童发展、引导儿童兴趣，特别是在采选馆藏文献、开展阅读课教学或其他读书活动，以及任课教师进行教学科研活动时，这种合作尤其关键，可将阅读活动作为实现以德育人、构建校园文化目标的载体，让学生在无意识中受到熏陶，完成德育养成目标。

下面梳理针对此主题主要的相关研究。在大量应用信息技术的初期，Andrews（1997）的博士学位论文包括两个子研究，第一部分调查了美国最大的50个学区（除Charlotte-Mecklenburg学区）的计算机技术教师，以及项目行政隶属与经费来源，经研究发现有92%的有效学区样本都在各校雇用了一位此类教师，有20%的有效学区的技术工作隶属于图书馆；第二部分是Charlotte-Mecklenburg学区的抽样调研，该调研比较了同一所学校中的媒体专家（图书馆管理员）与计算机技术教师的工作任务和内容，这两种职位各有特定的工作任务，多数教师的年龄与媒体专家也无显著性差别；此篇文章显示出技术应用在美国各校日益普及，因此学校的日常工作需要有更多的技术人员并需要其互动合作。在当代社会，行业、机构等之间建立合作、实现共赢，已成为谋求可持续发展的重要契机，通过合作，行业、机构间能更好地配置资源，创造新的增值点，实现合作关系的价值最大化。中小学与公共图书馆都有教育属性，而且它们的根本使命、服务对象重合，都具有专业指向性和地域普及性，因此它们互为开展未成年人服务合作的首选对象。也有国内外研究显示，同一或附近的社区学校与公共图书馆，在前者发展的同时也会增进对公共图书馆的利用，两者的业务相辅相成，而且两者的合作与相互帮助可在更高层面上，更加彻底、深入地进行。

7.3 中学图书馆（室）人力资源投入和管理的总结与假设检验

7.3.1 中学图书馆（室）人力资源投入和管理的总结与启示

图书馆管理员是开展服务的主体，是中学图书馆事业的灵魂，离开图书馆管理员创建并发展中学图书馆事业是不可能完成的任务。

从相关数据上看，广西条件较好的城区中学图书馆（室）大多未达到教育部的人力资源要求，特别是对专业化人力资源的投入。人员（特别是专业人士）短缺和不稳定现象也不局限于广西地区，在发达地区乃至海外此状况也比较普遍。广西城区中学图书馆在基层制度建设方面的完善、提升空间还很大，除了人员待遇保障外，其人员数量和特征（特别是学历水平和职称）亟待增加或改善，而广西城区中学图书馆（室）外部合作工作也有待完善。

本章通过分析探究，补充了当代广西中学图书馆事业的人力资源公开数据及分析，明确了目前广西中学图书馆（室）人力资源建设思路首先是人们对此项工作观念意识有待升级，其次是完善基层制度建设，最终才能真正建成一个强有力、专业化的管理员队伍，强调人力资源投入与管理对中学图书馆事业整体发展的价值和意义，更加有的放矢地指明未来事业发展的方向与路径。

7.3.2 中学图书馆（室）人力资源投入和管理的假设检验

在本书第二章所提的 7 个假设中，有 1 个假设直接与本章主题有关，即 H2：广西大多数地级市城区中学图书馆管理人员的设置符合国家最新规程的相关要求。

对于假设 2，2018 年版《中小学图书馆（室）规程》（以下简称《规程》）第二章第六条规定："图书馆实行校长领导下的馆长负责制，由一名校级领导分管图书馆工作。有关图书馆工作的重大事项应当听取图书馆馆长意见，最终由校长办公会决定。"根据本章相关数据可以发现，广西被访中学仅有 89 所学校（43.8%）已实施校长领导下的馆长负责制，再加上乡村地区中学的制度建设更不完善，可以说广西城区大多数中学长期以来不能满足国家要求，办馆方面与国家法规相违背，因此也削弱了广西中学图书馆乃至中等教育界经营管理的合法性基础。《规程》第六章第三十三条规定："图书馆应当设专职管理人员并保持稳定性。图书馆管理人员编制在本校教职工编制总数内合理确定。图书馆管理人员应当具备基本的图书馆专业知识与专业技能。中学图书馆管理人员应当具备大学本科以上文化程度。"也就是说，每所学校图书馆至少应有一位专职管理人员，而且其学历应达到大学本科以上。而经调研发现，广西中学图书馆均拥有专职管理员

1.7位，众数和中位数都是1，说明被访学校大多数已满足此条件，但在学历方面，每所学校平均有将近一位大学本科以上的专职图书馆管理员，这不满足国家相关法律规定要求，因此在专职人员人数符合国家相关要求的背景下还需进一步提升人员素质，特别是学历水平。《规程》第六章第三十四条规定："图书馆专业人员实行专业技术职务聘任制。图书馆管理人员专业技术职务聘任参照国家有关规定执行……图书馆管理人员在调资晋级或评奖时，与学科教师同等对待，并按国家相关规定享受相应的福利待遇。"显然广西城区中学图书馆在这方面做得更加不到位，在被访中学图书馆专兼职管理员中，平均每馆有0.48人无职称，其他职称序列人数为平均每馆1.23人，高中的初级图书资料系列职称人员平均每馆0.37人。如果仅依据职称数据来推理、判断，被访中学图书馆专职管理员大多是任课教师兼任，即使是在图书资料系列具备专业职称的人员，有高级职称的人数极少（平均每馆仅0.02人），因此可推断他们的信息管理专业技能可能普遍较弱。广西中学图书馆（室）普遍需要增加最好是专业技能和职称对口的管理人员，只有这样广西中学图书馆办馆不规范、合法合理性薄弱的现状才可能改观。通过相关调研结果，本研究认为应否定假设2，即广西大多数地级市城区中学图书馆的管理人员设置并未符合国家最新规程的要求。

本章结果的总结和归纳

中学图书馆的人力资源，特别是专业化的人力资源对于其生存和发展来说是不可或缺的关键要素，目前广西大多数城区中学图书馆的人力资源并未达到国家相关要求，对其的投入长期以来严重不足，特别是具备专业思维、专业化知识技能的人才亟缺，人力资源的建设和调整仍有较大的空间。因此，想要做好中学图书馆人力资源管理工作，从初始就要全方位地采取高标准，严格抓好此项工作，而有了不可或缺且至关重要的人力因素作为保障，中学图书馆才有可能建设好、发展好。

第八章

中学图书馆（室）的资源内容创建与管理

图书馆资源内容创建是指根据相关遴选评估标准购买或采集实体和数字资源，建设合理、科学的馆藏资源体系，然后对采集到的资源进行内容编码和数据格式加工，使其能被计算机识别和保证被用户永久访问，它包括内容遴选、资源采集获取、内容编码、标识及数据格式规范五个方面的工作内容。资源内容创建是各类图书馆（包括中学图书馆）资源建设的基础保障，体系化的资源创建标准有利于信息资源组织和加工有序进行，比如根据数据格式标准，将文本、图像和音视频等格式的信息资源按照统一规范存储，实现多个机构间的资源交换与共享。

8.1　纸质信息资源建设

8.1.1　当代纸质信息资源建设的价值

保存信息资源是图书馆的特定基本功能，是图书馆在社会上存在与发展的根本依据和合理性根源。学术界、业界广泛认同的理论是：图书馆若干要素中最基础、最关键的要素是文献和读者，而其他要素都是由这两个要素引申和拓展而来的。

作为一种信息资源类型，目前图书文献仍是最重要的信息来源，对师生群体来说尤其如此。在学术评价方面，电子信息资源仍无法与印刷型出版物相提并论，相比数字资源，纸质文献更具有先天的可信度，图书馆管理员必须有效地发挥出此优势和价值。信息资源建设是图书馆发展的基础与核心，也是图书馆业务运转的保障与物质依托。建设信息资源体系的前提是了解学校及其图书馆的任务目标，以及读者的需求，建设该体系的基础是高质量地完成图书馆馆藏建设，其根本原则是建立资源共享联盟。由此可见，此项工作不仅关键，而且具备较高的技术含量和专业要求。

8.1.2 中学图书馆纸质信息资源建设的工作要求与规范

对普遍尚未开展数字资源建设的广西中学图书馆来讲，纸质信息资源建设是其工作重点乃至关键环节。文献资源（特别是纸质文献）作为图书馆第一构成要素，是中学图书馆读者服务的物质基础，也是支撑教育教学与科研的主要信息资源；同时，藏书规模是衡量一所学校办学水平的重要指标，图书馆（室）建设是教育系统教育装备常规工作的重要构成。中小学图书馆文献资源建设，特别是纸质信息资源建设直接影响中小学图书馆的馆藏结构和读者服务水平，是关系到中小学图书馆生死存亡的头等大事。因此，中学图书馆的纸质信息资源建设无疑是一项需长期坚持、稳中求变、追求特色并需要合作共赢的工作，是中学图书馆开展各项工作特别是服务工作的依据。

在中学图书馆的具体工作方面，入藏（藏书补充、馆藏建设、文献资源体系建设等）工作是科学组织藏书的关键，也是资源内容创建的核心问题（网络环境下尤其如此），它可以避免突击采购造成的馆藏体系不系统、无连续性，或采购过时、较低版本图书所造成的资源浪费。有专家指出，图书的选购、入藏应注意两个方面：一是适应时代发展的要求，特别要适应素质教育要求和教育教学改革（特别是课程改革）要求；二是根据师生实际需求进行采选、决策，以便调动师生读者的借阅积极性。这种工作要求也有充分的政策依据，《学校图书馆指南》（第 2 版）对学校馆藏的要求是："学校图书馆员与管理人员和教师一起制定相关政策以指导图书馆教育资料馆藏的建设和维护。馆藏管理政策必须以课程和学校社群特定需求和兴趣为基础，并反映学校外部的社会多样性"。在馆藏规模上，上海市教育委员会发布的《关于加强中小学图书馆（室）工作的意见》规定生均图书最低标准为 30 册，报纸期刊为 60 册；重庆市教育委员会印发的《重庆市中小学图书馆（室）建设规程（试行）》要求生均图书最低标准为 11~15 册，报纸期刊为 20~40 种；《广东省中小学图书馆（室）建设标准》指出最低生均图书标准为 20 册，报纸期刊为 50 册。

目前大部分中型以上图书馆（如高校图书馆和公共图书馆），其资源采集一方面是收集馆藏印本、电子资源，另一方面是采集网络信息资源。根据已有成果和本研究结果可知，中小学图书馆采选、应用电子和网络信息资源的还很少见，多数中小学图书馆并无此类资源及相应工作。

在品种和复本关系上，中学图书馆应在保证质量的前提下注意纸质文献的数量，尽可能压低拒借率；也不能只注重品种的增加而忽视复本量，两者须统一才可稳步提升馆藏质量，有效提升教育教学和学习行为质量，在经费限额的前提下最大限度地满足读者的需求。两者的对立统一关系要通过读者利用进行调节和控制。有专家指出，在保证图书品种的前提下，每种复本数为 1~3 本。当然，基于师生的需求量，各门课程的教学参考书和教辅读物也可以采购 5 本。

收集报纸期刊资料是中学图书馆（室）馆藏建设的重要方面，需要根据中学图书馆（室）的方针任务、读者需求和上级要求等完整地、系统地、延续性地进行收集、补充。对于馆藏丰富的中学图书馆，报纸期刊是馆藏资源很好的补充，但对于经费不足、文献资源陈旧的中学图书馆，报纸期刊则几乎是图书馆吸引读者的救命稻草。在广西 14 个地级市的城区中学图书馆中，报纸、期刊资料工作往往独立于馆藏建设工作，主要由负责阅览室的管理员开展，很多阅览室不隶属于图书馆（室），其开展工作也大都与图书馆（室）各行其是，这不仅体现各中学图书馆管理制度的局限性，图书资料工作未实现专业化，而且也给本次调研增添了不少麻烦和所需时间。

报纸、期刊按入藏时间，可分为入藏未满一年的现刊和入藏超一年的过刊。为了长期保存、发掘利用价值并方便查询使用，过刊和往年报纸一般都装订成册，此程序作为“一个不可缺少的环节”用以保证文献的专业性、延续性与完整性，而且对现刊、过刊和报纸的著录也需要持续进行。但广西城区中学图书馆在整理期刊资料时并未按上述做法进行，此工作也远未实现规范化和专业化。

8.1.3 中学图书馆纸质信息资源建设的已有研究

2017 年教育部在 6 个省（市）调研时发现，不少被访中学图书馆藏书数量和种类不足，藏书量的校际差异较大，藏书结构不够科学合理。以教育部调研的 169 所学校样本为例，有 18% 的高中、31% 的初中和 36% 的小学生均藏书册数达到国家一级标准，达到二类标准的被访高中、初中和小学各占比 35%、67% 和 80%（此时期仍是 2003 年版《中小学图书馆（室）规程》的适用阶段，因此仍采用该标准，下同）；学校图书馆拥有报纸期刊种类普遍偏少，部分图书馆未订阅任何报纸杂志，被访学校图书馆达到国家一类标准的占20%~30%，达到二类标准的占30%~40%，部分学校存在盲目追求生均藏书量等指标的情况，从而造成藏书种类单一、复本量大和内容陈旧等问题。2016年，吉林省在全省范围内抽检了不少中小学校，调研了790所中学图书馆建配管用等状况，并发现被访中学图书馆生均藏书册数为36册，藏书缺口总量为6 100 473册，每所学校欠缺的报纸期刊种类平均为48种，报纸期刊订阅达标学校仅占比2.33%，工具书平均每所学校欠缺90种，此方面达标的学校占比14.44%；被访中学在藏书五大部类上，从一到五各部类册数分别是675 944册（5%）、1 035 800册（7.5%）、7 730 583册（56.2%）、2 955 271册（21.4%）和1 361 861册（9.9%）；在图书馆（室）面积上，被访学校中有401所学校合格（50.75%），提供了电子阅览服务的学校占总被访学校的12.87%，790所中学中仅有291所中学具备计算机软件管理条件（36.84%）；被访中学图书馆管理员总量为936人，其中专兼职人员分别为347人和589人，兼职人员过多而专职比例太低，图书馆学专业毕业的人员为5人，即科班出身的图书馆管理员在吉林省中学图书馆中凤毛麟角。在馆藏调研成果方面，我国各地区公开性的信息很少，根据已有的国家地区调研结果可知，我国中小学图书馆馆藏建设等工作仍有较多且明显的漏洞，其中以中学图书馆最令人担忧。尼日利亚翁多州的定量实证研究也评价了其6所被访中学图书馆的人力、物理和信息等各类资源状况。该研究指出充足且相关的资源会鼓励师生利用图书馆，而不充足不相关的资源则会削弱师生的利用动机；翁多州中学图书馆无任何有资质的图书馆管理员，而多数被访图书馆可利用的物理、信息资源及阅读空间也不充足，甚至馆内信息资源未被系统地组织整理，但其教科书和农学藏书相对丰富。

8.2 广西城区中学图书馆（室）纸质信息资源的建设

目前，本研究已对广西城区中学图书馆纸质信息资源收藏状况做了较全面的研究，下面介绍具体的统计分析结果。

8.2.1　图书采购与收藏

首先考察广西城区被访中学图书馆馆藏数量的现状。根据 D5a 题项的答案可知，广西被访中学图书馆平均藏书总册数为 84 573.76 册，其标准差为 58 949.87 册，中位数和众数分别为 75 663 册和 100 000 册，藏书量范围为 0~450 000 册，校际差距非常大，多数中学图书馆的纸质馆藏较贫乏。

根据 D5b 题项的答案可知，广西城区中学图书馆纸质图书种类每校平均为 31 644.38 种，其标准差为 31 081.28 种，由此可见校际纸质图书种类差异较大，差异程度超过上述藏书总册数指标。纸质图书种类的中位数为 24 404 种，众数为 0 种，样本中此指标最小值最大值分别为 0 种和 243 000 种。最令人担忧的是不少中学图书馆（室）无任何纸质书，此状况显然无法令人满意。

根据 D5c 题项的答案可知，广西城区中学图书馆平均每种纸质图书复本量为 3.83 本，其标准差为 3.38 本，由此可见各校纸质图书复本量差异很大。复本量中位数和众数都是 3 本，其数值变动范围为 0~35 本，由此可见一般中学图书馆图书复本量是 3 本，这在一定程度上是合理的，但 4~35 本的复本量也许是基于教学（包括阅读教学）需求，具体情形未做细化调研因此不得而知。

根据 D5d 题项的答案可知，广西被访中学图书馆生均藏书量为 39.78 册，该指标标准差为 17.26 册，说明了该指标的校际差异并不大，其中位数和众数分别是 41 册和 40 册，这些数值达到 2018 年版《中小学图书馆（室）规程》规定的中学生均藏书标准，但未达高级中学生均藏书 45 册的标准，各校生均图书拥有量范围为 0~120.7 册，校际绝对值差距较大，城区中学图书馆数据尚不达标，地处偏僻、学段较低或基础薄弱的学校更不乐观。

其次考察广西城区被访中学图书馆近年来纸质馆藏增加状况。由 D3a 题项的答案可知，广西被访中学图书馆 2016 年校均采购新书量为 8 484.06 册，该指标标准差为 16 576.37 册，接近均值两倍，可见校际购书差异之大，中位数和众数分别为 800 册和 0 册，新书采购的册数范围为 0~118 841 册，可见校际差距非常大，但根据众数和中位数可知，2016 年多数学校采购的纸质馆藏不多，仅有个别学校做了较大宗采购或接收，拉高了该指标的平均值。

根据 D3b 题项的答案可知，2017 年广西被访中学校均采购新书量为 13 089.03 册，该指标标准差为 29 972.26 册，标准差取值已经超过均值的两倍，由此可知 2017 年各校采购新书量的差距超过 2016 年，其中位数和众数分别为 1 225 册和 0 册，各校采购新书量范围为 0~273 633 册，校际差距很大，多数学校新采购纸质馆藏非常有限。

根据 D3c 题项的答案可知，2017 年广西被访中学图书馆生均藏书递增量为 1.92 册，此数值达到了 2018 年版《中小学图书馆（室）规程》生均藏书增加一本的要求，但该指标标准差高达 15.94 册，超过均值 8 倍以上，其中位数和众数都是 0，各校 2017 年生均藏书递增量取值范围为 –48.1~147.2 册，取值的落差达到生均 195.3 册，这说明在校际差距极大的基础上，被访学校的信息资源保障力度可能有更大的差别，原因在于办校条件差的学校学生总量大，条件好的学校反而并无太多学生瓜分资源。由此可见，在信息资源建设、保障广大师生信息权益方面，广西教育系统仍有很长的路要走。

8.2.2 期刊报纸订阅

根据 D3d 题项的答案可知，2017 年广西被访中学图书馆平均纸质期刊订阅量为 85.81 册，该指标标准差为 86.53 册，这说明各校期刊订阅量存在一定差距；其中位数和众数分别为 70 册和 0 册，各校订阅量取值范围为 0~732 册，校际差距非常大，多数学校的期刊订阅种类不多，还有部分学校在 2017 年未订阅纸质期刊。

根据 D3e 题项的答案可知，2017 年广西被访中学图书馆平均纸质报纸订阅量为 23.51 种，该指标标准差为 25.07 种，这说明各校报纸订阅量存在一定差距且比期刊方面的差距更大；其中位数和众数各为 18 种和 0 种，各校订阅量取值范围为 0~185 种，校际差距很大，绝大多数学校的报纸订阅种类不多，还有部分学校在 2017 年未订阅纸质报纸。

从上述信息资源建设数据中可以看出，广西城区被访中学图书馆（室）在纸质资源的采选和收藏上，多数学校的状况很不令人满意，仅有极少数学校积累、收藏了较丰富的纸质资源，虽然这拉高了上述所有统计指标，但相关数据也显示校际、特别是校际生均指标的较大差距。这些状况都值得我们深入思考、研究和行动。

8.3 文献信息资源的结构比例及其保藏保护

如今学校图书馆的根本特点是“以人为本”，其工作重心在于“用”。在开展文献信息资源建设时，应根据图书馆服务对象的需求和任务性质，对不同学科、水平（适用于不同年级或知识水平的读者）、形式（如工具书类、教学参考书、通用图书、学生用书、报纸期刊类和非书资料类）的知识载体进行选择性的收集、保存，特别是要有一个科学的学科主题结构比例，不能随意挑选或纯主观决定。学校图书馆文献资源配备一般以学生需求为主，兼顾教师需要。建议中学图书馆结合专业知识、经验与各类读者需求，邀请当地教育专家、学校领导、学生家长与专业图书馆管理员一起确定文献选择标准和购买决策，最终形成科学、规范且具备一定特色的文献体系。在当代，适合未成年人的（文献）资源已呈现出极大的丰富性，中学图书馆还可收藏适合各年龄段的教具、棋类、玩具等特殊馆藏。

我国图书馆馆藏一般按照《中国图书馆图书分类法》的体系进行分类编目，其 22 大类一般可归为 5 大部类，分别是马列类、哲学类、社会科学类、自然科学类和综合类，下面通过表 8-1 展现广西城区被访中学图书馆（室）馆藏五大部类的统计数据。

表 8-1　广西城区被访中学图书馆（室）馆藏五大部类统计数据

五大部类	平均值	中位数	众数	按照平均值计算的各部类所占比重	最小值	最大值
马列类	219.01	87.5	71	0.89%	0	3 501
哲学类	1 719.88	1 391	0	7%	0	13 620
社科类	15 947.31	11 044.5	0	64.92%	0	80 433
自科类	4 352.82	3 000	3 000	17.72%	0	28 000
综合类	2 326.67	1 096.5	0	9.47%	0	56 700
合计	24 565.69			100%		

注：此表格数据精确到小数点后两位，其单位是种。

根据 D7a 题项的答案可知，多数中学图书馆（室）拥有的政治思想指导类书籍并不多，但其平均值超 200 种，而且其标准差达到 416.8 种，这说明仅有少数若干中学图书馆拥有较多种类此部类的藏书。按照 2018 年版《中小学图书馆（室）规程》的规定，中学图书馆要合理配置纸质书刊也要规定其五大部类图书的比例，可将 2%、20%、

54%、38% 和 4% 作为主要参考依据。此处马列类图书的种类仅占总藏书的 0.89%，显然比例偏低，建议重点建设此类藏书。

根据 D7b 题项的答案可知，多数中学图书馆（室）拥有更多种类的哲学类图书，但其平均值为 1 719.9 种，标准差则为 1 777.32 种，这说明此部类藏书种类的差距不似第一部类那么大；但其众数为 0，拥有最多哲学类图书的中学图书馆，其该部类种数达到 13 620 种，这说明各中学该指标的校际差异较大。另根据上文各部类藏书比例要求的 20% 可知，此部分藏书量及其种类明显不足，有较大的空缺待填补，此部类待获取图书总量和比例都远远超出第一部类，也是五大部类中比例欠缺最严重的部类。

根据 D7c 题项的答案可知，广西城区中学图书馆社会科学类图书种类的平均值为 15 947.31 种，其标准差达到 17 589.11 种，中位数仅为 11 044.5 种，藏有最丰富社会科学类图书的学校其种类达到 80 433 种，这说明此部类图书种类的校际差异较大。按国家要求此部类 54% 的比例看，社会科学类藏书的比例明显大幅超过所规定的比例，这就造成其他部类藏书受到严重挤压。

根据 D7d 题项的答案可知，广西中学图书馆（室）自然科学类图书种类的平均值为 4 352.82 种，标准差则为 5 009.32 种，众数和中位数都为 3 000 种，此类藏书种类最多的学校达到 28 000 种，这说明此部类藏书种类的校际差异较大。自然科学部类图书的比例也明显小于国家要求的藏书比例，此状况很不利于吸引广大男生、科技爱好者和理工科教师读者加入阅读队伍，更加不利于培养全体学生的科技兴趣、养成广博涉猎的阅读习惯，以及提升读者的科学知识素养水平。此部类也是五大部类中比例欠缺第二严重的部类。

根据 D7e 题项的答案可知，中学图书馆（室）综合类图书种类的平均值为 2 326.67 种，标准差达到 6 224.15 种，众数和中位数分别是 0 种和 1 096.5 种，此类藏书最多的学校达到 56 700 种，这说明五大部类藏书种数差别最大的是综合类藏书。上述数据说明各校对五大部类藏书的采选各有侧重，不仅各校自身五大部类图书种类差别较大，而且各部类校际差异也较大。综合类图书比例已略微超出了国家 4% 的规定要求，可以通过限制此部类图书的采购量和增加第一、第二和第四部类的采购量来有效地控制结构比例。

另外，本章第一节提到文献信息资源对各类型图书馆的关键价值，所以不仅是采集获取，对文献信息资源的保存保护也是图书馆业务工作（特别是资源组织管理）的重要内容。信息资源保护的目的是保护国家财产、延长书刊的使用寿命，从而使其长久、高效地为读者所用，这就要求图书馆管理员注重以物理、化学手段保护文献载体不受侵害并做好预防、检查和修复工作，（不）定期清点馆藏（包括光盘或本地数字馆藏），并加强对读者的宣传教育，制定藏书利用规章制度，防止和处罚故意偷窃与损坏文献的行为，同时防止由于介质老化、受损，或者病毒、设备故障造成的数据、信息丢失，保证馆藏质量。

中学图书馆馆藏清点工作是整顿馆藏、保证其完整性的一项日常工作。根据 D11a 题项的答案可知，在得到的 201 个有效回答（有两所学校提供的答案缺省）中，存在定期清点馆藏文献工作的学校有 139 所（占比 68.5%，有效百分比为 69.2%），未定期清点馆藏文献的学校有 62 所（占比 30.5%，有效百分比为 30.8%）。

8.4　数字资源建设研究结果的呈现与分析

8.4.1　国家相关政策与成型理论

不仅是中小学图书馆，21 世纪各类型图书馆发展的整体趋势都是资源数字化、服务网络化和管理知识化。管理知识化主要与人力资源及其管理、培训有关，而前两种趋势须通过技术解决方案和技术团队的可持续性维护才可逐步实现。中小学图书馆自动化、数字化建设是学校信息化、现代化建设的一项重要且不可或缺的工作。《国家中长期教育改革和发展规划纲要（2010—2020 年）》明确指出要加快教育信息化进程，特别是加强对优质教育资源的开发应用；要加强网络教学资源体系建设，引进和利用国际优质数字化教育资源，开发网络课程，建立虚拟实验室和数字图书馆，以及教育资源公共服务平台，促进优质教育资源共享。虽然由于基层大都受到资金、技术等条件的限制，数字化资源建设进展不顺利，但在充分调研的基础上可以发现，基层开展此项工作裨益良多、势在必行，而此类资源建设和事业发展也亟须统一规划指导。

数字资源是图书馆作为信息资源中心不可或缺的组成部分。其建设状况和成效不仅关涉图书馆的形象评估、功能定位，更影响到读者对图书馆的感知、认同度及利用行为，是否收集和提供电子出版物服务，已成为衡量各中学图书馆现代化建设水平的重要标志。中学图书馆（室）现代化建设的前提与关键是现代信息技术在图书馆的应用和集成。2015 年，IFLA 修订的《学校图书馆指南》（第 2 版）也特别强调学校图书馆“必须提供既反映学校课程又反映用户兴趣和文化的数字信息资源的获取……因此，学校图书馆员需要考虑创建配备电脑和其他实践学习活动所需生产性设备的‘创客空间’，这些实践学习活动包括创造信息产品（如影像资料、博客、播客、3D 项目、海报、信息图表等）。”基于学校教育教学工作需要，购买、交流是最主要的数字资源获取方式，也是最重要、效率最高的渠道。自主建设、调整和完善特色化、独有的多媒体数字资源也很重要。

有专家指出，今后一段时期，实体图书馆业务仍然是学校图书馆的主业，与此同时数字化业务会有较大、较普遍的发展，最终实现业务、终端、内容和网络的融合，这种融合恰好符合复合图书馆的发展趋势；而图书馆全媒体服务的发展，对其服务方式和业务流程都有重大影响，进一步改变了图书馆管理员的工作内容与素质结构要求。教育部在 2017 年进行了相关调研后，有专家也提出要优化馆藏，呼吁加强数字资源建设，统筹好纸质、数字和其他载体资源。

8.4.2 国内外相关主题的研究综述

下面再梳理和回溯国内外有关数字信息资源及其利用的专项研究。Spatara（2015）在其教育学博士学位论文研究中发现美国明尼苏达州农村某小型公立学区小学 4~6 年级学生，利用图书馆资料的比例有急剧下降的趋势，他采用定性、定量实证研究方法相结合的方式调研了 259 位学生，得出在引入电子阅读器出借项目后能较好地提升小学生的借阅量，此成功经验可推广到其他地域以及同地区各初高中学校。2000—2016 年，珠海市针对中学图书馆的电子图书购买情况进行了调研，在所调查的 36 所中学图书馆中有 13 所中学图书馆（占比 36.11%）购买过电子图书，体量一般是 10 000~20 000 册，全部是一次性购买且无更新，但是它们较少或几乎没有被人利用，未发挥出应有的作用，因此有应付评估检查之嫌。而电子期刊或数据库更是中学图书馆最缺乏的电子资源，珠海市全市普通中学图书馆并未见有订阅和使用电子期刊或数据库的情况；到 2016 年，能由外网访问图书馆网页或功能性介绍的珠海市中学图书馆共 4 所（占比 11.11%），其他学校全部无图书馆网站。2017 年教育部对 6 个省（直辖市）的 169 所学校的调研显示，多数（63%）被访学校仍采用人工借阅方式，有 37% 的学校采用电子借阅，无被访学校开通馆际互借服务，有 44% 的被访学校图书馆配备电子阅览室，城市被访学校图书馆 51% 的电子阅览室配备率要明显高于农村学校的 34%，分别有约 40% 和 22% 的被访学校图书馆拥有数字图书和电子期刊。该研究也建议加强数字资源建设，丰富并更广泛地利用数字阅读工具，构建电子借还书系统，建议有条件的学校可建立图书馆门户网站和移动网络平台，方便读者认知并接受相关信息和服务。通过对北京市拥有学校图书馆（室）的学校中的中小学任课教师与学生的资源满意度调研发现，有将近 90% 的受访教师对纸质资源总体满意，对数字资源的满意度为 80%，对数据库的满意度略高于其他数字资源；分别有 58.2% 和 10.8% 的教师认为应加强学科专业数据库与外文图书建设，大多数学生则认为馆藏资源较单一，仅有 30% 的学生认为现有馆藏比较丰富。目前，我国中学图书馆资源建设整体状况特别是数字资源建设滞后，影响了读者服务效果，而通过与美国 1975 年出台的相关标准进行对照可以发现，目前北京市中学图书馆各类馆藏资源距离该标准有较大差距，另外服务质量与水平也亟待提高。北京市中小学图书馆自建数据库共计 229 个（占有效样本的 19.6%），几乎与外部订阅数据库总量持平，其中海淀区各被访中小学图书馆共计 46 个自建库（占总量的 20.1%），由此可见这类资源在北京市各校的分布也很不均衡。

8.4.3　本调研的相关研究结果

根据 D5e 题项所得答案可知，广西城区被访中学图书馆馆均电子书总量约为 35.36GB，其标准差为 178.35GB，超过了此指标平均值的 5 倍，由此可见被访中学图书馆间电子书总量存在巨大差异。其中位数和众数都是 0，各校该指标波动范围为

0~2 048GB，由此可见广西城区被访中学图书馆拥有的电子书数量存在两极分化现象，一方面是绝大多数中学图书馆无任何电子书，一方面是条件好的优质中学图书馆能跟随时代发展潮流和读者需求演化，大量购置、应用电子书资源。

由于两个题项都是询问相邻年份的在线数据库订购状况，而且两个题项所得答案数据高度相似，所以在同一自然段进行集中分析、归纳。根据 D5f 和 D5g 题项所得答案可知，2016 年和 2017 年广西城区被访中学图书馆馆均订购在线数据库总量分别约 0.1 个和 0.12 个，标准差分别约为 0.62 个和 0.7 个，是各指标平均值的 6 倍左右，由此可见广西各中学图书馆在线数据库数量与电子书总量存在更加严重的两极分化现象。这两个指标的中位数和众数都是 0，指标波动范围全部是 0~6 个。由此可见，广西城区中学图书馆普遍未拥有在线数据库来提供校内信息服务，目前虽绝大多数中学图书馆无此类资源，但个别中学图书馆已拥有并利用了在线数据库资源，因此该数据存在很严重的两极分化状况。

近年来不少发达地区，如北京市、珠海市已有较多中小学图书馆订阅了在线数据库，还有很多中学图书馆开始自建数据库，但最近几年广西城区中学图书馆极少购买在线数据库和电子书，仅个别中学图书馆拥有商家数据库和电子书使用权，自建数据库的情况更少甚至未出现。目前广西城区中学图书馆在在线数据库和电子书资源建设方面已出现两极分化趋势，校际数字资源呈现很大差距且有进一步拉大的趋势。

8.5 文献资源的加工组织及其评估、评价

在文献组织、检索方面，《中小学图书馆（室）规程》指出要“对采集的文献信息进行科学分类编目，建立完善的书目检索系统，实现书名、著作、分类多途径的检索”。图书馆的管理工作应实现信息化、网络化管理，建设文献信息管理与服务系统，从而改变传统的图书馆与文献信息资源管理方式，增强资源提供与管理服务能力。简单来讲，应用软件系统是学校图书馆信息化建设的中枢控制部分，选择应用软件时不仅要考虑学

校和图书馆的概况，而且要照顾学生的认知特征、利用习惯等。有关设施设备、自动化管理系统的统计结果已在第六章讲述过，此处不再赘述。文献资源加工组织还包括分类排架方法、期刊阅览和保藏、馆藏整理和剔旧、图书馆工作统计和评估等。

有关文献借阅制度，开架制是读者可直接进入书库选择、阅览及出借，读者可直接接触、浏览馆藏文献的借阅模式。《中小学图书馆（室）规程》要求中学图书馆书库实行开架制，目前广西绝大部分中小学图书馆都已采取开架制，根据2015年广西教育厅对中小学校的官方调研，在290所有效样本学校中有66.21%的学校实现了开架制，剩余33.79%的学校仍为闭架制。相比闭架制和半开架制，开架制的优点主要是能扩大读者的选择、浏览机会，激发他们的阅读兴趣和求知欲望；降低拒借率并提升馆藏利用率；减少借阅手续，节省读者时间；增加管理员与中学生的交流，减轻了他们找书的劳动强度。但开架制也会因馆藏资源错架、乱架、丢失和（污）破损而增加管理员的工作量，在一定程度上破坏馆藏秩序和质量，但通过教育辅导、管理规制、补充馆藏、勤于排架等针对性工作仍能抵消这些弊端。

8.5.1　图书期刊的分类整理、上架所需时间以及书库管理模式

在图书排架方法中，广西城区中学图书馆选用的是以内容排架法为主，以形式排架法在内的其他排架法为辅。大部分中学图书馆也采用国内各类图书馆通用的《中国图书馆图书分类法》。根据本研究调查问卷D12题项答案的统计分析结果可知，已按《中国图书馆图书分类法》进行分类的学校有182所（占比89.7%），部分按照《中国图书馆图书分类法》分类的学校有14所（占比6.9%），未按《中国图书馆图书分类法》分类的学校有7所（占比3.4%）。这说明在文献分类及序化方面，广西大多数被访中学图书馆已实现规范化和科学化。在文献体系框架确定并搭建完成后，文献编目、编码形成的数据质量如何，也直接影响到未来书目的系统检索、利用效率。因此，本研究调查问卷D13题项调查了书目数据的准确度：在203份有效问卷中，有7份问卷未做有效选择，其余提供有效答案的学校当中，认为数据几乎全部准确的共70所（占比34.5%，有效百分比为35.7%），认为数据大多数准确的共115所（占比56.7%，有效百分比为58.7%），并不确定自己学校图书馆（室）书目数据准确状况的共9所（占比4.4%，有

效百分比为 4.6%），认为数据仅有极少数准确的有 2 所（占比 1%，有效百分比为 1%）。这说明广西城区中学图书馆书目数据一般比较准确、规范，在这方面需加强的是新书到馆后如何迅速编目并提供给读者使用，如果是由公司导入的数据就需图书馆管理员认真核查这些数据是否全部准确。

本研究调查问卷 D15a 和 D15b 两个题项分别询问了新书和期刊的平均上架时间，此类主题虽然与读者服务直接关联，但毕竟是以书刊为客体对象的工作，因此放在本章节分析、展示结果。D15a 题项的答案数据显示，广西城区中学图书馆新书平均上架时间约为 14.12 天，标准差约为 18.15 天，由此可见广西中学图书馆的新书处理速度一般，工作效率有限，这很可能与图书馆管理员的人数和专业素养有关，与少量低效率学校拉长了文献处理平均时间有关。另外，新书上架平均时间的中位数和众数都为 7 天，这说明大多数图书馆上架所需时间较短，但是校际工作效率差距较大，其变动范围为 0~100 天。D15b 题项的答案数据显示，广西城区中学图书馆期刊平均上架时间约为 2.51 天，标准差约为 7.87 天，由此可知广西中学图书馆处理期刊的速度较好，但少量低效率学校也拉长了文献处理平均时间，而且此指标校际差异较大。另外，期刊上架平均时间的中位数和众数都为 0 天，这也说明大多数图书馆新到期刊当天就可上架，但是校际工作效率差距较大，其变动范围为 0~90 天。

因为期刊资源内容多样，在图书馆所需入藏时长不同，著录时应对需要长期收藏的过刊（一般需合订）正式著录，并组织期刊目录。根据本研究调查问卷 D6a 题项的答案可知，203 份有效学校样本中有 122 个学校（占比 60.1%）会为长期保藏期刊而定期将其装订成册，剩余 81 个学校（占比 39.9%）不会定期装订期刊。这说明被访中学图书馆多数已具备较规范的工作流程，但也有不少被访中学图书馆（室）此方面工作还不完善，这种连续出版物管理的基本工序和操作如果欠缺，就可透视、折射出整个期刊工作都未有效开展。

本研究调查问卷 D6b 题项是询问期刊是否按照主题分类、著录、保存和流通使用（下文简称“处理”），根据对其答案数据的统计进一步确认了上述所得或然性命题。经统计分析发现，被访中学对期刊做处理的有 128 所（占比 63.1%，有效百分比为 63.4%），未对期刊做处理的有 74 所（占比 36.5%，有效百分比为 36.6%），加上答案缺失的 1 份问卷就构成 203 份有效问卷。在书库管理模式上，所有有效样本中有 2 所学校未填书库管理模式，采用闭架制管理模式的共 10 所（占比 4.9%，有效百分比为 5%），采用半开架制管理模式的共 26 所（占比 12.8%，有效百分比为 12.9%），采用开架制管理模式的共 165 所（占比 81.3%，有效百分比为 82.1%）。由此可见广西城区中学图书馆（室）服务模式开放度较好，仅少数学校还需改进管理理念和模式，更好地对接师生读者对现代化图书馆的需求。

8.5.2　文献剔旧、图书馆统计和评价工作

图书馆以文献规则为依据，对馆内不符合规则底线要求、使用价值较低的文献进行规范化筛选、清理的工作就是文献剔旧。此工作既重要也必要，目的在于节省空间留给价值更高的图书、期刊等，另外也能调整优化藏书结构，提升文献质量和读者满意度、降低拒借率，提升图书馆的社会效益。开展文献剔旧工作前要考虑纸质文献资源是否符合办学要求，即在有余书的前提下剔旧。目前广西有接近一半的中学图书馆未开展此项工作，部分开展了的图书馆也未履行应有的剔除规范和手续，直接造成了广西中学图书馆普遍空间紧张、馆藏质量低的现状。在 203 个有效中学样本中，根据 D11b 题项答案统计分析结果可知，有 1 所学校答案缺失，在答案有效的中学中开展文献剔旧工作的学校有 109 所（占比 53.7%，有效百分比为 54%），未开展文献剔旧工作的学校有 93 所（占比 45.8%，有效百分比为 46%），这说明不少城区中学尚且未将剔旧工作规范常态化，因此可持续性的馆藏建设受到了制约。根据 D11c 题项答案统计分析结果可知，有 3 个学校答案缺失，填有答案的中学严格办理了文献审批注销手续的学校有 88 所（占比 43.3%，有效百分比为 44%），未严格办理文献审批注销手续的学校有 112 所（占比 55.2%，有效百分比为 56%），这说明半数以上城区中学文献资源管理运行的相关流程未规范化。

中学图书馆统计工作内容包括对相关工作和事业进行调研、提供统计资料、制定数量指标、施行统计监督，可以调动人员积极性并为图书馆制定计划、做出决策提供依据，它们是评价图书馆工作质量、运营效率和效益的依据，是实现科学管理的依据、前提和重要手段，还有助于开展基于实践工作的学术研究。但是，目前大多数图书馆管理

员对调查统计工作的重要性认识不足，调查统计工作没有充分发挥其作用。如果图书馆没有系统的统计分析，就没有真正意义上的核算、监督和计划，它是正确发展图书馆事业的关键，一定程度上能够衡量图书馆的受重视程度及整个社会的文明程度。在对广西城区中学图书馆的调研中也证实了这一点，图书馆（室）统计资料并非唾手可得，显然统计工作还未形成严格的制度化操作。

2015 年修订的《学校图书馆指南》（第 2 版）指出："评估是持续发展循环的关键。评估有助于学校图书馆的活动和服务与学校的目标保持一致。评估可向学生、教师、图书馆管理员以及更广泛的教育社群证明学校图书馆活动和服务的裨益。评估为改进活动和服务提供证据，帮助图书馆工作人员和用户理解这些活动和服务的价值"。另外，评估工作作为系统、全面、定量定性方法相结合的考核和评价图书馆的过程，它也是科学管理学校图书馆的主要方法之一，能够促进学校图书馆提升制度规范化水平和整体服务质量，并能够为各级教育部门决策提供重要依据。成功的评估会带来服务的适当更新与新服务，它对于指导宣传和公共关系也很关键。馆藏质量评价标准包括藏书结构的合理性、重点藏书是否系统和完整、选书质量、数字资源的数量和质量，以及馆藏满足读者需求的程度和服务能力等，另外也要加大力度评估管理员队伍建设、参考咨询工作、读者满意度及科研学术成果状况。目前我国的学校图书馆评估主体一般包括教育行政部门领导、装备部门人员、受聘参与的高等和基础教育系统图书馆专家等，可以说仍是教育系统内部的自我评估，不利于问题缺陷的发掘、审视与彻底解决。呼吁中学图书馆从内部评估逐渐转为外部评估，多方合作、共同参与，特别重视读者与第三方机构的评估，这样能相对较好地保障图书馆评估的科学性、完整性与公正性。通过调研可知，广西城区中学图书馆（室）评估工作尚未形成制度化、常态化。

8.6　中学图书馆（室）资源内容创建和管理总结与假设检验

8.6.1　中学图书馆（室）资源内容创建和管理的总结与启示

广西城区中学图书馆（室）馆藏量校际差距很大，其中多数中学图书馆纸质馆藏较贫乏，事实上不少中学图书馆未收藏任何纸质图书，这反映出中学图书馆的实际状况严重背离其社会职能角色，这种图书馆已面临严重的生存危机。另外，被访中学图书馆生均藏书量仍在国家的合格线上下徘徊，并且校际差异很大。由此可见，虽然各教育行政部门和学校多年来高度重视、大力改善硬件指标，但目前仍未达到理想状态，这应当与本地经济发展状况和财政投入力度有关。近年来，新增图书量的校际差异较大，大多数中学图书馆的新书量很少。相应地，各中学图书馆平均的生均图书递增量也出现两极分化现象。有关五大部类藏书主题结构，调查发现五部类藏书的资源量校际差异较大，而且马列类、自科类和哲学类三大部类藏书严重不足，同时社科类藏书总量超标严重。这不利于学生的综合素质发展，对培养学生的阅读兴趣和自然科学爱好非常不利，少数学校定期清点文献的制度也须建立、健全并常规化执行。绝大多数被访中学图书馆分类方式规范、书目数据较准确，对新进图书的处理加工速度一般较快；同时，对期刊报纸资源的管理还须进一步规范；另外，剔旧工作具备较大的提升、完善空间，这应当也是国内其余地区中小学校图书馆的痼疾所在。

通过本章的分析探究还发现，在数字资源方面，大多数被访中学图书馆并未订购、使用电子书和在线数据库，但条件好的中学图书馆已大量购置、拥有数字资源，整体来看此类资源建设出现较严重的两极分化，目前看来其差距还有进一步拉大的趋势。在期刊和报纸工作方面，主要问题也在于数量的校际差异很大，大多数中学图书馆资源建设水平很低。广西中学图书馆（室）的统计和评价工作更为滞后，定期开展该工作的中学图书馆少之又少，这显然不利于促进中学图书馆的整体发展和变革，而这也与省市区县级教育行政部门的政策导向与决策密不可分。

8.6.2 中学图书馆（室）资源内容创建和管理的假设检验

在本书第二章所提出的 7 个假设中，有 4 个假设与本章内容直接关联，因此此处要依次验证是接受还是拒绝这 4 个假设。这 4 个假设分别是 H1——广西大多数地级市城区中学图书馆生均藏书量符合国家最新规程的相关要求。H2——广西大多数地级市城区中学图书馆管理人员的设置符合国家最新规程的相关要求。H3——广西大多数地级市城区中学图书馆五大部类藏书比例符合国家最新规程要求。H4——广西不同地级市城区中学图书馆的生均藏书量存在着统计学意义上的显著差别。H5——广西不同地级市城区中学图书馆的自动化管理水平、数字资源采集量等现代化指标都存在统计学意义上的显著差别。

由本章上述数据及其分析可知，对于 H1 假设，即广西大多数地级市城区中学图书馆生均藏书量符合国家最新规程的相关要求予以肯定；对 H3 假设可予以否定，目前广西的藏书结构与国家专业要求严重不符，其余两个假设则需有新的数据予以支持，虽然第十章还会涉及各地级市相关指标比较问题，但此处先简单汇报接受或拒绝这些假设的依据，而不涉及孰多孰少、孰优孰劣的问题。

根据表 8-2 可知，广西不同地级市中学图书馆（室）的生均藏书量有统计学意义上的显著差别。这也说明广西各地级市城市中学图书馆生均藏书量具有一定的差距，即中学图书馆和当地教育系统在保障学生的信息、文化等权利的能力上存在显著差别，而学生权利的受保障度和发展普惠度也相应地有较大差别，因此接受 H4 假设。

表 8-2　在广西各地级市（A5）中学图书馆之间检验其生均藏书量（D5d）是否有显著性差异

	平方和	自由度	均方	F	显著性
组间	9 070.87	13	697.76	2.58	.00
组内	50 232.18	186	270.07	—	—
总计	59 303.05	199			

注：此表数据精确到小数点后第二位。

对于 H5 假设，根据表 8-3 所呈现的数据可知，需要接受不同地级市城区中学图书馆在自动化管理水平、数字资源采集量等现代化指标上存在显著性差异的假设。这说明在现代化建设方面，广西各地级市中学图书馆须进一步加以平衡、协调。

表 8-3　在广西各地级市（A5）中学图书馆之间以 ANOVA 方式检验它们的自动化管理水平（C5、C6、C7、C8）、数字资源采集量（D5e、D5f、D5g）等现代化指标是否存在显著性差异

	平方和	自由度	均方	F	显著性
组间	3.72	13	.29	2.33	.01
组内	23.24	189	.12	—	—
总计	26.96	202	—	—	—

注：此表数据精确到小数点后第二位。

本章结果的总结和归纳

信息资源是各级各类图书馆生存和发展的依据，因此中学图书馆的资源内容创建格外重要，不少业内人士把文献资源加工处理看成图情专业人士的看家本领。在人力资源薄弱且专业性较差的情况下，目前广西大多数城区中学图书馆的信息资源建设、加工处理、剔除等工作都未实现专业化和规范化管理，因此其信息资源管理工作具备较大的调整、改善和提升空间，而作为信息资源体系重要组成部分的数字信息资源，其建设发展两极分化趋向明显，很不利于实现教育均等化目标与构建和谐社会，因此在加大资源建设投入力度的同时须特别注重均衡校际发展。只有日积月累地做好资源创建的专业化、规范化管理，中学图书馆拥有一个科学、实用和系统化的信息资源体系的目标才能实现。资源创建作为技术和专业含量很高的一类工作，不依靠自身能力并结合师生意见来圈定，仅遵循领导意志、盲目接受发行商推荐，或者常年无经费，图书馆管理员得过且过，那么上述目标就会是一项不可能完成的任务。

第九章

中学图书馆（室）读者服务管理

9.1 读者特性和基础服务工作

读者服务工作是图书馆工作中一项很重要的工作，为读者服务是图书馆一切工作的最终目的。同时，读者服务工作是衡量图书馆工作好坏的标准，因为一般读者评价图书馆的直接依据即读者工作质量。馆藏建设工作虽必不可少，但可以说其在所有工作流程中仅是一种手段或渠道，是为读者服务工作做准备的，而读者服务工作中所获反馈信息也可作为改进、提升馆藏建设工作质量的参照和依据。上述这些理论和工作规律对面向未成年人的图书馆工作来讲概莫能外。另外，学校图书馆读者服务工作的一个重要组成部分即宣传推广工作，它发挥着读者与图书馆间的桥梁与纽带的作用，可作为衡量当代图书馆一切工作的尺度。

文献提供是图书馆未成年人服务中的一项基本职能，其工作量和社会影响较大，包括外借、阅览、文献复制、馆际互借等方式，其中外借工作中个人外借是图书馆的主要和基本服务方式，也是利用率最高、出借量最多的服务形式，它能够满足读者特定的信息需求、辅助支撑课内学习和个性化阅读需求。不少中学图书馆还有集体外借方式，即以集体的名义批量借书，这种方式能够方便未成年人阅读、扩大图书流通范围、节省管理人员的工作量；集体批量借书的产生和长期存在可能基于这两种或然性情形：一是帮助馆藏缺乏、设备较差与经费不足的学校满足学生课外阅读需求，从而被广泛应用；二是可满足小组读者与单位团体读者共同学习、参考研究和举办活动所需，方便有共同需求的读者群体。目前广西壮族自治区不少中学在校内设置读书长廊、书吧图书角、自助书屋等，它们也是图书馆馆藏馆外流通的有益探索。

经过学者以往较大范围调研发现，2014 年北京市中小学图书馆借阅总册数为 664.255 5 万册，该年曾借阅过的读者总量达 432.714 4 万人次，生均借阅了 8.3 次，每人次平均借阅 1.5 册，其中海淀区中小学生 2014 年生均借阅 8.2 次，每人次平均借阅 1.2 册，这说明在全北京市中，海淀区学生的到馆率较高，借阅行为较频繁。北京市借阅总量、人次等阅读行为指标位于前列的城区还包括朝阳区、西城区、房山区和顺义区等。即便如此，对学生进行大规模调研后发现，该群体中仅有 29.5% 的学生通过图书馆获取课外阅读书籍，更多学生（31%）则倾向于书店购买，这说明被访群体借阅数据很可能只代表习惯实体书借阅的小部分学生被平均过的借阅行为。总之北京市中小学虽已建立起较完整的中小学信息资源服务体系，其图书馆也具备了较可观的读者群和服务规模，但在信息资源保障、读物宣传推广与提升学生读者满意度上尚有较大的进步空间。2017 年教育部相关部门对 169 所中小学的调研结果显示，这些学校图书馆（室）开放时间普遍较短，仅有 37% 的被访馆开放时间不少于每周 40 小时，达到了国家的规范性要求，样本学校每周平均开放 24.7 小时，城区被访馆每周平均开放 26.9 小时，要明显长于农村学校的 21.3 小时，但无论城区还是农村学校图书馆，相对国家的规范性要求仍有较大差距。另外，学生到访图书馆（室）的次数和借阅量都较低，到访图书馆的次数随学段升高而下降，借阅量也呈现减少趋势，不少学生去图书馆是看中其学习环境，而在学生的课外阅读行为中，应试功利性阅读占据了主导地位。实际上这严重违背了青少年的认知和阅读发展规律，按规律和逻辑推理应是个体年龄越大，生理及心理越成熟，其阅读需求越旺盛。

2015 年广西壮族自治区教育厅通过全区调研发现，在 290 个有效学校图书馆（室）样本中，每周开放时间在 10 小时及以内的占 78.28%，仅有 21.72% 的学校图书馆（室）每周开放时间在 10 小时以上，这与国家 2015 年所要求的每周开放时间不少于 40 小时相差甚远，事实上提供开放仅仅是信息服务机构最基础、最简单的服务形式，由此可见广西壮族自治区中小学未实现依法依规办学的状况还较普遍。另外，2015 年年底，广西壮族自治区教育厅对河池市中小学的教育装备调研得出了类似结果：被访学校图书馆（室）中每周开放时间在 10 小时以内的占样本总量的 60.6%，在 10 小时以上的仅占 39.4%。此研究再次印证了广西壮族自治区中小学校图书馆与国家要求乃至发达国家水平有较大差距，但为将来的业务调整、发展指明了方向与要求。

国外学者也有相关研究，Vinson（1983）在其教育学博士学位论文中采用历史分析方法，分析了 1950—1980 年，学校图书馆为残障学生提供的特殊服务及其发展变化，并将其与 1979—1980 年全国性学校图书馆调研结果相结合，确定了引起服务变动的因素与各时期学校图书馆提供的服务、设施和资料等，最终得出：学校图书馆残障学生服务包括图书馆服务与特殊教育两部分，1950—1970 年两部分各自的发展较孤立，都未与外界交流、协作或做发展规划等，这段时期国家对残障儿童的立法保障切实促进了教育公平，不少机构提供的资料和设备都可为残障学生提供相应信息服务，到 20 世纪 80 年代学校图书馆已能够为残障学生提供基本规模的保障性服务，更优质服务的开拓发展则依赖于与特教教师、普通任课教师、家长和校长等合作才能实现。美国有关中学图书馆的实证型读者研究表明，预测学生群体自我感知到的，他们各自在图书馆是否受到欢迎，以及他们是否自愿和频繁利用图书馆的最有力指标即噪声水平偏好与感知。通俗来讲，即图书馆特定区域愈安静就愈会受学生读者喜爱，此因素在研究者所提问题中未被提及而是由学生各自独立提出的；为满足具有特殊需求的学生读者，有条件的中学图书馆应提供安静区域、社交区域、各阅读层次和主题的大体量图书馆藏、高速上网和软硬件都能及时更新的计算机，并配备具有较强资质且乐于助人的图书馆管理员等。被访学生普遍认为图书馆应配备更多具备专业素养的管理员，而且他们期望能在图书馆体验到最新信息技术和设备，以及最新的和趣味性的图书资料。Oltmann（2015）在美国两个差异较大的州调查了各自学校图书馆的相关馆藏，调查结果显示学校招生规模（正比）、地区类型等变量都与馆藏量相关。

阅览服务作为图书馆流通服务的一个基本形式，可分为传统阅览服务（阅览室服务）与多媒体资源阅览服务（包括声像磁性资料和网络阅览）。中学图书馆（室）是供师生读者在规定时间和阅览环境内利用文献资源的场所，不仅可供教师备课、学习、休闲与科研等，而且可为学生自学、完成课内作业、课外阅读与交流互动等创造空间。人们一般认为在阅览室放置文献资源提供现场阅读，也是为师生读者服务的基本方式。多媒体资源阅览服务则是由图书馆（室）提供大量门类多样的电子图书、光盘等光学资料、课件、磁性资料、在线教学资源数据库与网络多媒体素材等，供师生查阅、利用的一种较新颖的阅览服务方式。北京市通过大规模针对性调研发现，有 57% 的中小学生认为学校图书馆借阅较方便，有不足 11% 的被访学生认为借阅手续过于繁杂，这与其各自学校的开架借阅比率以及信息化建设水平高都有关联，从而印证了借阅制度的重要性以及信息化确能带来借阅行为的便捷化。

珠海市三中对班级图书（读书）角进行了服务创新，提出并实施“微图书馆”计划，这种服务模式能够加强班级阅读平台和校园文化建设，以便从真正意义上营造书香校园，推动其可持续性的创新发展。另外，这种创新性、整合后的班级图书（读书）角还能进一步激活馆藏文献资源，吸引更多读者频繁地前往图书馆，从而大幅度地提升图书借阅流通总量；还方便图书馆将资源服务推送给师生读者，从而使图书馆与全校特定群体（特别是学科教师、班主任等）联系更密切；可潜移默化地增进师生对图书馆的认知水平、认同度与满意度，为其打造服务品牌与开展更高水平的校园阅读活动奠定了坚实根基。当然，创建、运营各校图书（读书）角不可盲目冒进，首先要评估各校现有资源、管理人员素质能力、管理制度与手段，以及师生阅读状况与氛围，在具备一定条件、有创建成功与可持续建设的信心时再着手开展。在对读者及其基本服务的研究完成回溯和综述后，下面将集中展示和分析附录 D 的调查结果及其蕴含的理论意义与价值。

9.1.1　借书证的相关数据调查

由本研究调查问卷[①]E1a 题项答案数据可知，单个中学图书馆（室）所办理的有效借书证总量平均为 2 002.37 个，标准差为 1 476.75，中位数和众数分别为 1 803 和 0，所得数据最小值与最大值分别为 0 和 8 100。由此可见，部分中学亟待开展或完善图书馆（室）数字化、网络化建设，目前各校所服务读者规模的校际差异已较明显，落后学校亟待赶上当前时代发展脉动和其余学校的发展进度。

由本调研调查问卷 E1b 题项答案数据可知，在有效借书证中，2017 年被利用过的借书证总量每校平均为 1 375.27 个，标准差为 1 826.12，中位数和众数分别为 1 010 和 0，所得数据最小值与最大值分别为 0 和 2 000。由此可见，广西各被访中学图书馆的现有有效图书证利用率不高，如果按照平均值计算其利用率约为 68.68%，甚至也有部分学校图书馆 2017 年全年被利用借书证总计为 0（部分学校受无信息系统加以统计和空间改造等特殊事项影响）。当然，此种数据可能与学校图书馆现代化程度与数据管理水平有关，但它们也反映出广西中学图书馆利用率整体不高且校际差异较大的问题，从而促使相关部门必然要对广西中学师生开展大规模阅读推广工作。

由本研究调查问卷 E2a 题项答案数据可知，2017 年广西城区被访中学平均每校全年的文献流通总册次为 14 305.08，标准差为 19 125.97，该指标众数和中位数分别为 0

① 本调研调查问卷请参见附录 D。

和 8 500，其最小值和最大值分别为 0 和 132 830。这说明校际差距很大，但根据中位数数值发现，大多数中学图书馆的文献流通总册次可能不多，图书馆与课外阅读在各校的受欢迎程度普遍不高。本研究调查问卷 E2b 题项答案数据更直观地展示了普通学生借阅行为，由统计分析可知 2017 年广西被访中学图书馆平均各校全年的生均借阅册次为 6.98，标准差约为 7.26，中位数和众数分别为 5 和 0，生均借阅册次从 0 到 40 不等。这说明校际差异较大，均值、众数和中位数不高，多数中学生日常借阅课外图书册次低，仅有极少数中学图书馆（室）的文献资料和服务受欢迎。

9.1.2　开放时间的数据调查

由本研究调查问卷 E5 题项答案数据可知，被访中学图书馆（室）在学生课余期间开放的学校有 120 所（59.1%），事实上能在课余时间开放也是一所高效、专业化的中学图书馆应该做到的事。因为师生在正常教学时间无暇利用实体图书馆的事实不难理解，而且图书馆（室）主要服务对象为在校学生，如果在课余时间还未考虑并规定开放的话，就在客观上几乎断绝了所有读者利用图书馆（室）的可能性，完全不可取。因此，广西中学图书馆（室）特别是被访中学中其余 83 所做不到课余时间开放的中学（占比 40.9%），应有针对性地增加资源、增强培训力度等，以便调整和延长其开馆时间。

由本研究调查问卷 E4a 题项答案数据可知，在学期内被访中学图书馆（室）平均每周开放时长约为 33.12 小时，标准差约为 22.2，其中位数和众数都为 40，此指标数据最小值与最大值分别为 0 和 168。由此可见，校际图书馆（室）开放时长差距较大，对照 2018 年版《中小学图书馆（室）规程》要求的教学期间每周开放不少于 40 小时，广西城区中学图书馆（室）开放时间普遍偏短，有相当数量比例的学校未达到国家的办馆要求，这种情形已比上文综述 2015 年调研结果和发展状况有较明显改善，但它们的调整和发展空间仍较巨大，由上述数据及其分析已验证：被访图书馆（室）开放时长与此机构管理人员数量等指标直接相关。由本研究调查问卷 E4b 题项的答案数据可知，假期内被访中学图书馆（室）平均每周开放时长为 1.86 小时，标准差为 12.97，其中位数和众数都为 0，所得数据最小值与最大值分别为 0 和 168。由此可知，各中学图书馆在节假日开放时长的校际差距极大，这再次验证了上述 E5 题项数据分析结果，基于满足用户需求，广西中学图书馆都面临着大幅延长开放时间特别是假期开放时间的任务。另外，2018 年版《中小学图书馆（室）规程》明确鼓励中学图书馆（室）在节假日、寒暑假以及课余时间向师生有效开放。对照数据后可知，目前广西中学图书馆（室）在学生业余时间开放的情况并不普遍，而且能够开放的有效时长很短，绝大多数被访机构还远未达到国家对优秀中学图书馆的服务要求，不少中学图书馆（室）未达到国家对这类机构开放时间的最基本要求。因此，切实考虑师生读者的阅读需求与作息规律，延长和调整现有开馆时间势在必行。

9.1.3 班级图书角状况调查

由本研究调查问卷 C4a 题项的答案数据可知，被访中学校均班级图书角数量为 23.9 个，标准差为 22.18，该指标中位数和众数分别为 21 和 0，所得数据最小值与最大值分别为 0 和 100。由此可知，广西中学班级图书角虽已广泛设置，但其建设不健全、不完善，很多学校从未设置过也无设置班级图书角的意愿，校际间设置班级图书角的现状差距较大。但业务逻辑和现状是，既然拥有并运营中学和班级图书角能够很好地增强信息资源的可获得性，并且广西多数学校都已具有一定的建设基础和条件，那么可对其进行进一步的推广和建设。由本研究调查问卷 C4b 题项的答案数据可知，各被访中学校均各班图书角书籍量为 89.02 册，标准差为 242.66，中位数和众数分别为 50 和 0，所得数据最小值与最大值分别为 0 和 3 000。由此可知，各校所设置图书角藏书量的校际间差异极大，有部分学校各班图书角未收藏任何图书甚至没有图书角，但总体来讲目前每班平均藏书量已基本能够满足现有阅读需求，将来进一步建设班级藏书的工作重心可放在不同中学、班级之间查漏补缺。再由本研究调查问卷 C4c 题项的答案数据可知，被访中学各班级图书角中图书每年平均更换频率约为 2.5 次，标准差约为 4.56，中位数和众数分别为 1 和 0，所得数据最小值与最大值分别为 0 和 40。由数据及笔者见闻可知，中学图书角藏书的轮换现状大体是部分学校从不更换，多数学校则更换频率很低，广西中学图书角更换率普遍不高而且校际间差异很大，仅有极少数学校的图书更换频繁。提出图书轮换问题是基于图书角中特定藏书放置过久（如呆滞状态）会降低乃至彻底消解其对特定班级师生的使用价值，因此经营管理好图书角藏书不仅必要，而且对中学的多方面发展裨益良多。

综上所述，广西城区中学图书馆（室）基础服务状况不佳，不仅普遍距离国家规定的优秀学校标准很远，而且有不少中学并未达到国家对于中学图书馆（室）如学期内开放时间、假期开放时间等基本要求，校际差异很大。对于本节所统计分析的反映服务绩效和受欢迎程度的多个指标，如借书证总量、年度借书证利用率、年度文献流通总册次和生均借书总册次等，广西中学图书馆的表现不尽如人意：阅读风气总体低迷、图书馆利用率低、校际利用数据差距很大，这可谓中学图书馆面临生存危机的一大表现。当然，发现、认识到严重危机也是化解危机、带来机遇与改观的必要前提和先决条件。

9.2 读者推广与特色服务等工作

所有一体化现代图书馆对于学校，正如公共图书馆对于社区，其服务范围绝不局限于馆舍内，现代优秀的学校图书馆不仅是静态被动地提供资源和服务，而是将它们推广到各学科教学活动与各班级并推送到学生手上，以便激发学生的求知欲和想象力。事实上这种观念和理论已得到图书馆学界业界的普遍认同。2017 年教育部有关部门对 6 个省（直辖市、自治区）的 169 所中小学调查研究发现，它们的图书馆专业化服务严重欠缺，未能充分发挥应有的育人功能，仅有 9.3% 的学校经常举办图书馆介绍讲座，有近 60% 的学校很少或未曾举办过图书馆游学介绍活动，有 70.9% 的学校经常或有时举办丰富的读书推广活动，小学图书馆开展图书推荐等读书活动的频率高于初高中。

回到图书馆本源，我国学者已认识到，活用图书馆以便增进人民的智识和修养，这本就是其在社会上生存发展的根据。杜定友在其著作中提出："只是保存图书，也没有多大的用处。所以图书馆一方面要保存文化一方面要发扬文化。"他还指出："图书馆里的书籍，浩如烟海，对于读者，若是不加以相当的指导，那么图书馆犹未尽其能事……图书馆长可以随时随地，施行阅览指导法，以求辅助读者求学的效果。"宋庆龄也指出："通过儿童读物，帮助小读者增进知识，扩大眼界……由于儿童对读物的分析、批判的能力比较低，如果离开正确的指导，即使一本好的读物，也可能对儿童产生不好的影响。教师和家长都要重视儿童阅读的指导……要帮助儿童选择好的适合他们的年龄特点和接受水平的读物，运用各种方式引导儿童分析读物的主题思想，评论书中的人物和事迹。”她还指出：“运用社会各方面的力量增设儿童阅览室，给儿童更多便利条件来购买和阅读他们所需书籍。”2015 年修订的《学校图书馆指南》（第 2 版）明确指出，为圆满达成教育使命，学校图书馆必须通过系列精心研究的教导和服务活动积极参与教育社群。一般来讲，读者活动开展得越好，图书馆所能发挥的教育、信息传递与文化欣赏等休闲职能越好，图书馆就更能“凝聚人气”，从而使读者活动和图书馆整体运营更好地持续下去。根据国际通行的行业要求和中国学者的论述可知，读者活动是学校图书馆开展业务的必选项，而不应仅作为目前不少国内图书馆锦上添花的一项业务活动。另外，开展适宜的读者活动，对于中学图书馆的整体发展及其关键职能的发挥都至关重要。

《学校图书馆指南》（第 2 版）指出：“学校图书馆员应专注于以下核心教学活动：基本文化素养培育与阅读推广；媒体与信息素养（如信息素养、信息技能、信息能力、信息通晓、媒体素养、跨媒体信息素养）；探究式学习（如问题导向学习、批判性思维）……用于描述学校图书馆活动的术语……就有‘阅读推广’‘广泛阅读’‘自主阅读’‘休闲或娱乐阅读’或‘快乐阅读’等不同叫法。”《学校图书馆指南》（第 2 版）还指出：“学校图书馆活动的丰富与否和质量高低主要取决于学校图书馆内外可获得的人力资源的多少……拥有一批训练有素且积极性高的工作人员是至关重要的。”2018 年版《中小学图书馆（室）规程》指出，图书馆要开设新生入馆教育、文献检索和阅读指导课程，鼓励纳入教学计划……要在学校设立阅读指导机构，开展（校际）阅读活动。2015 年发布的《关于加强新时期中小学图书馆建设与应用工作的意见》指出，中小学图书馆要经常性地举办读书活动，创建书香校园。由此可知，图书馆开设阅读课已成为基层学校开展读者服务工作的一项积极探索，同时也是素质教育的重要组成部分。这使得以往游离于教学过程外的学校图书馆，成为学校课程开发的重要阵地之一。另外，中小学图书馆作为基础性资源支持其他课程资源拓展与再生的功能必不可少，否则基础与中等教育课程改革的实际成效不会令人乐观。由此可见，在全球范围内，阅读指导已成为中学图书馆教育职能的具体体现，是其读者工作的重要组成部分，也是当代图书馆开展未成年人服务工作的必备要素。

事实上，服务活动化已成为现代图书馆服务的新特征与重要趋势，虽然活动直接导致图书馆原有静谧、高雅的环境发生了变化，从而引发部分读者的抱怨，而且不少图书馆管理人员对阅读推广活动是否属于其业务范围心存疑虑，但是服务活动化仍在逐渐成为公共图书馆的主流服务趋势。有关我国学校图书馆阅读推广活动，下列研究展示了该领域的发展现状。天津市对中小学图书馆的调查显示，仅有 14.9% 的中小学生将学校图书馆资源作为图书课外阅读的主要来源，由此可见大都市学校图书馆的影响力可能一般都很小。福建省对中小学图书馆的调查显示，管理人员普遍认为对阅读推广活动影响最大的是领导的支持，正向推动作用也是阅读推广活动成功开展的先决条件，这就需要各学校图书馆积极沟通、宣传、争取资源，从而获得领导的关注、认同与支持，使学校图书馆回归本位、名副其实，从而成为校园阅读推广活动的核心力量。北京市对中小学图书馆的调查发现，2014 年共计 1 121 所提供有效问卷的学校全年共举办 5 023 次阅读推广活动，校均活动为 4.5 次，其中海淀区中小学 2014 年的校均活动为 10.3 次，但在调查学生是否知晓学校图书馆除借阅服务外还开展其他服务时，有 31% 的学生回答不知道，另外中学举办阅读推广活动的频率、次数乃至活动广度和深度全部优于小学，同时北京市多数城区阅读推广活动开展得较好，当然这与其流通状况存在紧密联系，但这些活动在学生普及度、受欢迎程度等方面仍有待提高。北京市中小学阅读推广活动虽然举办的次数较多，但图书馆员担任阅读指导课教师比率还很低，小学图书管理员担任阅读指导课教师就更加凤毛麟角了。通过对北京市中小学生的调研得出，仅有 28% 的学生所接受的阅读指导由图书馆教师开展，从指导频率看仅有 28% 的学生反馈阅读指导会经常开展，其余学生认为指导频次较低。这说明目前北京市学校图书馆阅读指导工作还远未达到令人满意的程度。

我们通过调查发现，在海外诸国，如马来西亚华文独立中学图书馆，大多数机构未开展阅读推广活动，这是其专业人员匮乏的直接结果，也表明它们的图书馆服务处于被动状态，在读者服务理念上也相对滞后。Howard（2008）以四个获得 AASL 颁发的图书馆效能奖的美国中小学为案例，利用定性实证研究方法发现这些学校全部存在协作文化盛行、校长协作领导范式和师生对资源服务的高度期望等共通运作模式，这也启示图情学科教育者在培训学校图书馆员时考虑学校文化因素，也提醒教育者在适应环境与发展事业中注意改善其文化环境。Paino（2016）在其教育学博士学位论文中针对美国东南部某私立学校，通过观察、访谈等方法得出，图书馆已成为小学生读者就图书与阅读进行有效对话的空间，特别是三年级学生开放性、流动性强，其群体内部频繁交流且与管理员进行更加频繁、持久的交流，他们交流的内容包括图书、图书馆（员）观点分享和其他话题等。这些研究传递了海外中小学图书馆经营管理状况，也部分交代了成功地办理学校图书馆的经验并指明了其高阶阅读推广工作大有可为。

上述政策汇总分析与研究综述未包括面向特殊中学生的阅读指导工作。特殊中学生是指在生理、心理上具有优越条件的超常学生，以及在生理、心理上存在不同程度障碍的低常儿童，还包括身体病残、行为品格异常难以管教的中学生。这也是各国在图书馆事业建设与学术研究上都需引起重视并加大投入力度的主题领域，从此角度讲图书馆服务的发展潜力与空间还很大。因为在条件允许的情况下，中学图书馆应关照特殊中学生，通过提供特殊的资源服务真正尊重与保护这些学生的受教育、文化发展、信息获取等各方面的平等权利，真正实现中学图书馆在校内外的重要社会价值。阅读推广活动确实可被视为图书馆员对用户阅读行为、习惯（潜在用户的非阅读行为）进行专业化干预的过程，当然图书馆员必须首先确知，并愈加洞察怎样的活动能够产生积极正面的干预效果，即他们也需寻找足够的证据证明其所选定的推广方式的有效性。

9.2.1 读者对现有馆藏以及管理员对现有工作的满意度

由本研究调查问卷 D8 题项的答案数据可知，被访中学图书馆已有藏书满足师生借阅需求情况如下：几乎完全满足、满足多数需求的选择问卷分别为 37 份（占比 18.2%）和 106 份（占比 52.2%），两种选择累计占比 70.4%；选择不确定、基本不能满足和远远无法满足三种情形的问卷分别为 19 份（占比 9.4%）、30 份（占比 14.8%）和 11 份（占比 5.4%），这三种情况共计 60 份问卷，约占有效问卷总量的 29.6%。由此可知，相关师生读者对中学图书馆现有馆藏大体满意，仅在少数情况下无法从学校图书馆馆藏获得满足。由于被访人员是学校领导或者图书管理员等服务提供主体和利益相关人群，基于人员自身利益和自尊考虑，这些数据的可靠性和准确性有待商榷。同时，此处症结也许在于服务提供方的认知和自省水平有限，其主观上也许认为师生群体对现有文献资源比较满意。基于上述两点考虑，要得出影响读者满意度因素等相关问题的答案，可能要通过深度访谈乃至实验研究方法才能得出，因此本研究相关结果仅供参考。

由本研究调查问卷D9题项的答案数据可知，被访中学图书馆师生读者借阅到最新优秀图书的情况：选择完全可以、多数情况下可以的问卷分别为26份（占比约为12.8%）和85份（占比约为41.9%），两种选择累计占比约为54.7%；选择不确定、多数情况不可以和完全做不到选项的问卷分别为32份（占比约为15.8%）、43份（占比约为21.2%）和17份（占比约为8.4%），三种选择共计92份问卷，约占有效问卷总量的45.32%。由此可见，在最新优秀图书借阅利用的调查结果方面，被访者数据显示他们在回答此问题时所具备的自信心水平有所下降，特别是相对于满足多数需求的选择大幅度萎缩，而做出后两种消极评判与选择不确定的被访者数量及比例均出现大幅提升。这些分析结果说明基层中学图书馆可能对最新优秀图书的需求相当旺盛，而基层中学图书馆管理员等也已初步认识到师生对此种信息的需求，但根据广西中学图书馆的发展现状，采取了有效行动的基层中学图书馆凤毛麟角。

依据时间和逻辑次序，师生读者接触到的优秀文献显然是业务人员先接触到的，因而设置了D10题项，由本研究所收回的203份有效问卷可知，对于了解并接触最新优秀文献的状况，选择完全可以、多数情况下可以的问卷分别为28份（占比约为13.8%，有效占比约为13.9%）和70份（占比约为34.5%，有效占比约为34.8%），两选择共计98份问卷，累计有效问卷占比约为48.7%；选择不确定、多数情况不可以和完全做不到三种情形的问卷分别为49份（占比约为24.1%，有效占比约为24.4%）、33份（占比约为16.3%，有效占比约为16.4%）和21份（占比约为10.3%，有效占比约为10.4%），三种选择共计103份问卷，而有效问卷占比约为51.2%。由此可知，广西城区中学图书馆管理员目前大多无法接触到最新优秀图书，有效的文献资源建设渠道或用以投入的资源量很少（此问题可与第六章调研结果实现呼应和印证），因而他们开展文献资源建设工作的条件特别是可利用的资源需要较大幅度的优化，这也是优化图书馆读者服务的先决条件。城区中学图书馆尚且如此，郊区和乡村地区图书馆文献资源建设工作的资源投入与员工的工作满意度就更不乐观了。

9.2.2 包括互联网在内的电子渠道各项服务开展状况

由本研究调查问卷 E3a 题项的答案数据可知，被访中学图书馆可满足师生计算机文献检索需求的频次为 118 次（占比约为 58.1%，有效占比约为 59.9%），不能满足计算机文献检索需求的为 79 次（占比约为 38.9%，有效占比约为 40.1%），并发现 203 份有效问卷中此题答案缺失的有 6 所学校。由此可知，目前广西的多数中学图书馆已为师生读者预备了有效的检索渠道，但仍有相当数量的中学图书馆未提供现代化、方便快捷的计算机检索途径（推测其余少量未回答此问题的学校也许不关注该业务或不理解计算机文献检索的含义，因此未作答），因此广西中学图书馆业务亟须大幅调整、升级和完善。

在询问基本检索事项的基础上，检索字段等途径的多样化也非常重要，因此紧随其后的 E3b 题项即关于此主题。由本调研调查问卷 E3b 题项的答案数据可知，被访中学图书馆回答可从题名、责任者、分类和主题检索书目的有 124 次（占比约为 61.1%，有效占比约为 62.6%），回答不能从以上字段检索书目的有 74 次（占比约为 36.5%，有效占比约为 37.4%），有效问卷中该问题答案缺失的有 5 所学校。由此可知，目前广西多数中学图书馆已为师生读者预备了常见、通用的计算机书目检索字段，但数量可观的发展后进图书馆仍有较大的提升、完善空间，这进一步印证了广西中学图书馆的发展短板与潜力所在，而且此问题作为 E3a 题项的递进问题，数据结果中回答“可以”的学校竟然比上题回答“可以”的学校数量要稍多，这一点令人费解，可能与被访者的作答态度和现有认知直接相关。

9.2.3 读书活动开展状况

由本研究调查问卷 F1 题项的答案数据可知，被访中学图书馆填答 2017 年开展过读书活动的共 102 次（占比约为 50.2%），回答 2017 年未开展任何读书活动的共 101 次（占比约为 49.8%），该问题无答案缺失学校。由此可知，从未开展过或对举办活动的态度和举措相当消极的广西中学图书馆数量非常可观。读书活动开展现状可能与中学图书馆现有购书经费投入、人力资源特别是专业化人员投入等多方面建设发展状况有直接或间接的关联。读书活动作为一项附加值较高并能体现办馆（室）水平的服务类型，对图书馆（室）管理员专业素养、校方支持投入力度，以及现有阅读、学习风气等条件要求都较高。因此，广西中学图书馆想要切实开展好各类读书活动，增强其内涵化建设必不可少，从该角度讲，广西中学图书馆事业仍具有极大的发展空间。

由本研究调查问卷F2题项的答案数据可知，被访中学图书馆如果开展大型读者活动，对师生极具吸引力的共计43所学校（占比约为21.2%，有效问卷占比约为21.3%），对师生产生较大吸引力的共计106所学校（占比约为52.2%，有效问卷占比约为52.5%），两种情况下收到较积极回答的学校共计149所（占比约为73.4%，有效问卷占比约为73.8%）；对师生产生较少吸引力的共计11所学校（占比约为5.4%，有效问卷占比约为5.4%），对师生没有吸引力的共1所学校（占比约为0.5%，有效问卷占比约为0.5%），对吸引力状况不确定的共计41所学校（占比约为20.2%，有效问卷占比为20.3%），有效问卷中该问题答案缺失的共1所学校，收到模糊或较消极回答的共计53所学校（占比约为26.11%，有效问卷占比约为26.24%）。由上可知，虽然现状很不乐观，但广大基层中学管理层和图书资料从业者仍希望能在本校开展大型作家见面会等活动，由此我们也能看到基层重构、发展中学图书馆的希望和契机。

由本研究调查问卷E6a题项的答案数据可知，被访中学图书馆（室）中已通过互联网渠道及时发布新书信息的共计30所学校（占比约为14.8%），尚未通过互联网渠道及时发布新书信息的共计173所学校（占比约为85.2%）。由此可知，广西城区中学图书馆（室）在服务信息公开发布方面做得也很不尽如人意，作为信息资源管理机构，广西中学图书馆（室）自动化、数字化、网络化乃至联盟化建设方面的发展水平极低，甚至部分中学图书馆在这些方面仍处于空白状态。

由本研究调查问卷E6b题项的答案数据可知，被访中学图书馆（室）中已通过互联网开展图书预约、续借服务的共计18所学校（占比约为8.9%），尚未开展网络服务项目的共计185所学校（占比约为91.1%）。由此可知，对于开展服务门槛更高的网络书目预约、续借来讲，其当前应用比例大幅低于互联网信息发布项目，而且被访中学互联网渠道投入正常使用的数量和比例都很低，即广西中学图书馆（室）数字化和网络化建设亟须投入、改造并提升。

综合本章调研数据统计分析和相关解读，广西中学图书馆（室）读者服务普遍还有较大的提升空间，无论从借书证利用、开放时间、班级图书角、网络服务状况，还是从读者利用与管理员工作满意度、读书活动开展等角度讲，目前总体状况都不尽如人意且各中学间指标普遍差异很大，广西中学图书馆（室）的网络服务状况、开放时间和读书活动开展状况较差，未达到国家对中学图书馆建设的基本要求，而且优质顶尖学校与大多数学校间存在明显的信息及其利用服务鸿沟，这确实与长期以来对中学图书馆的关注、投入、制度建设及其执行都直接关联。

第十章

中学图书馆（室）公共关系与各地级市多指标的比照和评价

10.1　中学图书馆（室）的公共关系与合作

2017年11月出台的《中华人民共和国公共图书馆法》第四十八条规定："国家支持公共图书馆加强与学校图书馆、科研机构图书馆以及其他类型图书馆的交流与合作，开展联合服务。国家支持学校图书馆、科研机构图书馆以及其他类型图书馆向社会公众开放。"2018年出台的《中小学图书馆（室）规程》和2015年教育部、文化部、国家新闻出版广电总局发布的《关于加强新时期中小学图书馆建设与应用工作的意见》（全文见附录C），明确规定了学校图书馆要积极与外部主体合作、互动，也从行政上为学校图书馆与其他机构、自然人合作提供了较强的政策保障与依据。同时，国际联盟组织IFLA和诸多国家早就意识到跨部门、跨系统乃至跨行业合作的重大价值，其出台的有关行业指引性政策全部提及合作开展工作的问题。2007年，宁波大学园区图书馆开始与本地中小学图书馆（室）开展合作，主要领域包括学生借阅、教师文献信息服务、内部管理辅导及服务功能拓展等业务，长期的合作实践不仅令双方实现了互惠共赢，而且促进了全市图书馆事业的协同、均衡发展。

在该主题研究领域，Bailey、Hall、Gamble（2007）指出，"Literature Matters"是一项英国为期两年的国家项目，旨在促进学校图书馆服务与初级教师培训机构间的伙伴关系，最终目的在于提升人们对学校图书馆服务促进儿童娱乐阅读与图书购买的认识，此项目的实施发展了潜在的长期伙伴关系，但仍需行政建制和其他资金用以确保对新教师的长期影响。Allen（2013）在其教育学博士学位论文中通过定性实证研究探究了在小学课程教学设计上，三位任课教师与学校图书馆信息专家的合作行为，研究强调了双方合作的重要性，并认为该合作可减轻教师负担并明显地提升其课堂教学质量。他还发现两个群体间的合作确实存在，但并非以正式的会议会见方式，而表现为通过强有力的个人奋斗由双方互相表达需求和提供支持，最终使学生受益并令本校的教育达到全美与田纳西州所设定的标准。Martins、Canhoto（2016）利用案例和跨案例的定性方法分析了葡萄牙阿伦特霍地区农村学校图书馆所提交的84份报告，得出此地区学校图书馆为获取外部社区新知识，已致力于与各类公益性社会组织建立联系并支持帮助它们，体现了学校图书馆为提升自身绩效和积极融入社区所做出的努力。Goves（2019）通过文献综述列举中学与学院图书馆合作的成功案例，说明这种合作关系不仅能促进学生的学习成长，而且有助于师生的科研发展。上述国际研究综述说明，学校图书馆（室）与其他机构的合作交流是普遍且客观存在的，而且这些合作行为全都带来了裨益。第 2~3 项研究也启示了中学图书馆（室）在有意开展合作时可积极主动采取措施，而不提倡仅等待时机或由其他机构主动联系本机构及工作人员。

事实上本调研仅有一个公共关系与合作相关题项，但正如问卷设计者预料的，这种对绝大多数中学图书馆（室）来讲置若罔闻的业务选项，询问某关键问题就足以体现现实状况。从本研究所得数据及其统计分析看，E7 题项询问了各校截至调研时与外校开展文献信息交流等合作活动状况，在收到的有效问卷中有效答案数据共计 203 个，其中已对外做文献信息交流的学校有 38 所（占比约为 18.7%，有效问卷占比约为 18.7%），尚未对外做文献信息交流的学校有 165 所（占比约为 81.3%，有效问卷占比约为 81.3%），可见绝大多数被访中学都未开展对外交流合作活动，这显然与开展已有业务的范围和规模直接关联，绝大多数中学的合作空白状态会使学校相关工作的水平以及学校的知名度、影响力、发展潜力受到严重制约。

通过调研可知，广西城区中学及其图书馆（室）对外交流合作开展得还不够，这相应地说明其在发展中向外借力的思路和行为力度都严重欠缺。以上对外合作交流领域调研结果不仅作为业务构成表征出广西中学图书馆（室）事业发展水平不高，而且作为重要发展渠道和契机长期处于搁置与冻结状态，同时也可能体现出当地在观念、思路乃至专业认知等方面的问题。

10.2　广西各地级市中学图书馆（室）的部分指标比较

本节用以检验 H4 和 H5 两个假设，即通过本研究调研数据计算和验证这两个假设是被接受还是被拒绝。

H4 假设是探究广西不同地级市城区中学图书馆（室）的生均藏书量是否存在统

计学意义上的显著差别，由数据分析可知各地级市在0.01的置信区间和水平上存在显著性差异（p=0.003，df=13）。在以生均藏书量为因变量的多重因素比较中，南宁市相比其余13个地级市，其指标值要显著性高于贵港市（I–J=14.79，p=0.022）和玉林市（I–J=16.23，p=0.001），显著性低于百色市（I–J=–14.53，p=0.014）。而柳州市的指标值显著性高于贵港市（I–J=16.7，p=0.01）和玉林市（I–J=18.15，p=0），显著性低于百色市（I–J=–12.61，p=0.034）。如果从此指标表现较差的地级市来讲，贵港市被访中学图书馆生均藏书量显著性少于4个地级市，即南宁市（I–J=–14.79，p=0.022）、柳州市（I–J=–16.7，p=0.01）、百色市（I–J=–29.31，p=0）和贺州市（I–J= –17.38，p=0.036）；玉林市被访中学图书馆生均藏书量显著性少于9个地级市，即南宁市（I–J=–16.23，p=0.001）、柳州市（I–J=–18.15，p=0）、桂林市（I–J=–12.97，p=0.021）、梧州市（I–J=–14.39，p=0.013）、钦州市（I–J=–15.99，p=0.019）、百色市（I–J=–30.76，p=0）、贺州市（I–J=–18.82，p=0.008）、河池市（I–J=–17.65，p=0.013）和崇左市（I–J=–15.96，p=0.02）。如果从此指标表现最好的地级市来讲，百色市被访中学图书馆生均藏书量显著性多于9个地级市，即南宁市（I–J=14.53，p=0.014）、柳州市（I–J=12.61，p=0.034）、桂林市（I–J=17.79，p=0.007）、梧州市（I–J=16.37，p=0.014）、北海市（I–J=20.15，p=0.005）、防城港市（I–J=22.26，p=0.007）、贵港市（I–J=29.31，p=0）、玉林市（I–J=30.76，p=0）和来宾市（I–J=21.42，p=0.007）。从以上数据可知，在各城市被访中学图书馆生均藏书量方面，形成最少显著性差异的与另一个城市出现差异，最多则与九个城市形成显著性差异。由于本书篇幅所限，其他特征不突出的城市此处就不再报告其与其他城市的显著性差异。由上可知最终可接受H4假设。

H5假设是探究广西不同地级市城区中学图书馆（室）的自动化管理水平、数字资源采集量等现代化指标是否存在统计学意义上的显著差别。在是否进行了计算机管理指标上，来宾市、钦州市、防城港市和北海市的平均值都达到1，即所有中学图书馆（室）都已实现计算机管理；该指标表现最差的三个地级市是玉林市、梧州市和河池市，其指标平均值分别为0.62、0.63和0.63，这表示其所属中学图书馆（室）自动化水平很不乐观。另外，通过分析单因素方差验证本研究数据集，我们发现广西各地级市计算机管理状况间存在置信度99%的显著性差异（F=2.33，df=13，p=0.007）。下面以“是否进行计算机管理”为因变量，通过多重比较得出各市数值是否有显著性差异。南宁市作为广西自动化程度较高的城市，在置信度 95% 的水平上，与梧州市（I–J=0.32，p=0.003）、玉林市（I–J=0.33，p=0.001）和河池市（I–J=0.32，p=0.021）中学图书馆（室）计算机应用水平呈现显著性差别；桂林市作为广西自动化程度较高的城市，在置信度 95% 的水平上，与梧州市（I–J=0.32，p=0.009）、玉林市（I–J=0.33，p=0.005）和河池市（I–J=0.32，p=0.033）中学图书馆（室）计算机应用水平呈现显著性差别；而北海市、钦州市、来宾市和防城港市作为已充分自动化的地级市，均与梧州市、玉林市和河池市三市呈现出置信度很类似的显著性差异；柳州市、贵港市、百色市、崇左市和贺州市未与其他任何城市呈现出显著性差别；作为自动化程度较差的梧州市，不仅与以上五个城市呈现显著性差异，而且与已充分自动化的来宾市（I–J=–0.38，p=0.014）呈现出置信度 95% 的显著性差异；同样作为自动化程度较差的玉林市，其不仅与以上五个城市呈现出显著性差异，而且与已充分实现自动化的来宾市（I–J=–0.39，p=0.01）呈现出置信度在 95% 的显著性差异；另外，作为自动化较滞后的河池市，不仅与以上五个城市呈现显著性差异，而且与已充分实现自动化的来宾市（I–J=–0.38，p=0.034）呈现出置信度在 95% 的显著性差异。

在所利用的专业设施数量上，较少的有玉林市（平均 3.39 件）、贵港市（平均 3.63 件）和河池市（平均 3.63 件），较多的有百色市（平均 6.5 件）、桂林市（平均 6.17 件）和防城港市（平均 5.71 件）。出乎意料的是，南宁市该指标平均值虽为 5.17，但在广西处于较好水平，所得 36 个有效中学图书馆个案中最小值为 0，最大值为 10。这说明虽同处南宁市，但各中学图书馆（室）的办馆条件可能差异很大，显然与实现南宁市人民政府确定的强首府战略目标——全面增强南宁市综合竞争实力，带动全区经济社会又好又快发展相差甚远，起码在公共服务供给领域内中学图书馆（室）建设发展上，未起到有效的承载、引领和辐射作用，更谈不上成为核心增长极以便引领带动全区增长。在实现该指标方面，玉林市和梧州市建设状况最差，它们在各自 18 个和 16 个有效个案中的最小值都为 0，最大值分别为 8 和 7，这说明它们的中学图书馆（室）办馆条件差异很大，贫馆和弱馆问题也很突出。其他地级市该指标最小值都非 0，这说明其他地级市贫馆、弱馆问题可能不如上述城市严重。

在以所利用的专业设施数为因变量的单因素方差分析中，我们发现广西 14 个地级市之间在置信度 95% 时存在显著性差异（F=2.52，df=13，p=0.003）。下面具体介绍广西 14 个地级市间以应用设施数为因变量的多重比较研究结果。结果是在 95% 置信区间中，南宁市（I–J=1.78，p=0.009）和柳州市（I–J=1.67，p=0.015）与玉林市相比都呈现显著性优势。桂林市与梧州市（I–J=2.1，p=0.01）、贵港市（I–J=2.54，p=0.01）、玉林市（I–J=2.78，p=0）和河池市（I–J=2.54，p=0.01）相比都呈现显著性差异和优势，说明后四个城市可能在建设、发展中学图书馆（室）上较薄弱，尤其是玉林市有较大的差距需要追赶。钦州市和北海市分别与梧州市、贵港市、玉林市和河池市呈现显著性差别，钦州市与这四个城市的比照数值分别是：I–J=1.94，p=0.049；I–J=2.38，p=0.039；I–J=2.61，p=0.007；I–J=2.38，p=0.039。北海市与这四个城市的比照数值分别是：I–J=2.27，p=0.012；I–J=2.71，p=0.012；I–J=2.94，p=0.001；I–J=2.71，p=0.012。百色市通过对比区内各地级市，发现在置信度 95% 水平上相对五个城市呈现显著性优势，分别是梧州市（I–J=2.44，p=0.011）、贵港市（I–J=2.88，p=0.011）、玉林市（I–J=3.11，p=0.001）、河池市（I–J=2.88，p=0.011）和崇左市（I–J=2.17，p=0.046）。来宾市（I–J=2.11，p=0.036）、防城港市（I–J=2.33，p=0.027）与贺州市（I–J=2.11，p=0.036）中学图书馆（室）专业设施数在 95% 置信度上的显著性优于玉林市。如上文所述，玉林市该指标值显著性低于广西九个地级市；河池市、贵港市和梧州市显著性低于四个地级市；崇左市显著性低于百色市，其他上述数据不再赘述。

从电子书总量指标看，描述性统计分析结果说明该指标是广西 14 个地级市迫切需要关注提升的。贵港市（SD=0）和崇左市（SD=0）被访中学图书馆（室）电子书总量平均为 0。另有两城市校均电子书总量接近 0，即柳州市（A=0.21，SD=0.86）和防城港市（A=0.14，SD=0.38），除此之外梧州市、玉林市和贺州市的校均电子书总量也很低。广西校均电子书总量较多的城市依次是来宾市（A=256，SD=724.08）、桂林市（A=73.15，SD=140.21）和河池市（A=73.15，SD=163.79）等。南宁市作为广西的省会，在中学电子书资源建设上未走在前列，未起到引领、带动作用。另外，即使是广西电子书拥有量校均值最高的三个城市，其标准差值也相对过大，这说明各城市电子书总量校际差距很大。在以电子书总量为因变量的各市单因素方差分析结果中，我们发现广西各地级市未呈现显著性差异，各市此方面发展普遍处于初级水平。而在城市间的多重比较中，我们发现各市都与来宾市有显著性差异，来宾市电子书总量分别在99%、95%和99.9%置信度上，显著性高于南宁市（$I-J=207.01$, $p=0.003$）、桂林市（$I-J=182.85$, $p=0.016$）和柳州市（$I-J=255.79$, $p=0$）；而来宾市在99%置信度上显著性高于梧州市（$I-J=251.19$, $p=0.001$）、北海市（$I-J=231.59$, $p=0.004$）、防城港市（$I-J=255.86$, $p=0.006$）、贵港市（$I-J=256$, $p=0.004$）、玉林市（$I-J=252.26$, $p=0.001$）、贺州市（$I-J=-250.16$, $p=0.005$）和崇左市（$I-J=256$, $p=0.004$），在95%置信度上显著性高于钦州市（$I-J=-184.6$, $p=0.032$）、百色市（$I-J=223.13$，$p=0.01$）、河池市（$I-J=182.85$, $p=0.046$），来宾市在电子书资源建设方面处于较明显的优势地位。

从2016年订购在线数据库量指标看，描述性统计分析结果显示：该指标也是广西迫切需要关注并提升的。2016年广西各地级市有9市被访中学图书馆在线数据库订阅量平均为0，其余5市被访中学都接近零点水平，其分别是南宁市（$A=0.11$, $SD=0.47$）、柳州市（$A=0.03$, $SD=0.17$）、桂林市（$A=0.22$，$SD=0.94$）、梧州市（$A=0.44$，$SD=1.5$）和来宾市（$A=0.5$，$SD=1.410$）。由此可知，广西中学图书馆（室）在线数据库订阅不仅数量极少，而且各地级市各中学标准差值相对很大，可能仅有极少数条件较好的中学购买了少量在线数据库。总之，广西中学图书馆现有在线数据库资源的建设发展仅处于起步不久、非常初级的阶段，对比国内中高等发展水平地区可能已形成较大差距。以2016年广西各地级市中学图书馆订购在线数据库数量为因变量，对单因素方差进行分析可知，在此指标方面，各市未显示出任何显著性差异。再以2016年各地级市中学图书馆订购在线数据库数量为因变量所得多重比较结果可知，少量地级市间出现显著性差异，2016年梧州市各被访中学图书馆订购在线数据库数量在95%置信度上，显著性高于柳州市（$I-J=0.41$, $p=0.029$）和玉林市（$I-J=0.44$, $p=0.044$），广西其他各个地级市间都未见显著性差别。同时通过$I-J$数值也发现：该值取0以及0到1水平，即广西绝大多数地级市与本省其他城市无明显差别乃至完全一致，都仍在未起步状态，2016年在线数据库订阅量大多为0，当然也谈不上城市乃至中学图书馆间的差别了。2016年在数据库订阅方面梧州市中学图书馆（室）走在全区前列，对此方面投入较多且明显优于广西第一大工业城市柳州市与人口大市玉林市。

再从2017年订购在线数据库数量看，描述性统计分析结果再次清晰地表明，2016年后，广西14个地级市数据库订阅量仍是凤毛麟角。2017年广西共9个地级市的被访中学图书馆在线数据库订阅量平均为 0，其余 5 市被访中学图书馆都接近零点水平，分别是南宁市（A=0.17，SD=0.51）、柳州市（A=0.03，SD=0.17）、桂林市（A=0.28，SD=1.18）、梧州市（A=0.5，SD=1.55）和来宾市（A=0.63，SD=1.77）。这些数据仅与 2016 年柳州市数据相比，无变化，其余四个地级市标准差均有所上浮，但同时它们的校均数据库订阅量也有所提升。再对 2017 年订购在线数据库总量做单因素方差分析，我们发现广西各地级市中学图书馆未呈现出显著性差异，即各市中学图书馆订阅数据库普遍较少，此媒体资源的建设大多尚处于未起步或刚刚起步状态。再以其为因变量对广西 14 个地级市进行多重比较，我们发现少数城市间有零星的显著性差异，柳州市分别与梧州市（$I–J$=−0.47，p=0.026）和来宾市（$I–J$=−0.6，p=0.03）在 95% 置信度上呈现显著性差异。梧州市数据库订阅量除显著性高于柳州市外，还在 95% 置信度上显著性高于玉林市（$I–J$=−0.5，p=0.039）。来宾市数据除显著性高于柳州市外，还显著性高于玉林市（$I–J$=−0.63，p=0.037）。类似于对上一因变量的分析，其他广西地级市与区内地级市间都未呈现出显著性差别，而且 $I–J$ 大量取值为 0 或是 0 到 1。2017 年在线数据库订阅量虽少量增长，但各校订阅量大多仍为 0，当然也谈不上城市乃至中学间的差别了。在 2017 年订阅量上梧州市与来宾市中学图书馆（室）走在了全区前列，对此方面投入较多且明显优于柳州市与玉林市，在来宾市该指标出现跨年跃升的同时，广西各地级市中学图书馆对数据库资源投入最低的城市，大概率上仍是柳州市和玉林市。

由本节数据分析结果可知，H5 假设在各市中学图书馆（室）自动化管理水平上呈现显著性差异，各城市间特别是在有形硬件建设上呈现明显的差距；而在数字资源（电子书、不同年度数据库订阅量）建设上广西各地级市未呈现显著性差别，从数据分析结果可知，普遍来讲被访中学数字资源极端匮乏且不均衡，处于刚起步的初级阶段甚至是尚未起步。因此 H5 假设一部分可接受，一部分则拒绝。

通过总结本节两个假设验证及证伪过程，我们可知广西各地级市中学图书馆（室）之间生均藏书量存在统计学意义上的显著性差别，而它们的计算机管理状况和专业设施数量间也存在显著性差异，同时电子书总量和 2016—2017 年数据库订阅量未在各地级市间呈现显著性差异，这说明各城市在此方面的建设发展普遍处于初级水平。上述结果表明，广西中学图书馆（室）整体建设发展特别是现代化、数字化建设仍任重道远，另外包括这些主题领域在内的教育均衡化发展面临的压力和发展空间也非常巨大。

10.3 广西各地级市中学图书馆（室）的馆藏内容结构总体评价

图书馆（室）的馆藏结构合理与否是衡量馆藏质量优劣和采购效率高低的重要表征。基于平衡篇幅等原因，本研究在此处汇总了各地级市中学图书馆馆藏内容结构合理与否的验证结果。本研究 H3 假设即广西大多数地级市城区中学图书馆（室）五大部类的藏书比例符合国家最新规程要求。此处我们将分城市检验各市被访中学图书馆（室）藏书比例是否符合国家要求。

10.3.1 南宁市中学图书馆（室）的馆藏内容结构

南宁市被访中学图书馆（室）数据及其统计分析结果显示，用单样本卡方检验发现南宁市被访中学图书馆（室）馆藏不符合国家要求（p=0，df=4，N=35 489），因此拒绝原假设 H3，如图 10-1 所示。

	第一部类	第二部类	第三部类	第四部类	第五部类
实测值	450	2 700	25 000	7 100	1 300
假设值	1 200	1 200	19 500	13 500	1 450

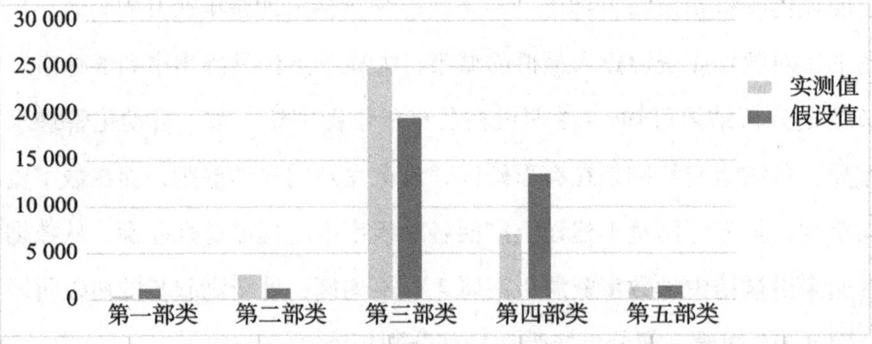

图 10-1　南宁市被访中学图书馆（室）馆藏文献各部类馆藏量与国家要求的单样本卡方分析

10.3.2 柳州市中学图书馆（室）的馆藏内容结构

柳州市被访中学图书馆（室）数据及其统计分析结果显示，用单样本卡方检验发现柳州市被访中学图书馆（室）馆藏不符合国家要求（p=0，df=4，N=30 625），因此拒绝原假设 H3，如图 10-2 所示。

	第一部类	第二部类	第三部类	第四部类	第五部类
实测值	210	2 500	16 000	5 000	7 000
假设值	840	840	17 200	11 700	1 700

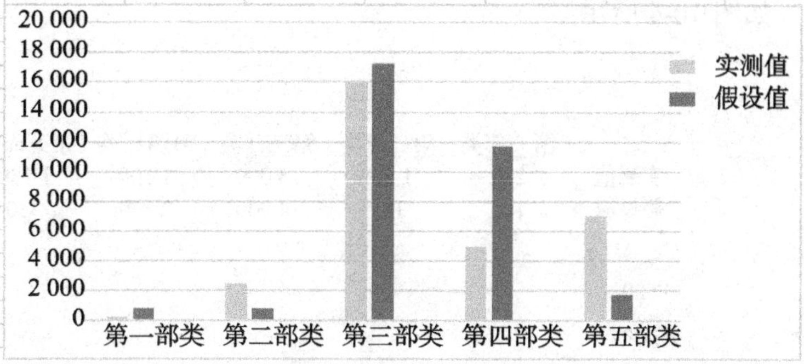

图 10-2　柳州市被访中学图书馆（室）馆藏文献各部类馆藏量与国家要求的单样本卡方分析

10.3.3　桂林市中学图书馆（室）的馆藏内容结构

桂林市被访中学图书馆（室）数据及其统计分析结果显示，用单样本卡方检验发现桂林市被访中学图书馆（室）馆藏不符合国家要求（p=0，df=4，N=29 987），因此拒绝原假设 H3，如图 10-3 所示。

	第一部类	第二部类	第三部类	第四部类	第五部类
实测值	450	2 700	25 000	7 100	1 300
假设值	1 200	1 200	19 500	13 500	1 450

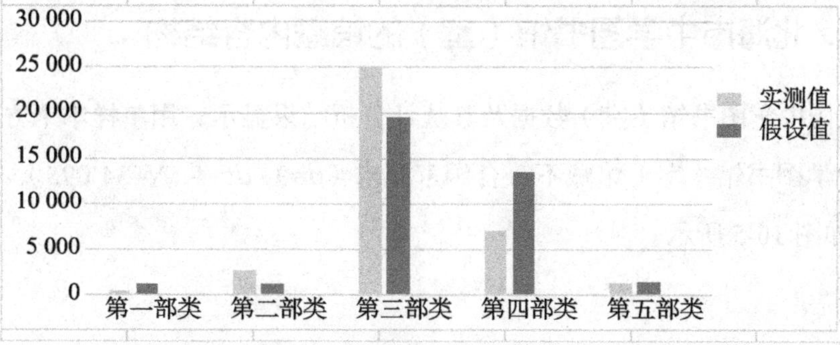

图 10-3　桂林市被访中学图书馆（室）馆藏文献各部类馆藏量与国家要求的单样本卡方分析

10.3.4 梧州市中学图书馆（室）的馆藏内容结构

梧州市被访中学图书馆（室）数据及其统计分析结果显示，用单样本卡方检验发现梧州市被访中学图书馆（室）馆藏不符合国家要求（*p*=0，*df*=4，*N*=7 428），因此拒绝原假设 H3，如图 10-4 所示。

	第一部类	第二部类	第三部类	第四部类	第五部类
实测值	280	1 500	3 000	1 500	1 150
假设值	165	165	4 000	2 800	330

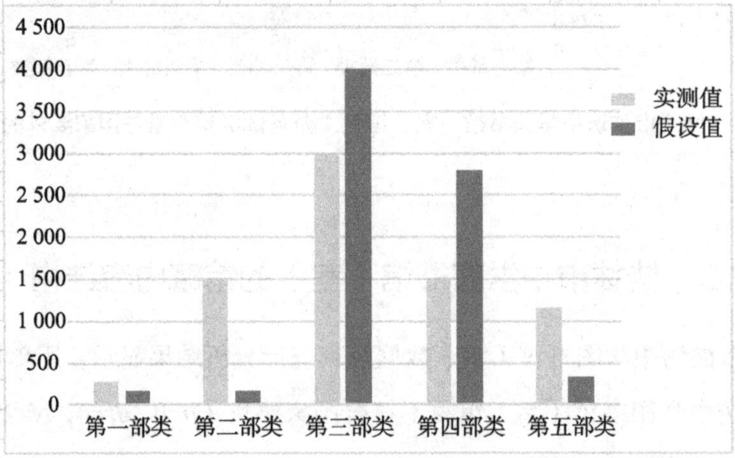

图 10-4　梧州市被访中学图书馆（室）馆藏文献各部类馆藏量与国家要求的单样本卡方分析

10.3.5 北海市中学图书馆（室）的馆藏内容结构

北海市被访中学图书馆（室）数据及其统计分析结果显示，用单样本卡方检验发现北海市被访中学图书馆（室）馆藏不符合国家要求（*p*=0，*df*=4，*N*=34 095），因此拒绝原假设 H3，如图 10-5 所示。

	第一部类	第二部类	第三部类	第四部类	第五部类
实测值	135	1 250	23 000	7 500	1 500
假设值	635	625	18 300	13 500	1 000

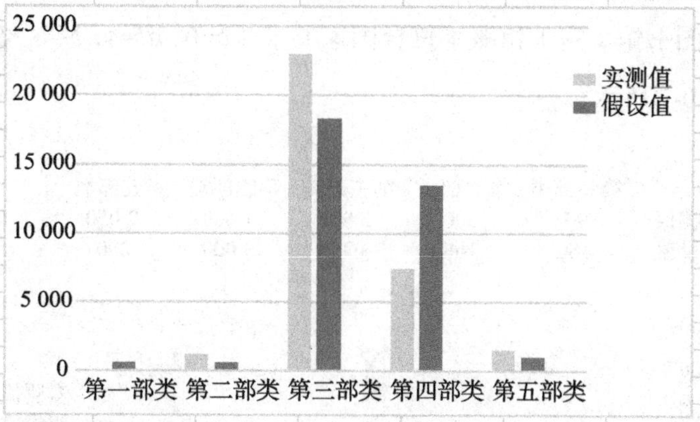

图 10-5　北海市被访中学图书馆（室）馆藏文献各部类馆藏量与国家要求的单样本卡方分析

10.3.6　防城港市中学图书馆（室）的馆藏内容结构

防城港市被访中学图书馆（室）数据及其统计分析结果显示，用单样本卡方检验发现防城港市被访中学图书馆（室）馆藏不符合国家要求（p=0，df=4，N=30 639），因此拒绝原假设 H3，如图 10-6 所示。

	第一部类	第二部类	第三部类	第四部类	第五部类
实测值	90	1 200	23 000	4 000	1 500
假设值	530	530	16 666	11 400	1 050

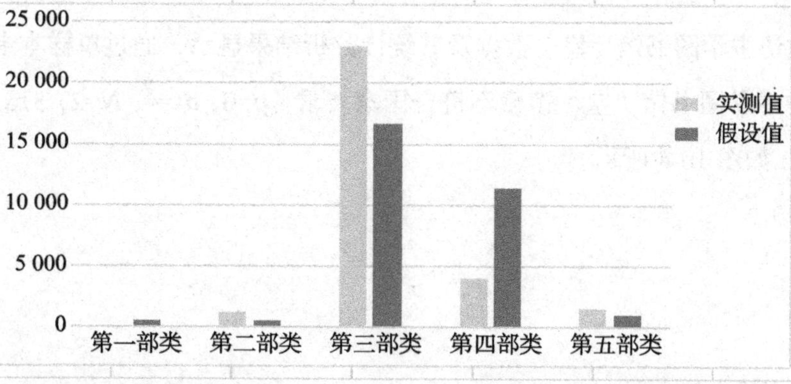

图 10-6　防城港市被访中学图书馆（室）馆藏文献各部类馆藏量与国家要求的单样本卡方分析

10.3.7 钦州市中学图书馆（室）的馆藏内容结构

钦州市被访中学图书馆（室）数据及其统计分析结果显示，用单样本卡方检验发现钦州市被访中学图书馆（室）馆藏不符合国家要求（p=0，df=4，N=7 855），因此拒绝原假设 H3，如图 10-7 所示。

	第一部类	第二部类	第三部类	第四部类	第五部类
实测值	90	500	3 880	1 400	2 050
假设值	180	168	4 250	3 000	290

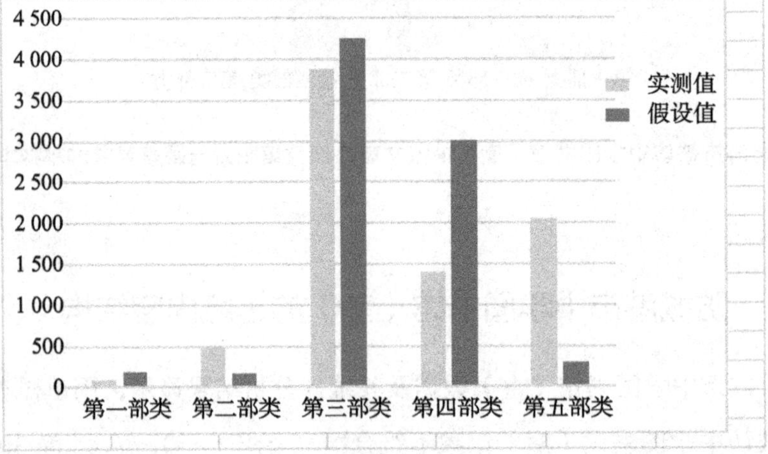

图 10-7　钦州市被访中学图书馆（室）馆藏文献各部类馆藏量与国家要求的单样本卡方分析

10.3.8 贵港市中学图书馆（室）的馆藏内容结构

贵港市被访中学图书馆（室）数据及其统计分析结果显示，通过单样本卡方检验发现贵港市被访中学图书馆（室）馆藏不符合国家要求（p=0，df=4，N=27 518），因此拒绝原假设 H3，如图 10-8 所示。

	第一部类	第二部类	第三部类	第四部类	第五部类
实测值	320	1 250	2 500	2 500	1 750
假设值	625	625	15 000	10 200	960

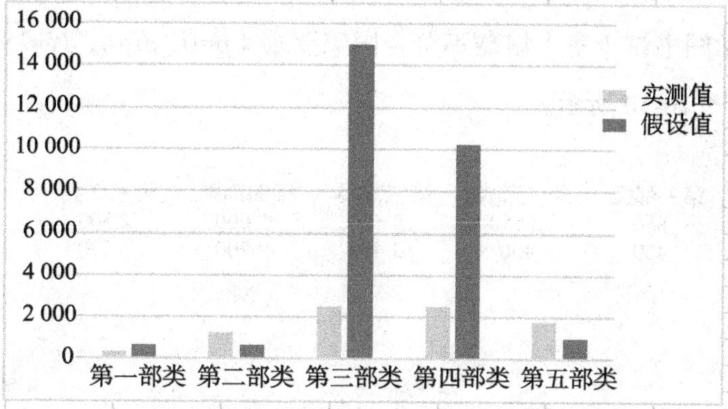

图 10-8　贵港市被访中学图书馆（室）馆藏文献各部类馆藏量与国家要求的单样本卡方分析

10.3.9　玉林市中学图书馆（室）的馆藏内容结构

玉林市被访中学图书馆（室）数据及其统计分析结果显示，用单样本卡方检验发现玉林市被访中学图书馆（室）馆藏不符合国家要求（p=0，df=4，N=10 693），因此拒绝原假设 H3，如图 10-9 所示。

	第一部类	第二部类	第三部类	第四部类	第五部类
实测值	50	1 500	833	3 300	5 050
假设值	250	240	5 750	4 050	450

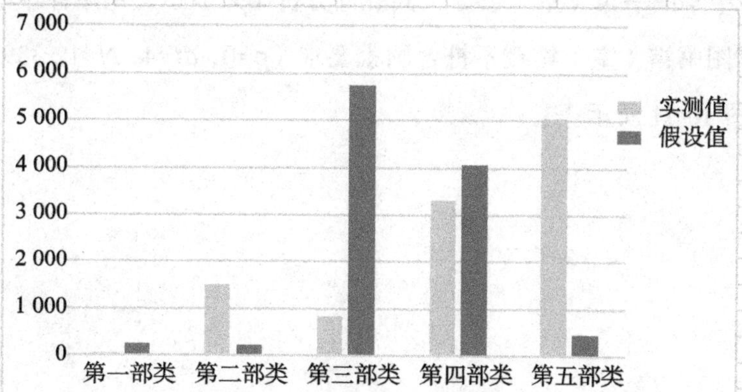

图 10-9　玉林市被访中学图书馆（室）馆藏文献各部类馆藏量与国家要求的单样本卡方分析

10.3.10 百色市中学图书馆（室）的馆藏内容结构

百色市被访中学图书馆（室）数据及其统计分析结果显示，通过单样本卡方检验发现百色市被访中学图书馆（室）馆藏不符合国家要求（p=0，df=4，N=25 277），因此拒绝原假设 H3，如图 10-10 所示。

	第一部类	第二部类	第三部类	第四部类	第五部类
实测值	850	2 550	14 500	5 000	2 500
假设值	450	450	13 400	9 700	1 250

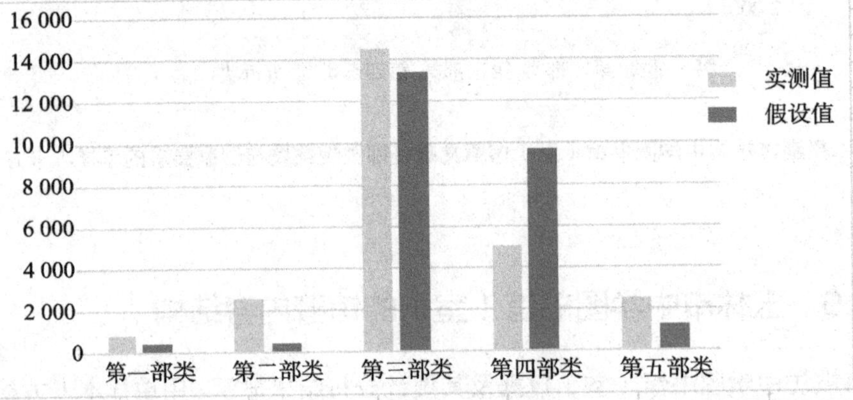

图 10-10 百色市被访中学图书馆（室）馆藏文献各部类馆藏量与国家要求的单样本卡方分析

10.3.11 贺州市中学图书馆（室）的馆藏内容结构

贺州市被访中学图书馆（室）数据及其统计分析结果显示，用单样本卡方检验发现贺州市被访中学图书馆（室）馆藏不符合国家要求（p=0，df=4，N=12 339），因此拒绝原假设 H3，如图 10-11 所示。

	第一部类	第二部类	第三部类	第四部类	第五部类
实测值	80	750	9 100	1 900	800
假设值	267	260	6 800	4 800	534

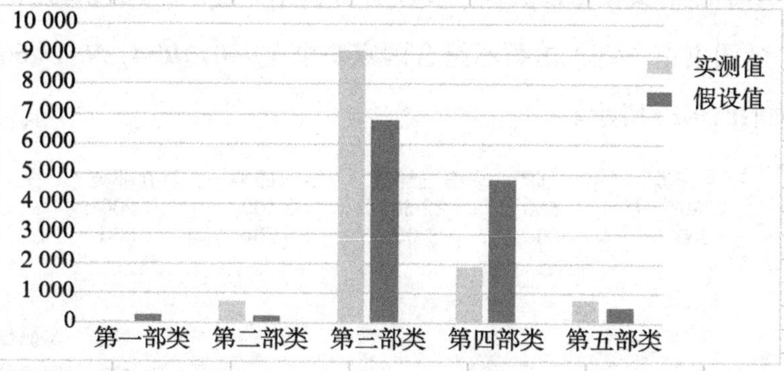

图 10-11　贺州市被访中学图书馆（室）馆藏文献各部类馆藏量与国家要求的单样本卡方分析

10.3.12　河池市中学图书馆（室）的馆藏内容结构

河池市被访中学图书馆（室）数据及其统计分析结果显示，用单样本卡方检验发现河池市被访中学图书馆（室）馆藏不符合国家要求（p=0，df=4，N=23 306），因此拒绝原假设 H3，如图 10-12 所示。

	第一部类	第二部类	第三部类	第四部类	第五部类
实测值	230	1 700	17 500	3 000	1 500
假设值	550	500	12 900	6 250	1 000

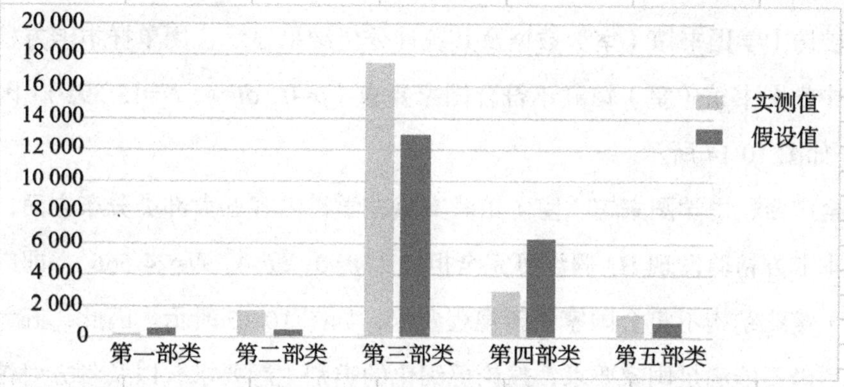

图 10-12　河池市被访中学图书馆（室）馆藏文献各部类馆藏量与国家要求的单样本卡方分析

10.3.13　来宾市中学图书馆（室）的馆藏内容结构

来宾市被访中学图书馆（室）数据及其统计分析结果显示，通过单样本卡方检验发现来宾市被访中学图书馆（室）馆藏不符合国家要求（p=0，df=4，N=16 664），因此拒绝原假设 H3，如图 10-13 所示。

	第一部类	第二部类	第三部类	第四部类	第五部类
实测值	80	1 500	12 500	2 500	1 000
假设值	500	500	9 000	6 500	1 000

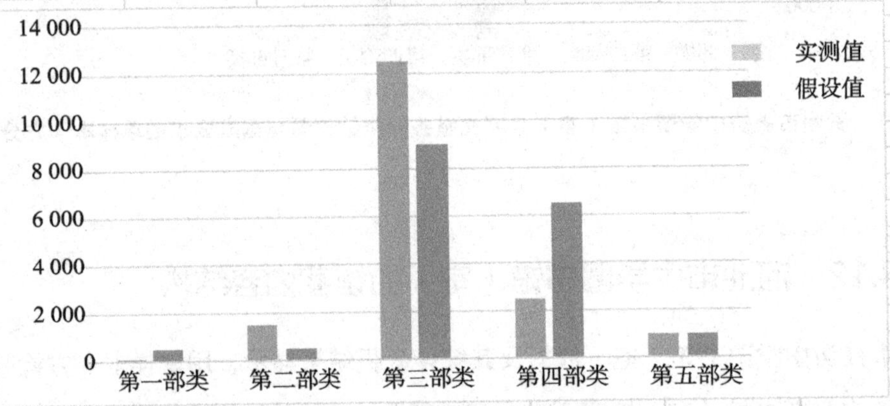

图 10-13　来宾市被访中学图书馆（室）馆藏文献各部类馆藏量与国家要求的单样本卡方分析

10.3.14　崇左市中学图书馆（室）的馆藏内容结构

崇左市被访中学图书馆（室）数据及其统计分析结果显示，用单样本卡方检验发现崇左市被访中学图书馆（室）馆藏不符合国家要求（p=0，df=4，N=15 591），因此拒绝原假设 H3，如图 10-14 所示。

总之在全广西，中学图书馆（室）馆藏文献在学科内容五大部类分布方面，通过本研究的单样本卡方检验发现 H3 假设可完全拒绝（ p=0，df=4，N=24 566），即广西中学图书馆（室）馆藏结构不符合国家最新规程要求，如图 10-15 所示。因此，五大部类在结构上验证后尚不能满足国家要求，遑论更细化的类别主题要求，以及各方对馆藏文献出版社、作者等能体现质量水准特征的更细化要求。广西中学图书馆（室）馆藏文献资源需要调整、改进之处不仅局限于文献数量、品质、结构，另外利用率、用户反馈等服务数据也是办馆（室）者及其主管部门须特别重视的。

	第一部类	第二部类	第三部类	第四部类	第五部类
实测值	233	3 500	6 500	2 800	2 670
假设值	350	340	8 500	5 900	670

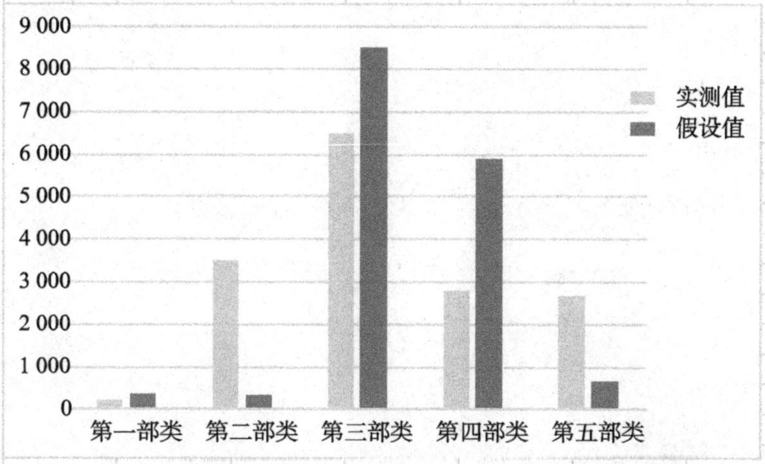

图 10-14　崇左市被访中学图书馆（室）馆藏文献各部类馆藏量与国家要求的单样本卡方分析

	第一部类	第二部类	第三部类	第四部类	第五部类
实测值	278	1 667	16 250	4 500	2 500
假设值	556	556	13 333	9 500	1 000

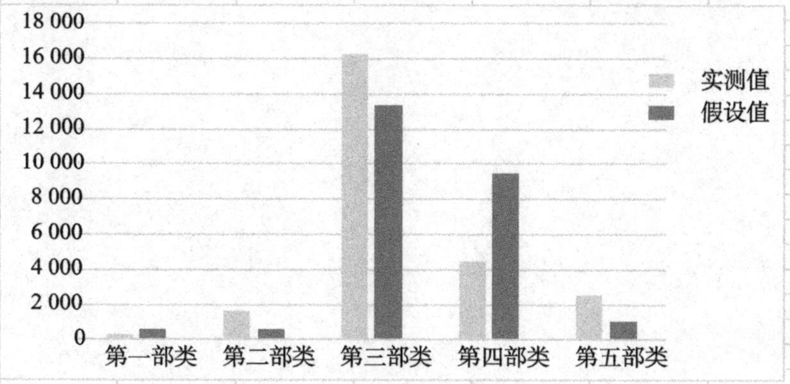

图 10-15　全广西被访中学图书馆（室）馆藏文献五大部类与国家要求的各自差异

第十一章

当代中国中学图书馆（室）存在的主要问题

为了改善贫困地区办学条件，加快缩小城乡、区域教育差距，守住守好教育民生底线，教育部、国家发展和改革委员会、财政部共同制定并于2013年年底印发《关于全面改善贫困地区义务教育薄弱学校基本办学条件的意见》（以下简称《意见》）。《意见》明确，2014年起改造我国薄弱学校，加大项目统筹与经费投入力度，3~5年内聚焦贫困地区义务教育薄弱学校，全面改善基本办学条件，深入推进义务教育学校标准化建设，整体提升义务教育发展水平。《意见》要求，在具体执行时奉行“缺什么补什么”原则，把“补短板”、满足基本需要放在首位，并要求不得将财政资金向少数学校过度集中，拉大教育差距。结合本调研可知，《意见》目标明确、措施得当、贴合实际，可谓一项满足教育基层需求、促进社会公平、保障民众基本教育权利的有益之举。从2013年年底开始，各级相关行政部门聚焦贫困地区开展“改善贫困地区义务教育薄弱学校基本办学条件”工作，积极主动作为、狠抓落实，据悉共2 600多个县的29万所义务教育学校得以覆盖，惠及4 000多万名学生，由此使基层特别是义务教育学校广泛受益，在全面改善贫困地区薄弱学校基本办学条件工作开展中后期进行全国性的专项督导，按照督导组和学校“双随机”原则抽查了59个县区的312所义务教育学校。结果发现多数地区工作成效斐然，但仍存在的问题包括寄宿制学生管理有待加强，特别是学生课外生活较单调，不利于学生健康成长；在基本办学条件上存在“短板”，如采购的图书过于陈旧、内容不符合中小学生年龄特点等。除了个别非常优秀的学校及图书馆，多数学校图书馆远达不到建设标准，而且在保障开放时间的前提下，读者到馆率、借阅率等利用指标都较低。一份官方专业调研报告指出，我国中小学图书馆发展状况是东部优于中西部，城市优于农村，高中优于初中、小学，中西部学校图书馆装备较落后，同时学校图书馆软件状况受本地经济条件、观念等影响，情况更不乐观。2016年12月，财政部、教育部印发《改善普通高中学校办学条件补助资金管理办法》的通知，2017年1月1日起施行，这说明国家高度重视初高中教育发展，并注重加大投入及管理。我们发现上述全面改善贫困地区薄弱学校基本办学条件工作督导报告所提问题在广西非常普遍。

11.1 中学乃至各级教育局普遍不关注、不重视图书馆（室）发展，且欠缺适宜的经营发展理念

2015年修订的《学校图书馆指南》（第2版）中指出，学校图书馆处于地方、区域和国家层面的权力框架中，这一权力框架在相应层面担负着学习及发展参与知识社会所需能力的机会平等之责任。为了维护、持续回应不断发展的教育和文化环境，学校图书馆需要得到立法和持续资金的支持……学校图书馆在教与学中的作用有时并不能被很好地理解，因此需要认真建立和经营学校图书馆与利益相关者和支持者之间的支持关系，以确保持续获得资金和其他形式的支持。目前广西各市辖区的城市中学教育工作，还未普遍从应试教育转向素质教育模式。它们所属图书馆的环境、条件、人员资金配备等一般都捉襟见肘，多数图书室、阅览室面临更多的可能是生存问题，多数这类二级机构似乎只为学校的评估而存在，多年来它们在学校已处于边缘化境地。同时，不少学校信息资源管理机构在文献资源采购上，并没有真正独立自主的选择权，他们购买图书资料的数量、种类和时机一直被教育行政管理部门包办。广西教育厅2018年的馆配图书适宜性评价报告指出，在当前应试教育观念尚未彻底扭转的背景影响下，学校和家长对图书馆及其功能认识不到位，未能在真正意义上重视阅读，尤其是高中的观念问题更加严重。有些管理者甚至认为图书馆只用于迎接检查，在实际教学中可有可无。很多学校提出建设“书香校园”的口号，但往往仅停留在口头或仅限于不定期举办形式化的读书活动中，缺乏强有力、可行的建设策略；在图书馆馆藏资源方面，虽然有不少学校加大开支购入大批馆藏，但未真正关注盘活资源、寓教于乐，以及提升利用效益、学生素质等问题。这也是对资源和服务质量的要求问题，目前我国学校图书馆（室）虽然有很多政策性文件作为指导，但未形成真正意义上的标准文件乃至法律规范。这些错误认识与观念严重阻碍了中小学图书馆的建设和发展。

当前，学校管理者、任课教师乃至教育局相关领导对图书馆管理员及其工作的关注度和认同度也非常有限。绝大多数学校虽设有图书馆，但仅仅勉强维持它们的生存发展，多数图书馆每年没有固定的经费预算来购置新书，基础教育界、家长和学生都很少关注学校图书馆的存在，因此图书馆在广西的中学校园里的可见度和影响力普遍来讲不

值一提。基础教育界似乎普遍对中学图书馆的发展状态习以为常，中学图书馆仅按部就班地完成工作职责而鲜见任何感情链接，教育行政部门对其资源投入局限在义务教育均衡检查、教育评级评估等普遍性检查前夕或期间。广西教育厅2018年馆配图书适宜性评价报告指出，目前教育部门在完成一定馆配图书数量要求的基础上对招标采购把关不严，加之采购人员的专业性不强，甚至找不到多元化图书配备推荐书目，更无法判断图书质量高低。另外，在资源验收环节把关不严，造成低质量、不适宜的图书流入学校图书馆。因此，综合各方对学校图书馆的投入、态度与经营管理状况，广西中学图书馆已成为各校名副其实的附庸与制度化的组成构件。

事实上，美国在1980年就出现专门研究中学校长对学校图书馆员和图书馆服务态度的图情领域博士学位论文，经过定量实证研究发现，威斯康星州学校校长与图书馆员教育背景所聚焦的兴趣点不同，但两者的结合对学校教育有帮助，校长认为学校图书馆及其服务较有效、图书馆员有能力充分履职的同时还有提升空间，而且他们为防止管理层低效化在招聘图书馆员时会持谨慎态度。另外，相关调研显示，学校图书馆员几乎全部具备工作资质，有57.2%的图书馆员具有硕士学历，因而学校招聘图书馆员时普遍注重高等学位与从业资质。Hamersveld（2007）在某教育学博士学位研究中指出，虽然很多研究证实了学校图书馆对学生成绩的积极影响，但很多学校图书馆仍被低估并很少被利用，从而使其预算被缩减。该研究调研了得克萨斯州特定学区城市的213位校长（86位接受了调研）对于学校图书馆可持续性提升学生成绩潜力的内心信念。调研结果显示，在不考虑被访者年龄和资历的前提下，绝大多数被调研者相信有效（名副其实）的学校图书馆对提升学生成绩有帮助，特别对学生成绩和测验分数、信息素养与终身阅读裨益明显，部分参与者认为学校图书馆在小学阶段影响力超过中学，此研究体现出无校长的大力支持推动，学校图书馆就无机会融入新的学生成绩提升计划并获取相应教学投资。Baldwin（2010）的教育学博士学位论文利用定性实证方法分析了美国北卡罗来纳州两个学区两所学校6~8年级任课教师组长对中学图书馆发挥作用的看法，发现他们与图书馆媒体专家已在共同设计课堂教学，并且在每周会议上研讨合作计划。此研究建议使用加强联系取代合作等词组，部分学校图书馆参与教学时须设计一套专门自我反思的题目，这样更利于学生直接参与教学过程并使他们独立决策、构建共享知识，从而提升其解决问题的能力。Blakeney（2014）的教育学博士学位论文则利用定性语义分析方法调研了美国亚拉巴马州某城市学区的公立中小学校长，发现被访中小学校长对图书馆的看法与州级指导方针一致。马来西亚华语私立学校管理层普遍对附属图书馆的观念和认知不到位，导致长期以来对图书馆支持力度不够。北京市中小学图书馆乃至教育局等相关部门认为，长期以来主要是公共图书馆关注青少年阅读并致力于阅读推广，而学校图书馆虽有更方便快捷获取资源的天然优势，但所获关注和投入却很少。事实上，广西很难找出一家能有效发挥应有作用的学校图书馆，能超越学校发挥出其在社区和全社会影响力的学校图书馆更是凤毛麟角。

通过问卷调研可知，广西城区中学图书馆样本普遍未与校外特别是未与同行开展交流、合作，从未在机构层面开展业务互动的图书馆占比达81.3%。在此表象下，研究团队发现诸多基层学校图书馆管理人员欠缺主动工作、思考的意识，习惯于按各级领导指令行事，极少有人是专业科班出身，未认识到图书资料工作的重要价值和作用，因此仍不注重在实践和教学中熟悉并掌握图书馆业务流程及有关理论，极少发现此方面的意愿和诉求。部分中学或工勤出身的管理人员虽已意识到自己对业务工作的生疏与外行，但仍抱以无所谓、得过且过的混世心态与行为，这种从哲学观念（特别是职业道德等）层面不端正的人员，确实不能胜任图书馆工作，在条件适宜时应作为首先被解聘辞退的对象。多数图书馆管理人员不注重乃至拒绝、回避与同行和同类机构的业务沟通、合作，不欢迎外界调研和交流请求，他们本身大多对图书资料工作认同度较低（这与其无学习意愿相关），谈及职称和本职工作时大都会提及以往或兼任的科目教学工作，似乎中学图书馆工作是不得已而为之的附加或规定项目。总之，广西中学图书馆工作首要且最大的问题是极少有人认识到图书资料工作的重要性，运营学校图书馆更多是例行公事、接受各级领导部门检查、评估与审核，图书馆员大都也将此职位作为较轻松谋生的手段。因此，管理和办馆意识、专业思想观念等根本性元素，在这里极为稀缺。

11.2　中学图书馆（室）主题领域的法律、法规、专业性规程与指导性意见不健全

图书馆立法是全球图书馆事业的发展趋势，1955 年 UNESCO 印刷出版的大会记录中明确指出，我国目前针对中学图书馆所出台的专门性文本，特别是官方文本还远远不够。我国已有相关文件规程层次较低、出台较晚，其权威性、强制性等较弱，不成体系且连续性不足，而且不少条款缺乏定量指标或定性表述，造成可操作性较差，它们的法律效力与实施效果无法与图书馆相关法律相提并论，无法从根本上推动中学图书馆事业的发展。总之，我国中学图书馆相关法律规范的制定仍处在初期发展阶段，还有很多需要商榷、修订和完善之处。目前我国中学图书馆发展普遍令人不满意，校际、地区间中学图书馆极不均衡，在缺乏法律约束的条件下不少中学图书馆发展无计划性与持续性，各类资源严重不足，始终无固定的投入机制和政策保障，资源来源不稳定且投入不充足，从根本上制约了师生提升信息素养与满足精神成长等需求，遑论建设“书香校园”。此种现况从侧面证明了如果期望中学图书馆事业健康、稳定发展，就必须依靠图书馆立法加以保障。

我国中小学图书馆立法应纳入教育部门发展规划，无论是单独立法还是作为相关教育法规组成部分，从法律层面的约束和保障对中学图书馆事业的生存发展至关重要，且各级政府和相关立法机构必须注重在配置资源、制定政策并调控时，贯彻均衡发展的思想，坚持效率优先、兼顾公平原则。按照日本立法及其推行的相关经验，相关法律的制定实施能有效地解决困扰图书馆事业发展的经费等瓶颈问题，因此营造图书馆特别是学校图书馆法治环境，对于图书馆行业发展至关重要。但从表 11-1 可知，我国专门为学校图书馆（室）制定、发布的法律法规还未出现，《中华人民共和国公共图书馆法》显然无法对不同类型图书馆产生有效的管理约束，其仅在第四十八条规定国家支持公共图书馆与学校图书馆等类型的图书馆间交流与合作，开展联合服务，并明确了国家支持学校图书馆等向社会公众开放，这些无疑是行业内外一致的努力方向，但在基层实践工作中，执行和实现这种条款需要可观的前提条件，在仅有这部全新法律的背景下，在对学校及其专项资源投入、人才配置、学校现有规章制度乃至校长等领导层观念和意愿未

明显改观的情境下，实现上述目标可谓难上加难。由于专业法律法规能从侧面反映国家特别是教育、文化行政部门对学校图书馆的关注、重视程度。可以说到本著作完稿的2020年12月为止，整体上有关部门仍未真正认识到学校图书馆对初中等教育的可贵价值，且未对学校图书馆引起充分重视。对比表1-2美国的相关法律法规，以及上下文有关澳大利亚、日本等的法律法规，从它们对行业发展规定的细化程度、科学客观性、及时性、全面性和实效性可知，上述国家教育界、图书馆界长期以来对学校图书馆的关注、重视与切实投入，从国际视角也能推断：在国家政策法律框架和顶层设计还未有效搭建完成的背景下，在中小学生、教师乃至校长大多在应试教育怪圈中苦苦挣扎的情境下，基层专业人员需付出何等辛苦和努力才能建成与长期维持一所真正意义上的学校图书馆（室），从微观、中观和宏观视角，我们都能发现此行业可做工作和发展潜力仍然非常可观。

表 11-1　截至 2020 年 5 月全国学校图书馆相关的国家、行业政策法律法规汇总

发布时间	学校图书馆相关文本	文本英文名称	制定主体及其备注
1996 年	《图书馆、博物馆、美术馆、展览馆卫生标准》（GB 9669—1996）	*Hygienic Standard for Library, Museum, Art Gallery and Exhibition*	卫生部提出，国家技术监督局发布
2002 年通过、发布	《中国图书馆员职业道德准则（试行）》	*Code of Professional Ethics for Librarians in China*	中国图书馆学会
2008 年	《图书馆服务宣言》	*The Declaration of Library Services*	中国图书馆学会
1991 年首次颁布，2009 年修订并重新发布、实施	《信息与文献 图书馆统计》（GB/T 13191—2009），前身是《情报与文献工作机构统计标准》（GB/T 13191—1991）	*Information and Documentation—Library Statistics*	新规程由全国信息与文献标准化技术委员会提出，中国科学院国家科学图书馆等起草，国家质检总局、国家标准化管理委员会联合发布
1999 年发布并于 2016 年废止，2015 年新标准发布并于 2016 年施行	《图书馆建筑设计规范》（JGJ38—2015），其已废止的前身是《图书馆建筑设计规范》（JGJ 38—99）	*Code for Design of Library Buildings*	新标准由住房和城乡建设部颁布

（续表）

发布时间	学校图书馆相关文本	文本英文名称	制定主体及其备注
2017 年通过，2018 年施行	《中华人民共和国公共图书馆法》	*Public Library Law of the People's Republic of China*	第 12 届全国人民代表大会常委会第 13 次会议通过，全国人大常委会发布，系中国第一部图书馆专门法
2015 年	《关于加强新时期中小学图书馆建设与应用工作的意见》	*Opinions on Strengthening the Construction and Application of Primary and Secondary School Libraries in the New Era*	教育部、文化部和新闻出版广电总局联合印发
1991 年颁发第一版，2003 年和 2018 年分别修订和发布第二版、第三版	《中小学图书馆（室）规程》	*Regulations of Primary and Secondary School Library（room）*	教育部

资料来源：由李彬（2014）中文论文中的表 2 整理并增订而成。

澳大利亚图书馆与信息协会、澳大利亚学校图书馆协会联合于 20 世纪 80 年代开始，就已发布实施《学校图书馆资源中心投资声明》（1994 年施行，2009 年和 2016 年分别增订修订）、《澳大利亚教师图书馆员声明》（2003 年施行，2009 年和 2016 年分别增订修订）、《学校图书馆资源部门声明》（1994 年施行，2009 年和 2016 年分别增订修订）和《学校的图书馆信息服务声明》（1989 年施行，2009 年和 2016 年分别增订修订）等全国通行较权威且已细化的专业文本。Gerrity（2018）研究了 2017 年 AASL 新修订发布的《国家学校图书馆标准》及其调整变动，他认为虽然已有对课堂最佳实践的大量研究，但欠缺对学校图书馆学术信息的考量，同时他倡导须关注变化中的标准及其对学生学习的影响，另外大学图书馆员与其他学者也要投入学校图书馆研究，以便支持中小学师生的工作学习，而这些学生中很多人最终会成为这些学者们的学生。美国得克萨斯州图书馆和档案委员会与得克萨斯教育办事处联合制定得克萨斯教育行政章程《学校图书馆：得克萨斯标准与指南》，于 1997 年 7 月 17 日生效，它被列于上述章程中第 13 主题文化资源的第 4 章学校图书馆中，2017 年筹划指导委员会提交了该文本的修订提议，经 20 余次专家会议研讨文本最终于 2018 年 3 月修订完毕并通过，正式成为得克萨斯州行政章程组成部分。它规定了得克萨斯州学校图书馆的愿景、使命、共同信念和学习者职责，也针对相应的指标和变量区分出“杰出、有成就、精通、发展和需要改进”五个层次，描述了各层次应具备的状态水平或直接以数值规定。以日本为代表，国际上不少国家都拥有专门的中小学图书馆法律，日本除了《学校图书馆法》及若干实施细则外，还有《关于推进儿童读书活动的法律》和《文字、活字文化振兴法》等也明确了学校图书馆的地位和作用，它们作为阅读环境的重要组成部分被赋予重要职责，其配套的法令政策规范还有《司书教谕讲习规程》《学校图书馆图书标准》（1993 年制定）、《学校图书馆标准》《学校图书馆充实补助制度》等。另外，一些国家没有专门为学校图书馆制定相关的法律，而是通过教育法、图书馆法等推动和规范学校图书馆事业，如瑞典的《图书馆法》就将中小学图书馆等各类图书馆都囊括在内。

11.3 各建制市区中学图书馆（室）的信息资源管理领域专业力量甚至是专职工作人员力量极薄弱

人员短缺是我国图书馆事业发展由来已久的问题。杜定友指出，现在国内的图书馆专门人才寥若晨星。况且有许多学校，由于规模较小，很难聘人专任。2015 年国际图联的《学校图书馆指南》（第 2 版）指出，学校图书馆的服务和活动需要由专业人员指导进行，这些专业人员应接受与课堂教师同等水平的教育和训练……为了确保学校图书馆员有充足的时间以承担指导、管理、协作和领导等专业性工作，学校图书馆的基本运营最好由经过训练的文职和技术支持人员负责。以往也有研究指出，图书馆员即图书馆主体，是其第一资本，是活动的组织者和协调者。

《学校图书馆指南》（第 2 版）还指出，学校图书馆的人力资源模式受地方的立法、经济发展及教育基础设施情况的影响而不尽相同。诚如所言，目前广西城区绝大多数中学图书馆极其缺乏且一般招聘不到具备信息资源管理学专业学习或培训经历人员，现有人员中绝大多数是由中小学专任教师转岗而来的（基本为身体不佳、不适合继续从事一线教学的人员或工勤岗人员），因此其工作态度、投入度和专业化水平都很有限，相应地其工作效率、专业形象及能在校园发挥的影响力普遍不乐观，目前广西的中小学仍普遍将学校图书馆视为老弱病残人员的休养所。广西教育厅2018年馆配图书适宜性评价报告指出，目前学校图书馆管理队伍薄弱，专职人员少，专业素质不高。特别是在管理上仅限于图书保管，不懂也无能力指导和推广阅读，严重影响了图书馆效能的发挥。附录D的调查问卷中的问题，如复本量、数字资源、教育装备经费、藏书种数册数差别、职称分类、流通总册次以及藏书五大部类等带有较强图书馆学、教育学色彩的专业术语，在绝大多数学校必须经过调研员仔细、通俗化解释后对方才可理解并准确填答。

不仅如此，非科班出身的图书馆管理人员也极为紧缺，现有不少从事教学工作的全职图书馆管理人员常被学校管理层差遣和抽调出来完成教材管理、考试组织等额外任务。因此，基层信息资源管理专业人才匮乏在给调研工作带来较大困难的同时，更延长了访谈和问卷填答时间，使本调研工作的实施和完成耗费了更多时间、人力和财力成本。此研究结果也在以往作品与文献中得以体现，很多学校领导不重视图书馆，无专职专业管理人员，这直接导致了图书馆无法充分发挥效益。本部分所得结论是管理不当已成为造成图书资源浪费的主因。

从人员结构来讲，以往研究者已指出，目前中小学图书馆员中女性占绝大多数，甚至有些图书馆全部是女性，这不利于图书馆开展工作，事实上男女比例应适当，年龄结构上老中青年相结合，以年轻人为主。另外，知识结构上人员专业出身要文理搭配、全面综合，只有这样才利于开展专业性服务，才可称为合理的梯队层次。以往研究者认为，应配备适合的学生图书馆员，这一方面能锻炼学生的能力，另一方面能解决专职人员不足的问题。事实上，北京市也大力强调提升和保持图书馆教师业务素质与专业能力，以便对师生进行阅读指引与推广、参考咨询等服务和开设包括文献检索、阅读指导在内的特色课程。

以往研究成果已凸显出基层学校大多并未坚持“进人、选人的基本标准”。许多中小学在图书馆人员配备上有很大照顾性和随意性，直接造成整个学校图书馆人员队伍素质偏低、缺乏进取精神，被评价为“老、弱、病、残、差”，根本无法胜任图书馆工作，更遑论提升图书馆服务水平了，有学者将此现象归结为学校领导对该工作不重视。美国对学校图书馆从业人员的职业要求很严格，规定图书馆员必须是媒体专家，中小学图书馆员通常需具备教师与图书馆员双重资格认证。对美国相关专业政策的回顾也指出，规范和提升图书馆员服务能力很有必要。

11.4　现有的图书馆（室）、阅览室和信息中心等专业近似部门及其人员所属建制分散无序

正是由于专业力量薄弱与相关工作松散，目前广西绝大多数城区中学图书馆（室）并非完整意义上的图书馆，因为它们一般是将图书室、信息中心和阅览室分开，分别有专人管理、各自运作。获取数据时研究团队成员由于各自为政而导致沟通较少，联系不上专人的情形时有发生，因此加大了调研难度、提升了调研成本并造成所填写数据无回答个案增加。单次问卷调研尚受如此不利影响，那么需要顺畅、高频沟通和较高协同性要求的日常管理工作更使得阅览室、图书室这种小规模、零散部门，无法在学校乃至所在社区较好地发挥集群效应和影响力。从此问题可看出，广西各中学图书馆内部行政建制存在专业性、聚合度不高的问题，管理意识、效率、水平包括管理能力普遍有待提升。

另外，广西现有中学图书馆一般归属学校教务处（科），这可能是广西基础教育行业从业者受传统思维意识的影响，认为图书馆属性即教辅，即纯粹服务和支撑教学的一类从属性机构。但通过实地调研和访谈发现，目前广西城区基层中学普遍情况为教务处（科）主要职能和工作内容都是管理、调整和规范任课教师教学工作，处理教学日常、教研项目等工作，工作任务繁重且复杂，最重要的问题是无暇顾及图书资料管理工作，而且一般对图书资料管理工作知之甚少，不够专业更无专业情结和关注度。基于国家目前对中学图书馆的定位和职能，它"是中小学校的文献信息中心，是学校教育教学和教育科学研究的重要场所，是学校文化建设和课程资源建设的重要载体，是促进学生全面发展和推动教师专业成长的重要平台，是基础教育现代化的重要体现"（出自《中小学图书馆（室）规程》），而且无疑是"服务教育教学、教育科学研究的重要办学条件"（出

自《关于加强新时期中小学图书馆建设与应用工作的意见》)。其任务在于“建立健全学校文献信息和服务体系，协助教师开展教学教研活动，指导学生掌握检索与利用文献信息的知识与技能”（出自《中小学图书馆（室）规程》)，使学校图书馆成为“学校信息资源高地和师生智慧中心、成长中心、活动中心”（出自《关于加强新时期中小学图书馆建设与应用工作的意见》)。在二级部门定位和发展期望基础上，建议为保证其优质、健康和可持续性发展，普遍将其划归科研处（科技办公室）管理，以便以较高的相关度获取校领导更多的关注和支持。更为专业化和有效的方案则是在条件允许时成立学校信息中心（或称图书资料信息中心），将其作为各学校的二级部门，参与学校的有关协商和决策，以便提升学校图书馆和图书资料管理人员的发言权与可见度，为中学图书馆的发展提供坚实的制度保障与有利条件。

11.5　应试教育观念影响下中学图书馆（室）硬软件差、工作程序不完善、利用和影响力低下

2009 年 10 月河南日报刊载文章“中小学图书馆缘何沦为‘摆设’”，其中提到“铁将军把门、尘埃满架、乏人问津，这是目前我国中小学图书馆（室）普遍面临的窘境”。该文在分析原因时，认为造成此状况的重要因素是“个别中小学校只把图书馆当作迎接检查评估的道具和摆设，而忽视了图书馆功能的发挥和作用的凸显，这也从根本上导致了中小学图书馆门庭冷落无人问津”。显然，此问题与上文第一条主要问题提及“普遍不重视”的现象相一致，归根到底是因为我国旧的教育评估机制偏重升学率等指标产生的持续影响，部分学校领导和教师仍持有错误的政绩观、教育观，紧盯中高考指挥棒，他们认为看“闲书”影响学习和升学率，进而影响政绩和业绩，因此“封杀”课外书阅读，学生随即丧失了登门的空闲和心情；从学生角度看，他们的学习任务和学习压力太重，完全挤占了课外阅读时间和兴趣空间。

当前我国贫困地区基础教育硬件已基本达到要求，但软件跟不上，乡村和部分城镇

学校都未配备图书馆（室）乃至阅览室，这也与经费不足、教育资源分配不公和管理不当有关（根据广西偏远地区学校图书馆调查所得在线报告）。这种状况不仅浪费了本就稀缺的教育资源，而且丧失或弱化了对学生开展素质教育的重要阵地，影响了素质教育的全面实施。以上行政部门重视不够、图书馆员素质参差不齐以及教育评估机制的问题，也得到实践界资深专家的认同。

在宣传推广方面，广西绝大多数中学图书馆还未充分利用网络开展图书馆阅读推广活动。但沿海或发达地区已出现此方面经验及其系统的归纳总结，比如可通过学校和图书馆网站进行宣传；可利用大多数学校具备的家校通（校讯通）等教育平台进行图书推荐与宣传活动等，提升家长对学校图书资料系统的认可度；利用专业的多媒体资源、微博、微信公众号、校园广电系统乃至图书馆员朋友圈向师生等相关群体推广资源和服务。

在中学图书馆管理工作中，统计工作可反映图书馆（室）的工作总量，计算各项工作指标，以便从总体上体现工作状况、质量和效果乃至社会效益。但根据调研发现，目前广西不少城区中学图书馆未开展系统化、规范化的统计工作，这也给问卷调查和实地观察造成一定的拖延、困扰和阻碍。统计工作基础上的学校图书馆“绩效评估”在国内还未普遍开展，现有评估内容仅限于硬件，因此目前我国更应加强对学校图书馆馆藏利用率、活动项目及其效果等的评估。

11.6 广西各地区中学图书馆（室）事业发展非常不均衡

已有的专门针对广西的研究也验证了这一点。梁桂华、吴正顺（2014）针对广西义务教育发展指出，均衡发展已成为义务教育的战略性任务，此任务要求保证不同地区、城乡、学校间资源优化配置，使各校办学条件大致相当，保证学生受教育的权利；他们利用统计报表和年鉴中的数据，发现广西义务教育发展不均衡，这种状况制约了义务教育的良性、现代化发展，同时也不利于落实科学发展与建设和谐社会的目标，该研究也肯定了现阶段全面了解广西教育装备资源现状及其制约因素尤为重要。通过检验广西多个县域初中、小学的生均藏书量差异系数发现，在 91 个初中有 38 所大于 0.55（教育部评估认定的初中差异系数临界值），另有 41.76% 的学校不能满足国家统一要求；在 91 个小学中有多达 53 所学校差异系数大于 0.65（教育部评估认定的小学差异系数临界值），占比 58.24%，而且这些系数大的县域均未达到 2003 年版《中小学图书馆（室）规程》要求的小学、初中生均藏书量 2 类（最低）标准，这说明图书装备配置水平低的县域也容易出现资源配置不均衡等情况。同时，经济条件较好的县域的生均藏书量可能也较低，这说明其财政资金未必利用在改善教育装备资源上，教育技术装备工作容易被忽视；另外，经济条件差的县域也可能实现低水平均衡，但这些地区面临着从教育基本均衡向优质均衡迈进的挑战。

第十二章

当代中国中学图书馆（室）发展策略与建议

通过对以上章节问题的分析、梳理可知，广西中学图书馆的发展问题归根到底是人的问题。如果人的理念、作风、结构、组织形态与言行、领导策略不调整，就很难解决广西中学图书馆事业的发展问题。广西中学图书馆发展策略可从国家、基础教育界、图书馆界和社会相关社区四个方面入手进行策划与实施。我们结合相关研究结果，对我国中学图书馆生存发展提出有针对性的对策和应对措施。

12.1　制度乃至国家战略层面推进中学图书馆（室）建设发展

为确保中学图书馆持续、高质量发展，要先加强顶层制度设计，将全民阅读、学习型社会纳入国家长期战略规划；在明确中学图书馆地位作用的基础上，以实际举措加大中学图书馆建设力度特别是资源投入水平。只有切实做好中学图书馆建设工作，才能使其发挥出综合性正面作用，才能使我国素质教育真正具备发展基础和条件，使初中等教育真正与国际接轨、获得国际认同和声誉。同时还要调整和进一步完善中学图书馆相关配套政策，这就需要各级政府和相关机构加强此方面的政策支持与引导，积极制定具体配套政策、规范、规划等，为法律法规乃至国际规程的制定、贯彻和实施提供强有力的辅助。

12.1.1　充分认识建设发展中学图书馆（室）的紧迫性与重要性

由第一章和第二章可知，目前国内对中学图书馆（室）的理论建构处于初步发展阶段，与英、美、日等国研究的理论积淀及其对实践活动的支撑和引领作用比较，差距还非常明显。我国要想建设好中学图书馆，就要明确“领导重视……是办好中学图书馆的关键。各级教育行政部门和学校领导要认识到办好图书馆是提高教育、教学质量的有力措施”。广西中学图书馆所获购书、培训等资金投入极其有限，在缺乏具备专业背景的管理人员的同时，也缺乏明确的考核评估机制和图书馆工作实施计划。这在一定程度上说明除极少量对中学图书馆建设有一定思考和研究的专家，我国社会各阶层民众和包括教育部门在内的地方政府机关，都未真正意识到中学图书馆（特别在未成年人群体阅读习惯养成和阅读素养提升方面）的重要性。我们有必要引进英美中学图书馆的自我价值评估机制，以学生成绩与综合能力为标准衡量中学图书馆的贡献，用科学、可靠的数据证明其在学校教育中所发挥的作用，从而作为明确、客观的依据获取所需资金、人才等关键资源。

从国家战略层面讲，我国公民素质得到切实提升后，创新在经济社会发展中的贡献率才可能被迅速拉高并长期维持，整个国家的创造、创新能力才能有质的提升，也唯有如此，党中央和国务院所提出的“科教兴国”、创新为首的“五大发展”理念、创新驱动发展战略以及人才强国战略等才能真正落到实处，并在我国未来经济社会发展中发挥实效。

12.1.2 强化未成年人阅读的正确舆论导向和理念

世界上绝大多数发达国家早已将儿童阅读上升到国家战略高度，其一些有效做法可供我们参考借鉴。在已具备客观条件和能力的前提下，我国政府应提供强有力的资源投入和政策保障，以支持和促进未成年人图书馆阅读工作。由于我国社会与文教事业在此领域的欠缺，建议尽快将其提升为国家战略，以抓住时代赋予的宝贵发展机会。

同时，加强未成年人图书馆阅读，紧扣教育目标和各阶段培养方案，是缓解甚至是解决目前基础教育中学生负担愈发沉重、心理健康问题突出等的对症良药和保障要件。强烈呼吁国家各级宣传部门与新闻机构将未成年人图书馆阅读工作提升到更高、更重要的位置，着力采写更有深度和启迪、引导作用的新闻报道，以便有效引导全社会的关注点与努力方向。

基础教育是培养高素质人才的奠基工程，中学图书馆在中学教学及其改革过程中肩负重要使命，起着不可替代的作用。各级政府应切实加大政策支持和教育投入力度，特别是购书经费投入。作为学生阅读主阵地，中学图书馆的经营状况会直接影响学生的阅读数量与品质，进而影响高素质人力资本的积累。因此，政府要调整固有观念和做法，更好地贯彻、执行教育部有关加强图书馆建设的规程和意见，倾听基层学校特别是所属图书馆的诉求和呼声，真正关注、支持和促进本地学校图书馆发展，以便为我国教育改革发展，达成学生综合能力素质培养目标，以及为实现创新驱动发展战略提供必要、可靠的软硬件保障与支撑。

12.2　基础教育界与中学图书馆（室）资源服务

在当前国家深化教育体制改革，持续从应试教育向素质教育模式转化的历史进程中，教育、文化系统有关政府部门，完全有必要着力健全和发展中学图书馆事业，切实呵护广大学生群体的精神及全面成长，并彻底从功利分数论的恶性循环中脱离，使学生养成读书思考和交流讨论习惯，这将会极大促进学生智力水平的提高、视野的开拓和人格的完善。同时建设发展好各中学图书馆会帮助学校完善并满足主要的基本教学条件，更顺利地应对各级各方领导、专家的检查和审核。健全和发展中学图书馆事业能在一定程度上对推进全社会文明进程、促进社会和谐安定，以及提升社会民主法制水平与运转效率产生积极而深远的影响。

语文教学与阅读推广活动有着密不可分的联系，二者相互促进，阅读推广活动可与语文教学相结合，作为开展相关工作的切入点，可与语文教研组建立密切合作，形成并推出各年级必读、选读书目，各学期或假期推荐书目。中学图书馆对所推荐图书要重点配备，围绕推荐书目开展丰富的阅读推广活动，从而使图书馆阅读推广活动与语文教育实现深度融合。目前的阅读是指全科阅读，除文学阅读之外，科学阅读、艺术阅读乃至休闲阅读都应成为学龄儿童阅读的重要内容，而中学图书馆也可与历史、英语、政治、科学等各学科老师建立类似的合作关系，努力推动与各学科教育的深度融合。

中学是国民阅读成长历程中的重要阶段。学生除了要掌握基本阅读技能，更重要的是通过学习阅读技能养成阅读习惯，并从中培养自己的精神世界（包括世界观、价值观和人生观等）。培养学生有效的学习方式（包括目标设定、策略选择以及控制评价学习过程），不应以牺牲学生阅读和学习享受为代价。为了更好地保障中学图书馆的建设和发展，基础教育组织及其行政管理部门可采取以下措施。

12.2.1 行政主管部门和学校须保证对中学图书馆的优质资源投入，要特别关注规模小、条件差的学校图书馆建设

一定程度上的关注重视度决定了经费投入力度。办好中学图书馆一定要得到办学主管单位与学校的大力支持，特别要向在办学上能起到关键作用的校长宣传，同时要保证每年有充足的购书经费，按照科学、合理的藏书结构采购文献资源并组织、排架，尊重师生群体的意见，最大限度地满足师生需求。政府在向中学图书馆划拨经费时，一般要对馆藏基础较弱的图书馆加大投入力度，当藏书满足国家基本要求时购书经费可按师生比例划拨。要发挥本地本校优势，重视对校本资源、特色资源乃至本地文化资源的收集、整理、加工、保管、宣传推广与利用，切实参与到推进校园文化建设和全员育人行列中。大力引进专业化管理人员，并保证他们在图书馆的工作时间；同时还要注意待遇问题，图书馆管理人员的待遇应与其他任课教师一样，将符合任职条件的图书馆管理人员列入专业技术岗位编制，统一管理，确保其在晋升、晋级、奖励、评优和退休等方面不处于任何劣势地位，这也是稳定图书馆人才队伍的重要举措。

结合本书调研状况可知，目前我国中学图书馆发展极不平衡，除个别优秀的图书馆，有相当部分中学图书馆还未达到教育部规定的建设标准，并且其利用率和受欢迎程度普遍较低。图书馆和基础教育界学者的合作研究指出，目前我国绝大多数学校图书馆文献资源保障体系并未确立且非常不完善，缺乏合理布局与统筹规划，共享性差，他们建议要建立基础教育信息资源保障体系，从而为师生提供令其满意的资源与服务。我们认为该专业化体系最终确立和发挥作用，对于基础教育领域推行素质教育、教育现代化和教学改革不可或缺，它的服务对象与目前国家推行的公共文化服务体系的服务对象会有或多或少的交叉，但它无疑是对前一体系有力且富有意义的补充与加强。

12.2.2 在上述资源条件基础上通过工作专业化及其合作将服务重心转移到阅读推广与参考咨询，着力营造健康的阅读氛围

多年来，我国未成年人阅读情况之所以不尽如人意，一个很重要的原因是国内缺乏专业的阅读教师，很多学校以语文课代替阅读课，这很不可取。通过调研可知，目前很

多地区的中学图书馆服务仍在较低水平徘徊，专业力量在保证有效借阅与开放等基础服务上已出现困难，因此在加强学校图书馆资源服务建设的前提下，从教育行政单位和各中学角度讲也应大力招揽信息资源管理领域专业人才，给予其适宜乃至更有竞争力的待遇，对现有人员开展充分、切实的专业化业务培训，提升管理人员的整体业务水平与服务意识。在此基础上，与公共图书馆加强（包括阅读指导人才培养）全方位合作，选拔图书馆员和任课教师（特别是语文教师）进行专业阅读指导培训，并用以支撑中学图书馆较高质量的阅读推广、阅读指导等服务，提升中学图书馆服务内涵与品质，有意识地唤醒学生阅读意识、培养阅读兴趣和习惯，以便更好地保障、支持和促进学生读者的成长与发展。

12.3 图书馆界与中学图书馆（室）资源服务

12.3.1 加大投入、改善中学生的服务环境，特别要在基础教育系统大力引进或在职培养图书资料专业人才

图书馆乃至整个学校有必要为学生营造浓厚的读书氛围，这能吸引学生来到实体图书馆，并促进其心无旁骛地阅读。服务型图书馆环境有服务环境和阅读环境两种，服务（即借阅）环境是指环境的装饰布置，阅读环境是指在借阅活动中图书馆管理人员与读者营造出的阅读氛围。各图书馆应通过加大投入来改善并持续性维护师生读者服务环境，长期招募并具备更多专业化人才，只有这样，科班出身人员的专业思想、情怀和技能等才可支撑他们长期服务于学校信息管理事业，只有具备较全面的专业知识和较高技能的人员，才能保证图书馆工作的质量效益，从而为学校实现立德树人中心任务增砖添瓦并做出突出贡献。2018 年广西教育厅馆配图书适宜性评价报告提出，广西中小学要严格落实《中小学图书馆（室）规程》，提高图书馆管理人员的专业化水平，非专业出身的管理人员要经过岗前培训，培训合格后持证上岗并定期参加继续教育培训。目前国

内发达地区（如广东省、福建省、上海市和北京市等）不少中小学图书馆已在持证上岗方面做得非常完善，有效地保障并促进了未成年人的阅读。但广西中学图书馆在环境创设优化、工作人员专业化方面还需投入大量的时间和精力，以便长期、更好地服务于本校不断更迭的学生读者。

参考以往学者的研究成果，要调动图书馆管理人员的工作积极性，必须将加强图书馆内部管理与改善图书馆外部环境相结合，各级教育主管部门、校领导须真正重视图书馆的地位，提升人员待遇并给予合理的身份定位。在制定政策时，要充分考虑图书馆管理人员的待遇（须有直接管辖图书馆的部门领导参与学校决策），使其能尽力做好本职工作，同时要大力推进队伍的专业化建设，使其保持相对稳定性。在内部管理方面，要重建进人关，提升人员整体素质；选配人员时不仅注意人尽其才，还要按岗按事设人；要建立健全人员考核和职称评定制度，以建立完整的图书资料系列人员评价体系。

12.3.2　优化中学图书馆的管理与行政建制

目前广西中学图书馆存在图书馆（室）、阅览室和信息中心等专业近似部门及其人员的建制分散、混乱的问题。在广西图情档专业人才非常欠缺的状况下，各校对信息资源管理人员队伍的组织管理还存在力量分散、口径不统一、不重视等问题，因而开展相应工作的实效和影响力更加不乐观。组织管理问题根本上仍是人的问题。国内外诸多研究已证实图书馆工作人员的专业化水平和充足度，会影响整个图书馆的发展和学生的健康成长（特别是学业成绩）。因此，对广西的中学及其图书馆来讲，持续性地招募和培养信息资源管理专业队伍，理顺管理体制与机制，提升信息资源管理工作在学校的可见度和资源投入，是建设符合标准、现代化学校的前提条件。2018 年广西教育厅馆配图书适宜性评价报告指出，要严格落实图书剔旧更新制度，保障生均公用经费落实在图书剔旧更新上，通过制度化更新和清理检查提升馆配图书质量。事实上，高效率、能持续发挥作用的中学图书馆可强有力地提升各中学教育教学质量和水平，支撑学校实现立德树人的目标。

12.3.3　中学生读者的阅读（读书）活动

读者群体的稳定和发展需要专业人士的精心培育，对阅读能力较差和阅读投入度较低的普通未成年人读者来讲，丰富多彩的阅读活动更加重要。另外，各类图书馆可通过一系列活动项目，强化其在社区和地区中的重要性与独特角色，提升服务范围内中学生的知识素养和文化水平。中学生信息素养教育除信息访问能力外，还包括风险意识和批判性思维能力等，加强中学图书馆高层次的信息服务管理，能够在保障未成年人实现信息和受教育权利的同时，防止其在成长过程中误入歧途。因此，由学校图书馆组织或参与的大规模、有品质的阅读活动将是提升图书馆服务质量的一项重要方略和渠道。

12.3.4　改善服务设施、升级服务手段，加大与公共图书馆相关部门合作

要将中学图书馆建设为设施齐全、功能完备、运转顺畅的重要课堂与育人阵地，就必须以适宜的方式将资源与服务推送到师生所在楼层、课堂，力争在高效、便捷的基础上深度融入教学和科研活动。另外，图书馆界很早认识到无任何一家图书馆能满足其目标用户所有的信息需求，因此长久以来该行业就保有合作传统。当代图书馆合作的目标是使用户需求得到最大限度的满足，使整体效果大于独立状态下各图书馆效果之和。

中学图书馆应在了解青少年读者阅读需求的基础上，在资源建设上有的放矢的前提下，提供科学的阅读计划，比如改进服务设施、引进信息化和新服务设施等。特别是对于服务手段来讲，不仅应以人为本，而且应多元化。因此，加大图书馆服务设施和手段创建的经费投入必不可少。在移动数字化背景下，中学图书馆智慧化建设（包括自助服务、微服务等）应逐渐提上议事日程，要积极引进国内外优质数字化资源，努力创建数字图书馆、虚拟实验室、教育资源公共服务平台，尝试自主开发网络学习课程，这是未来图书馆创新服务理念、提高技术水平和改善服务形态的一场革命。这完全符合《国家中长期教育改革和发展规划纲要（2010—2020 年）》的要求与倡议，同时也是提升图书馆受欢迎程度和服务满意度的一个有效选择，特别是可通过优质教育资源的普及共享，使教育较薄弱地区的学校在学校图书馆的支撑下享受优质教育资源，较好地缓解乃至解

决教育资源的信息鸿沟问题，更均衡地配置教育资源。另外，随着学校图书馆的普及与功能的整合、完善，其已建立起连接教师、学生乃至家长等节点的关系与知识网络，搭建起一个合作、自主与探究式的学习环境，为学习、教研等活动提供强有力的技术与资源支撑，进而提升学校教育科研信息化、现代化水平。

在图书馆自动化建设方面，已实现自动化管理的图书馆，需进一步开发利用管理系统的功能，注重系统更新和总结经验，用实际效果指导带动其他图书馆发展；还处于手工阶段的图书馆，要借鉴成功经验并结合实际制定自动化建设规划，最大限度地使资金利用发挥成效。

我国为少儿服务的图书馆分属文化、教育、工会、共青团等系统，中学图书馆建设发展须有效借助专业力量较强的文化系统力量，利用服务对象类似的优势建立起条块结合、长期协作关系，共同推动少儿图书馆事业的发展。另外，大型的高校、科研机构、公共和少儿等类型图书馆有义务对本地区中小学图书馆（室）开展业务辅导，可采取各种形式研讨业务、交流经验乃至规划、重塑办馆方针政策和任务，加强科学管理，提升人员专业水平，共同提升各图书馆的业务水平并推动未成年人图书馆事业发展。同时，可借力共青团、妇联、中国关心下一代工作委员会、科协、出版社、书店等相关机构乃至作家个人，共同申办项目与组织阅读推广活动，将各类相关主体的有益资源引入学校。学校对公共图书馆也负有一定责任，要使学生不仅仅只在自己学校的图书馆里借阅书籍，还要使他们学会利用公共图书馆，学校一定要让学生知道，除了学校的图书馆之外，哪里还有少儿图书馆，在少儿图书馆里可以借到什么书。

广西各地级市城区公共图书馆作为政府设立的公共文化设施，具备较可观的公共阅读资源与专业智力保障，能在一定程度上保障未成年人的基本文化权益和受教育权利。据权威统计，截至 2017 年，广西各地级市城区公共图书馆数量最少有一家（如梧州市、百色市和崇左市），其他城市都拥有两家及以上公共图书馆，数量前三的是南宁市、柳州市和贵港市，它们在城区分别有 14 家、6 家和 4 家公共图书馆，如果加上各县乡镇公共图书馆，各地级市中南宁市的公共图书馆最多，达到 16 家，最少的是北海市，总计 3 家。广西各地级市公共图书馆中馆藏量最多的南宁市，共计 627.87 万册，其次是桂林市和钦州市，分别为 317.8 万册和 296.5 万册，馆藏量最少的为 16.81 万册，同属公共服务机构的这类现有专业资源应予以充分、合理利用。特别是公共图书馆系统经历国家多次评估审核工作后，其资源容量和服务水平都大幅提升，现代化水平、读者到馆率和公众满意度也逐年提升，在现有状况下中学图书馆须改变固有观念和作风，加大与本地公共图书馆的专业交流、沟通力度，争取一切机会创建合作协议、联盟等互动互帮机制，充分挖掘利用本地公共图书馆的专业化资源（如设备设施、文献信息、智力资源和经验举措等），共同提升广西本地图书资料专业业务水平与社会阅读风气。除了地区范围横向上的合作，还要利用条件加强与全国或区域性教育装备中心及中小学图书管理专业委员会，乃至全国模范型先进中学图书馆的联系，善于学习、吸取经验和共享合作，最终使有专业力量参与的社会各界通力合作，构建更高效、更个性化、更具权威性，用以交流思想、情感和情报的阅读生态圈。在条件具备时，我们认为中学图书馆不仅是学校的工作（或者说是教师或图书馆管理员的工作），还是社会各阶层人士的工作。人人都要关心，尤其是少儿图书馆工作，要把它提到应有的高度。

12.4　其余高相关度社区与中学图书馆（室）资源服务

中学是未成年人开展学习和日常生活的最重要场所，一般中学生及其家长对学校和教师的认同度、接纳意愿与所寄予期望普遍较高。作为基本教学条件和教育装备的重要组成部分，中学图书馆的建设和完善值得校方的大力投入与持续性关注。目前的研究显示，青少年阅读推广的三个内伤之一即“家长的认识误区”，家长利用子女学业来满足攀比心、虚荣心的现象很普遍，他们大多控制了青少年的阅读权利。校领导、教师与家长群体应适当放松，脱离应试教育观念的桎梏，鼓励中小学生广泛阅读、勤于思考，善于引导其成为拥有丰富精神世界和强大内心的健康公民，这些显然是超越应试教育短期目标，使未成年人成为一个真正有用的人更根本的东西。在条件允许时，可将学校图书馆开放给学生家长借阅和利用，这有助于提升家长能力素质，从而改善学生的家庭教育质量，营造书香校园、书香社区和书香社会风气，进而有助于打造学校特色、精品服务及整体教育品牌，提升学校在家长群体及所在社区的影响力、认同度和美誉度。

综上，中学图书馆建设发展是一项系统工程，除了信息资源管理人员自身面临的专业化要求外，中学图书馆及所属各校须借力、联合包括教育局、文化局、新闻宣传在内的政府部门，以及各级公共图书馆、电视台报纸杂志和其他相关社会组织，共同加强宣传未成年人阅读理念，以期形成社会上支持中学图书馆发展的共识、合力和长效机制。要加大加强对学校图书馆各类优质资源投入，培育或增强热爱阅读的社会氛围，联合各级各类相关组织机构走上合作共赢、多元互补道路，只有这样才能引导、支持图书馆（室）和师生阅读走上自动化、数字化、智能化、普及化和自助化轨道，真正融入师生学习、工作和生活中。通过多方宣传组织，提升市民对图书馆及其各类活动的认知度和认同感，树立中学图书馆在社会上的良好形象并实现品牌化办馆（包括读书活动系列化等），引导更多读者广泛参与各类读书活动，为全民阅读及创建学习型、创新型社会创造条件。

第十三章

研究结论、局限性及其展望

广西部分中学图书馆处于无人问津、长期闲置的状态，其专职管理员和购书经费也常年阙如，这种状况不仅使各校大多未达最低办学条件和办学标准，基于教学装备明显弱项还使其办学合法性、合理性受到质疑挑战，而且使学校整体学习氛围和素质教育质量无法有效改善与提升，造成了已有教育资源的长期严重浪费，给本地区全面转型和发展素质教育，以及地区经济社会长远发展埋下隐患并形成了长期无法弥补的短板。

在地级市城区中等教育领域，从学校图书馆发展状况角度看，广西已出现日益加深的“信息鸿沟”，这对于实现教育公平、保障城乡居民自由平等的信息文化权利以及构建和谐社会等非常不利。

13.1　研究结论与贡献

尽管笔者对广州市、杭州市、天津市、武汉市和大连市相关学校及其所属图书馆做过多次调研，但收获甚微、调研效率较低。在多次调研经验教训的基础上，幸得广西民族大学开具的学校抬头正式公函，发送给各地级市教育局和区教育厅，获得了较有力和广泛的支持帮助，绝大多数被访学校都帮忙填写了有效问卷，这也使后期调研进展较顺利。由于每一份问卷数据都是笔者等亲力亲为发放问卷、陪同填写收集而来，因而有效问卷比例较高，为93.55%。

为较彻底地解决上述问题，教育行政管理部门及其领导须进一步将学校图书馆工作及其管理规范化，以日常工作为根基，倡导诚恳务实、开放透明的工作作风，以便将来学界能更全面、深入地了解和分析学校图书馆行业的发展，形成有启迪性、预见性和深度的理论成果，为领导决策和行业发展进步做出贡献。

本书研究结论主要有以下三点：（1）广西大多数中学图书馆未进入全面、健康运营的轨道，不少办馆重要指标的水平较低且无法满足国家最基本要求，其重要根源在于必备资源投入不足、资金匮乏和专业化人力资源短缺；（2）通过研究，我们发现不同地级市、不同学段、不同经济状况等学校间的图书馆发展差异很大；（3）学校图书馆多个业务指标间呈现显著性相关，其中资金和人力要素几乎与图书馆所有业务指标呈现直接的显著性相关关系，由此可见这两个要素对于中学图书馆生存发展起着关键作用。

13.2 研究局限性

通过理论探讨与实证研究相结合的方式，本书收集了广西的专业数据和各类素材，并加以适当分析处理和表述，使本书具备一定的科学性和创新价值，但本主题研究毕竟刚刚开始，所依托项目等级及其资源极为有限，所以研究存在着较明显的局限性。其中，抽样问卷调研所调查的内容缺乏弹性和深度，虽能获取各中学图书馆硬软件基本情况，但对读者满意度以及造成现状的原因无暇深究。

13.2.1 人为因素造成的样本筛选和数据收集困难

依据研究方法论教材，在联系被访者时如果取得政府机构或有关部门认可，通过由上到下的组织系统来联系调查对象，那么调研会很顺利，虽然各地教育局拥有此便利条件，但它们一方面不欢迎特定主题的调研，另一方面即使调研主题和内容不敏感，但也是“多余的事”或“额外的事”。因此，这些途径走不通是十分正常的。另外，因为广西很多城市地处偏远、边境、少数民族和相对落后封闭的地区，教育事业单位内部对外来调研者一般较为抗拒和抵触，加上教育部门自身日常工作较繁忙、人力资源紧张等因素，仅利用广西民族大学和二级学院所开具的公函与介绍信、遵循正规公务办理渠道开展调查一般手续冗繁、耗时较长，而且极有可能遭遇较大阻力，最终无法完成调研，即这种调研路径和办事渠道一般很难使大多数中学配合并高效完成问卷填答。加之本团队是首次在广西开展专业调研，本地经验和人际关系欠缺，因此所遇阻力较大，艰难挫折更不在少数。

在本研究中，调研团队所遇较常见的基层中学乃至地方教育行政部门不配合调研的理由包括：业务信息和数据需要保证其安全性乃至保密性，所以不予配合调研；本学校图书馆工作方式落后，不方便对外公开数据；无公函和介绍信则不予接待；所出示公函和介绍信格式不符合他们所要求的格式规范，因此要按要求做多次修改后报领导决定；未填写过这种问卷，不知如何填写；这种问卷需查询有关数据资料，过于麻烦（因而反感此类调研，会随意填写给出假信息）；此类调查问卷在网络上层出不穷，有人认为没必要（事实上也不乐意）投入时间、精力；指责问卷的问项、问法，因为不符合他们各自想法等不一而足。因此，采取上述一般性调研路径会给调研过程带来较大困难，并给调查执行者造成较大的思想、情绪困扰和资源浪费，同时也很可能造成无法在限期内完成调研项目的后果。由于基层学校图书馆 / 阅览室管理员的数量少、学历低，他们对调查问卷不仅存在态度差、抵触的状况，而且认知水平、专业知识能力等因素也导致他们无法完全理解本问卷题项。面对此状况，研究团队要耐心地向不理解问卷或填写有问题的管理员说明、解释问卷题项的含义和填答要求，因此延长了数据收集时间、投入了较多的额外精力。

在解决数据可获取性、调研可进行性等问题上，研究团队利用多方人脉关系，同时也为填写者准备了用于激励的实用小礼品，由此打通了与调查对象联系的路径，最终得以在广西 14 个地级市收集到有效样本数据，较高效、高质量地完成了此次调研任务。尽管如此，在研究团队实地走访过程中，我们发现除了本地教育局领导联系、推介的学校外，很可能仍有部分公立中学是相关领导未涉及的。在此种情况下，为维持友好关系以保障后期的可持续性调研，本研究团队也仅能在各地级市各局领导能接受的限度内开展互动，因而会出现下文所指出的样本在地级市间采集不够均衡和代表性受限的问题。

13.2.2　研究过程中遇到时间和经费紧缺的双重局限性

本研究基于 2017 年广西区委宣传部批准的广西哲学社会科学规划项目而立项开展，但本研究团队获得的是自费项目，由此就生发出实证团队外出调研的差旅费、劳务费等无经费来源问题，但本研究团队征得学校学院的支持以及其他项目的资助，并未使无资金可用的短板影响到本研究。事实上，此类实证定量研究如果要得出令人信服的可靠结论，第一手数据是根基和前提，且获取的样本量越大，样本代表性就越好，但所耗费人力、物力就会增多，本研究的无经费状况可能会使团队陷入“巧妇难为无米之炊”的境地。经过多方联络、沟通后，基于学校学院给予的多次不同形式的帮助和支持，我们在收集了 203 份有效问卷后，通过分析得以最终完成该项目调研并将相应研究成果付梓。

笔者于 2016 年全职博士毕业，毕业后又长期处于教学、科研和管理第一线，时间、能力和精力深感局限。笔者入职后在适应环境、学习各类工作方法技巧的基础上，除了承担本科生、专业 / 学术硕士教学工作，还承担了大量管理和科研任务。另外，笔者在 2009 年就破格获得讲师职称，但也面临较紧迫的职称晋升、出国进修等任务压力，因而本研究项目是笔者带领团队加班加点，全部利用课余休息时间完成的。此求索过程颇为艰难，克服了不计其数的困难和阻碍，因而也直接引发了所能获取有效样本的局限性。

13.2.3 调研样本的代表性存在局限

广西教育厅网站统计简报提供的本地数据显示，广西拥有的城乡普通中学总量达 2 217 所，其中建制市区（城区）普通中学总量为 833 所，这些中学也是本书研究对象的总体。根据表 3-1 核算每个地级市所应抽取学校样本是明确和固定的，即在全区要抽取至少 332 所学校的有效数据样本，通过科学性分析、验证并用其结论得出理论建构上的启迪与策略、建议。

通过长时间、多次多地的实地调研，我们切实感受到广西各城区普通中学的实际发展状况及其影响，特别是由于部分欠发达或边境地区城市化水平有限，排除是否配合调研的因素，有些城市全城区所拥有的中学总量也达不到要求。因此，在保证最终完成调研、避免各种资源浪费的前提下，为使样本总量达到研究计划要求并在区内具备一定代表性，我们对调研的分层抽样结果做了适度和明晰的缩减与调整，增加了少数城区所抽取的样本总量（具体方案等可见研究设计部分），这可能会造成本研究结论在某种程度上缺乏普适性与代表性，特别是对欠发达地级市中学图书馆建设发展状况的呈现不够充分，对结论的显示和分析或许存在高估与过于乐观的问题。此问题会在将来投入更充分的研究项目中予以缓解乃至解决，以便使广大研究者、管理者和学者看到广西中学图书馆发展更真实、全面的面貌，也为此系列研究获得更多、更大的国际影响力做好、做足理念、方法论和资源投入上的准备。

13.3　与已有研究成果的对照及研究展望

13.3.1　与已有研究成果的对照

2018 年，在对广西 4 个县（市、区）23 所中小学进行实地抽查的基础上，区教育厅馆配图书适宜性评价报告显示：（1）义务教育学校图书配备数量充足，近几年新配图书较多，图书质量整体良好，部分学校优质图书较多，同时部分学校图书适宜性不足，高中图书配备数量不足，适宜性不高；（2）馆配图书使用率总体不高，水平参差不齐，教育行政管理部门认为这与学校领导的观念意识和重视程度密切联系；（3）教育行政管理部门发现，统一招标采购与学校自采两种购书方式对配备图书的适宜性与质量至关重要。通过实地抽查，我们发现广西中小学图书馆馆配图书结构未达国家要求，藏书种类单一，类别比例不平衡。藏书体系以教育教学辅导书、文学类、自然科学类等为主，其他三大部类图书比例不足，不能适应学校教育教学发展，无法满足广大师生的需求。馆配图书适宜性评价报告还指出，大部分学校无法保障各自的图书剔旧更新经费，未建立图书剔旧更新制度，如此同样会造成图书质量逐年下降。

相关研究显示，我国许多中小学图书馆员是非科班出身，不少是不能胜任一线课堂教学工作的教师被调配到图书馆，部分经济欠发达地区的中小学连专职管理员都没有；我国中小学图书馆存在较严重的地区、城乡、校际发展不平衡、作用发挥不充分等问题，特别是中西部地区中小学图书馆发展迟缓。例如，21 世纪初，贵州省黔西南州 8 个县市约 500 所中小学，仅 15 所拥有总面积不到 100 平方米的资料室，剩余 400 多所中小学均无图书（资料）室（馆），此状况在经济落后的农村地区更加明显，“一穷二白”状况较普遍。

中学图书馆建设情况不佳并建议大力发展的研究结果，与王景明的研究结论相一致，他在专著中预测中小学图书馆服务功能将会增强，服务质量会继续提升，教师教学工作、学生的学习休闲会更多依赖于图书馆，与师生的互动、结合会更加紧密。

13.3.2 研究展望

基于本研究的局限性，特别是资料收集和分析所受的影响，我们发现仍有较多值得深入探讨的问题。经过各校自查与区教育行政管理部门对少量学校的抽样检查可知，广西中小学图书馆（室）馆配藏书质量整体不高，图书适宜性不强且具有明显的不均衡性，经实地检查也发现很多图书成为应付检查的工具或摆设。馆配图书借阅使用率较低，对学生阅读素养的培养较薄弱，在资源受限、图书馆基本服务难以保障的状况下，具备较高价值的、能推动科研和支撑教学活动的阅读推广举措就更加欠缺。

在本研究的基础上，我们接下来的研究内容如下。

第一，采购和收藏出版物质量的评价标准与控制举措。

第二，在国内外已有的权威阅读能力评测的基础上，衡量本地学生的阅读能力、意愿与阅读行为等，探寻本地师生对学校图书馆的满意度等。

第三，探讨各地中小学图书馆的资源投入与服务现况，找出基本资源投入和服务无法有效支撑的症结，积极推动阅读推广、科研等活动的开展。

第四，结合实际，研究如何建立学校图书馆剔旧更新制度，并考虑其长效良性发展的举措和机制，以便维持拓展现有学校图书馆资源供给和信息服务水平，为将来与国内发达地区和西方发达国家对话提供必要的前提条件。

附　录

附录 A 国际图联 / 联合国教科文组织学校图书馆宣言 1999

学校图书馆为所有人的教与学而服务

学校图书馆提供信息和思想，它们是人们在当今信息和知识社会中成功运作的基础。学校图书馆培育学生终身学习的技能、开发他们的想象力，使得他们能够成为具有责任感的公民。

学校图书馆的使命

学校图书馆提供学习服务、书籍和资源，使得学校社群所有成员都能成为批判性思考者，以及各种格式和媒体信息的有效利用者。根据联合国教科文组织《公共图书馆宣言》中所阐明的原则，学校图书馆与更为广泛的图书馆和信息合作网络相连接。

图书馆工作人员支持书籍及其他信息资源的现场和远程使用，从小说到纪录片、从印刷载体到电子载体。这些资料完善并丰富教材、教学资料和教学方法。

已然证明，当图书馆员和教师共同工作时，学生们能够习得更高水平的基本素养、阅读、学习、问题解决、信息和通信技术（ICT）等技能。

学校图书馆服务必须为学校社群所有成员公平提供，不论他们的年龄、种族、性别、宗教、国别、语言、专业和社会地位。特殊服务和资源必须为那些不能使用图书馆主流服务和资料的用户提供。

服务和馆藏的获取应以联合国《世界人权宣言》所维护的自由为基础，不应屈从于任何意识形态的、政治的或宗教的审查，或是商业压力。

资金提供与合作网络

学校图书馆对于所有与基本素养、教育、信息提供，以及经济、社会和文化发展有关的长期战略而言都是至关重要的。学校图书馆得到专门的立法和政策支持，是地方、区域以及国家当局的职责。学校图书馆必须拥有充足且持续的资金，以用于受训人员、资料、技术和设施的支出。学校图书馆必须免费开放。

学校图书馆是地方、区域和国家图书馆与信息合作网络中必不可少的伙伴。

当学校图书馆与其他类型的图书馆（如公共图书馆）共享设施和资源时，学校图书馆的特定目标必须得到承认和维护。

学校图书馆的目标

学校图书馆是教育过程中不可或缺的一部分。

以下是学校图书馆服务的核心内容，它们对于基本素养、信息素养、教学、学习和文化等方向的发展至关重要：

- ☐ 支持和推动由学校使命和课程所设定的教育目标；
- ☐ 发展和维持儿童的阅读与学习习惯及兴趣，以及他们在有生之年对于图书馆的使用；
- ☐ 提供为了知识、理解、想象和欣赏而创造和使用信息的体验机会；
- ☐ 支持所有学生学习和练习针对各种形式、格式或媒体的信息的评估及使用之技能，包括对于所属社群交流方式的敏感性；
- ☐ 提供对于地方、区域、国家和全球资源的获取，提供学习者得以接触不同思想、经验和意见的机会；
- ☐ 组织能增进文化和社会意识及敏感度的活动；
- ☐ 与学生、教师、行政管理者和家长合作，以完成学校的使命；
- ☐ 强调智识自由和信息获取对于有效而负责任的公民权及民主参与至关重要之理念；
- ☐ 向整个学校社群及更广范围推广阅读以及学校图书馆的资源和服务。

学校图书馆通过制定政策、改进服务、采访资源、提供适当信息资源的实体和智识获取、提供教导设施、聘用训练有素的工作人员，以实现上述目标。

工作人员

学校图书馆员具备专业资质，在尽可能充足的工作人员的支持下，通过与学校社群的所有成员协作、并与公共图书馆等机构保持联系，负责学校图书馆的规划和管理。

在国家法律和财政框架内，学校图书馆员的职责因应学校预算、课程和教学方法的不同而各异。在特定情境下，如果学校图书馆员要发展和实施有效的学校图书馆服务，关于资源、图书馆、信息管理和教学等方面的知识是至关重要的。

在日益网络化的环境中，学校图书馆员必须具备面向教师和学生计划和教授不同信息处理技能的能力。因此，他们必须持续地进行专业性训练和发展。

运营和管理

为了确保有效而可靠的运营：

- □ 必须制定学校图书馆服务相关政策，以界定与学校课程有关的目标、优先事项和服务；
- □ 学校图书馆必须根据专业标准加以组织和维护；
- □ 服务必须为学校社群所有成员所获得，并在当地社群的情境下实施；
- □ 必须鼓励与教师、学校管理高层、行政管理者、家长、其他图书馆员和信息专业人员，以及社群组织等开展合作。

宣言的实施

敦促政府通过其教育职能部门制定战略、政策和计划以落实本宣言中各项原则的实施。计划应包括在针对图书馆员和教师的最初与继续培训活动中宣传本宣言。

附录B　中小学图书馆（室）规程（2018年修订）

第一章　总则

第一条　为加强中小学图书馆（室）（以下简称图书馆）规范化、科学化、现代化建设，落实立德树人根本任务，提升服务教育教学能力，特制定本规程。

第二条　本规程适用于公办、民办全日制普通中小学校的图书馆。

第三条　图书馆是中小学校的文献信息中心，是学校教育教学和教育科学研究的重要场所，是学校文化建设和课程资源建设的重要载体，是促进学生全面发展和推动教师专业成长的重要平台，是基础教育现代化的重要体现，也是社会主义公共文化服务体系的有机组成部分。

第四条　图书馆的主要任务是：贯彻党的教育方针，培育社会主义核心价值观，弘扬中华优秀传统文化，促进学生德智体美全面发展；建立健全学校文献信息和服务体系，协助教师开展教学教研活动，指导学生掌握检索与利用文献信息的知识与技能；组织学生阅读活动，培养学生的阅读兴趣和阅读习惯。

第二章　体制与机构

第五条　县级以上教育行政部门负责行政区域内图书馆的规划和管理，指导教育技术装备机构和学校做好图书馆的建设、配备、管理、应用、培训、评估等工作。

第六条　图书馆实行校长领导下的馆长负责制，由一名校级领导分管图书馆工作。有关图书馆工作的重大事项应当听取图书馆馆长意见，最终由校长办公会决定。

第七条　学校可根据需要设立阅读指导机构，指导和协调全校阅读活动的开展。

阅读指导机构由一名校领导担任负责人，成员由学校图书馆及相关职能部门负责人、教师和学生代表组成，鼓励家长代表参加。

阅读指导机构应当定期召开会议，制订学校阅读计划，组织阅读活动的实施，反映师生意见和要求，向学校提出改进阅读活动的建议。

第三章 图书配备与馆藏文献信息建设

第八条 学校应根据发展目标，以师生需求为导向，统筹纸质资源、数字资源和其他载体资源，制定图书配备与其他馆藏文献信息建设发展规划。

第九条 图书馆藏书包括适合中小学生阅读的各类图书和报刊、供师生使用的工具书、教学参考书、教育教学理论书籍和应用型的专业书籍。民族地区中小学应当根据教育教学需要配备相应民族语言文字的文献资源。接收残疾学生随班就读的学校应当配备适合特殊学生阅读的盲文图书、大字本图书和有声读物等。

第十条 图书馆藏书量不得低于《中小学图书馆（室）藏书量》（附表一）的规定标准。建立完善增新剔旧制度。图书馆每年生均新增（更新）纸质图书应当不少于一本。图书复本量应当根据实际需要合理确定。

第十一条 图书馆应当建立和完善馆藏资源采购、配备办法，定期公告资源更新目录，注重听取师生意见，建立意见反馈机制，不断提高资源质量和适宜性。定期开展清理审查，严禁盗版图书等非法出版物及不适合中小学生阅读的出版物进入图书馆。

第十二条 图书馆应当把《中小学图书馆（室）藏书分类比例表》（附表二）和教育部指导编制的《全国中小学图书馆（室）推荐书目》作为中小学图书馆馆藏建设的主要参考依据，合理配置纸质书刊。

第十三条 图书馆应当重视数字资源建设，依托区域数字图书馆和信息资源中心获取数字图书和电子期刊等。

地方教育行政部门要统筹推进区域数字图书馆和文献信息资源中心建设，促进优质数字资源共建共享。

第十四条 根据需要，图书馆可参与学校的校本资源开发和建设。

第四章 图书馆与文献信息管理

第十五条 图书馆应当建立健全各项规章制度，并确保执行。

第十六条 图书馆应当建立书刊总括登录和个别登录两种账目。

第十七条 各类型文献应当按照《中国图书馆分类法》进行分类。

第十八条 图书著录应当遵循《普通图书著录规则》；期刊著录应当遵循《连续出

版物著录规则》，计算机编目应当遵循《中文图书机读目录格式》。图书馆应当有明确的馆藏图书排架体系。

第十九条 图书馆应当对采集的文献信息进行科学分类编目，建立完善的书目检索系统，实现书名、著者、分类等多种途径的检索。

第二十条 图书馆应当以全开架借阅为主。以学校图书馆为中心，在确保安全的前提下，充分利用走廊、教室等空间，创新书刊借阅方式，优化借阅管理，创建泛在阅读环境。

第二十一条 图书馆应当纳入学校信息化建设整体规划，实行信息化、网络化管理。

第二十二条 图书馆应当建设文献信息管理和服务系统，建立数据长期保存机制，妥善保护师生个人信息、借阅信息及其他隐私信息，不得出售或以其他方式非法向他人提供，保障信息安全。

第二十三条 图书馆应当依据档案管理规范，制定科学管理流程，妥善保存档案资料。

第二十四条 图书馆应当建立完善的资产账目和管理制度。

第二十五条 图书馆应当如实填报各类统计数据，做好统计数据的分析和保存。

第五章　应用与服务

第二十六条 教学期间，图书馆每周开放时间原则上不少于40小时。鼓励课余时间、法定节假日和寒暑假期间对师生有效开放。

第二十七条 图书馆应当做好阅览、外借、宣传推荐服务工作；开设新生入馆教育、文献信息检索与利用、阅读指导课等，鼓励纳入教学计划；为教育教学和科研活动提供有效的文献信息支撑；创新各类资源使用方式，积极创建书香校园，组织形式多样的阅读活动，促进全民阅读工作；鼓励开展图书借阅数据分析，有针对性地改进学生阅读。

第二十八条 图书馆应当加强馆际交流，推动校际阅读活动、校本资源和特色资源的合作与共享。

第二十九条 图书馆应当积极与本地公共图书馆，特别是少年儿童图书馆、高等学校图书馆开展馆际合作，实现资源共享。

各地教育行政部门要重视和加强乡镇中心学校图书馆建设，辐射周边小规模学校。在确保校园安全的前提下，有条件的学校可以探索向家长、社区有序开放。

第三十条 鼓励有条件的图书馆开展纸质图书和数字图书资源的一体化编目和服务。

第六章 条件与保障

第三十一条 图书馆馆舍建设应当纳入学校建设总体规划。有条件的中小学校设立独立的图书馆舍。图书馆应当有采编、藏书、阅览、教学、读者活动等场所。

图书馆应当重视馆内环境的绿化美化，具备良好的通风、换气、采光、照明、防火、防潮、防虫、保洁、安全等条件。接受残疾生源的学校图书馆应当设置无障碍设施及相关标识。

第三十二条 图书馆应当配备书架、阅览桌椅、借阅台、报刊架、书柜、计算机等必要的设施设备，并有计划地配置文件柜、陈列柜、办公桌椅、借还机、打印机、扫描仪、电子阅读设备、复印设备、文献保护设施设备、装订、安全监测等相关设备。设施、设备应当符合学生年龄使用需要。

第三十三条 图书馆应当设专职管理人员并保持稳定性。图书馆管理人员编制在本校教职工编制总数内合理确定。

图书馆管理人员应当具备基本的图书馆专业知识与专业技能。中学图书馆管理人员应当具备大学本科以上文化程度，小学图书馆管理人员应当具备大学专科以上文化程度。

第三十四条 图书馆专业人员实行专业技术职务聘任制。图书馆管理人员专业技术职务聘任参照国家有关规定执行，有条件的地区和学校，可设立中小学图书馆图书资料系列专业技术岗位。图书馆管理人员在调资晋级或评奖时，与学科教师同等对待，并按国家相关规定享受相应的福利待遇。

第三十五条 图书馆管理人员应当定期参加教育行政部门或专业学术团体组织的专

业培训，并纳入继续教育学分管理。支持图书馆管理人员参加专业学术团体。

第三十六条 各地教育行政部门和学校应当保障图书馆建设、配备、管理、应用、培训等所需经费，在经费预算和资金保障方面应当向农村学校和薄弱学校倾斜。

图书馆应当积极配合企事业单位、社会团体和公民个人以各种方式支持、参与图书馆建设，依法组织捐赠，确保质量。

第三十七条 地方各级教育行政部门应当建立健全出版物采购廉政风险防控机制，定期组织开展中小学图书馆藏书质量和管理服务的督导评估，推动提高馆藏文献信息质量和服务效能。图书馆建设与管理工作纳入学校和校长考核体系。

第七章 附则

第三十八条 特殊教育学校图书馆参照本规程执行。

第三十九条 本规程自2018年6月1日起施行，2003年5月1日发布的《中小学图书馆（室）规程》同时废止。

附表一

中小学图书馆（室）藏书量

	完全中学	高级中学	初级中学	小学
人均藏书量（册） （按在校学生数）	40	45	35	25
报刊（种）	120	120	80	60
工具书、教学参考书（种）	250	250	180	120

附表二

中小学图书馆（室）藏书分类比例表

<table>
<tr><th colspan="3">部类</th><th colspan="2">分类比例</th></tr>
<tr><td>五大部类</td><td colspan="2">22 个基本部类</td><td>小学</td><td>中学</td></tr>
<tr><td>第一大类</td><td colspan="2">A 马克思主义、列宁主义、毛泽东思想、邓小平理论</td><td>1.50%</td><td>2%</td></tr>
<tr><td>第二大类</td><td colspan="2">B 哲学、宗教</td><td>1.50%</td><td>2%</td></tr>
<tr><td rowspan="13">第三大类</td><td colspan="2">C 社会科学总论</td><td rowspan="13">64%</td><td rowspan="13">54%</td></tr>
<tr><td colspan="2">D 政治法律</td></tr>
<tr><td colspan="2">E 军事</td></tr>
<tr><td colspan="2">F 经济</td></tr>
<tr><td rowspan="3">G</td><td>文化、科学</td></tr>
<tr><td>教育</td></tr>
<tr><td>体育</td></tr>
<tr><td colspan="2">H 语言、文字</td></tr>
<tr><td colspan="2">I 文学</td></tr>
<tr><td colspan="2">J 艺术</td></tr>
<tr><td colspan="2">K 历史、地理</td></tr>
<tr style="display:none"></tr>
<tr style="display:none"></tr>
<tr><td rowspan="10">第四大类</td><td colspan="2">N 自然科学总论</td><td rowspan="10">28%</td><td rowspan="10">38%</td></tr>
<tr><td colspan="2">O 数理科学和化学</td></tr>
<tr><td colspan="2">P 天文学、地球科学</td></tr>
<tr><td colspan="2">Q 生物科学</td></tr>
<tr><td colspan="2">R 医药、卫生</td></tr>
<tr><td colspan="2">S 农业科学</td></tr>
<tr><td colspan="2">T 工业技术</td></tr>
<tr><td colspan="2">U 交通运输</td></tr>
<tr><td colspan="2">V 航空、航天</td></tr>
<tr><td colspan="2">X 环境科学、安全科学</td></tr>
<tr><td>第五大类</td><td colspan="2">Z 综合性图书</td><td>5%</td><td>4%</td></tr>
</table>

附录 C　关于加强新时期中小学图书馆建设与应用工作的意见

关于加强新时期中小学图书馆建设与应用工作的意见
教基一〔2015〕2号

各省、自治区、直辖市教育厅（教委）、文化厅（局）、新闻出版广电局，新疆生产建设兵团教育局、文化广播电视局、新闻出版局，教育部直属各高等学校：

为贯彻党中央关于深化教育领域综合改革精神，指导中小学校全面贯彻教育方针、实施素质教育，提升学校内涵与品质，形成书香校园，带动全民阅读，助推学习型社会和书香社会建设，现就加强新时期中小学图书馆（含图书室，下同）建设与应用工作，提出如下意见。

一、总体要求

（一）重要意义。中小学图书馆作为服务教育教学、教育科学研究的重要办学条件，是基本实现教育现代化的重要体现，是均衡合理配置教育资源的重要内容，是广大学生、教师获取信息资源不可或缺的重要途径，是落实立德树人根本任务、全面深化课程改革的重要阵地，对于保障教学、服务教学、改善教学，提高学生自主学习能力和终身学习能力，促进教师专业成长和学生全面发展具有重要作用。中小学图书馆作为国家图书馆服务体系的重要组成，对于服务学习型社会和书香社会建设，完善公共文化服务体系，丰富群众精神文化生活具有深远意义。

近年来，国家先后实施一系列基础教育重大建设工程，全面提高了中小学图书馆保障水平。但认识不足、摆位不当，区域、城乡、学校之间建设水平不均衡，管理服务水平不高，与教育教学融合不够，信息化基础薄弱，专业化队伍匮乏等问题仍然存在，直接影响中小学图书馆育人功能和综合效益的发挥。

面对全面深化教育综合改革的新形势，加快推进治理现代化的新部署，深入推进义务教育均衡发展的新要求，落实立德树人深化课程改革的新任务，倡导全民阅读建设书香社会的新氛围，必须深刻认识加强中小学图书馆建设与应用工作的重要意义，切实增强责任感、使命感和紧迫感，全面落实责任，明确目标任务，切实加大力度，不断完善措施，将中小学图书馆建设与应用工作提高到新水平。

（二）工作目标。到2018年，结合全面改善贫困地区义务教育薄弱学校基本办学条件、中西部农村初中校舍改造工程等重大项目实施，有条件地区要按照学校建设标准补充新建图书馆，改善不达标图书馆，不具备条件的农村中小学、教学点要建有图书柜、图书角。到2020年，绝大部分中小学要按照国家规定标准建有图书馆。

基本建成与深化课程改革、实施素质教育相适应的现代化中小学图书馆建设、管理和服务体系。使图书馆与教育教学全面深度融合，成为学校信息资源高地和师生智慧中心、成长中心、活动中心。基本形成中小学图书馆与公共图书馆、高等学校图书馆馆藏资源共享格局，带动全民阅读，助推公共文化服务体系、学习型社会和书香社会建设。

二、重点任务

（三）推进基础条件建设。各地要落实要求，将图书馆纳入中小学建设规划，对中小学图书馆的功能定位、馆舍面积、配套设施、馆藏保障、资源利用、队伍建设、管理应用等方面做出合理安排。加快推进中小学图书馆建设。逐步将图书馆建设为设施齐全、功能完备、运转顺畅、服务便捷、使用高效的育人阵地和重要课堂。鼓励有条件的学校利用图书、报刊布置走廊、教室等边角空间，倡导学生自主管理、诚信取阅，形成学校在“图书馆”中的良好氛围，使师生阅读方式广泛多样、阅读选择丰富多元。

（四）确保馆藏资源质量。教育、文化和新闻出版部门要积极创造条件组织专家学者、文化工作者和出版发行单位，为中小学生创作更多富有教育性、启发性，符合年龄特点、品种丰富的优质出版物。各地要结合实际合理确定中小学图书馆藏书复本量标准及馆藏定向补充和剔旧原则。要制订增剔工作计划，严格操作，确保剔旧后每年至少生均新增一本纸质图书，确保实现生均纸质图书藏书量达标。妥善存续具有收藏保存价值的图书，基础藏书配备目录内的藏书，一般不进行剔旧。进一步整合实体和虚拟资源，形成相互补充、多元统一的馆藏资源体系。改善图书馆馆藏结构，探索建立学生、教师读书反馈和评议推荐制度，遴选学生和教师心目中的好书。各地中小学要重视对校本资源、特色资源的收集、整理、加工、保存和应用。

（五）规范馆藏采购机制。各级教育、文化和新闻出版部门要建立协作机制，完善中小学图书馆馆藏资源招标采购办法及实施细则。逐步健全师生、家长和专家学者等多方参与的采购机制，充分发挥全社会民主监督作用，共同把好中小学图书馆馆藏采购质量关。明确馆藏采购责任主体，将教育部指导编制的《全国中小学图书馆（室）推荐书目》作为中小学图书馆馆藏采购的主要参考依据。新闻出版部门要会同教育部门加强监管，严格审查参与中小学图书馆馆藏招标采购单位资质，共同加大验收检查力度，严禁盗版图书等非法出版物及不适合中小学生阅读、价格虚高的图书、音像制品和电子出版物进入中小学图书馆，发现一起，查处一起。对有令不行、有禁不止、违法情节严重的出版发行单位，新闻出版部门要依法依规严肃查处。

（六）不断提高信息化水平。各地要将中小学图书馆信息化建设纳入区域和中小学信息化建设整体规划，创造条件积极推进中小学数字图书馆及配套阅览条件建设。要充分发挥教育主干网、城域网、校园网的作用，以县级网络中心为依托推进数字图书馆和信息资源中心建设，辐射县域内学校。逐步建立起县级、地市级、省级中小学数字图书馆网络体系，为中小学图书馆、公共图书馆馆际数字资源共享搭建教育资源公共服务平台。县级以上数字图书资源中心要能够满足区域学校教育教学和广大师生电子阅读需求，确保师生便捷获取数字图书和电子期刊等数字资源。要逐步实现中小学图书馆管理信息化和服务形式网络化，探索动态实现区域内中小学图书馆纸质图书、报刊的联合采编、公共检索、馆际互借等功能。

（七）充分发挥育人作用。中小学图书馆每周开放时间原则上不少于40小时，确保每天课余时间、周末和寒暑假期间对师生有效开放，鼓励适当延长并向社会开放。要围绕深化课程改革目标任务，推进图书馆与学科教学有效结合、深度融合，将图书馆作为课程资源进行整合形成教学资源。提升学科教师对图书馆的认识，倡导学科教师自觉利用图书馆改善教育教学，开展教育科研活动，推出一批优秀教学案例和先进教师典型。创新图书借阅方式，简化图书借阅管理，将馆藏资源推送到楼层、课堂，促进师生便捷、有效阅读。要利用一定课时，培养学生搜集、整理、分析和选择信息资源的能力，提高学生信息素养。拓展图书馆使用功能，利用图书馆举办学术讲座，展示师生作品，开展教研、学习交流活动。积极组织开展书香校园创建活动，结合校园文化，开展经常性主题读书活动，传播社会主义核心价值观，培养学生阅读兴趣、阅读习惯等有效阅读能力，发挥好引领、辐射和带动作用。组织力量积极开展针对中小学图书馆的理论与实践研究，加强科研引领。

（八）带动书香社会建设。在每年4月23日“世界读书日”和9月9日“国家图书馆日”积极开展形式多样、丰富多彩的中小学生读书专题活动。提倡小学生每天课外阅读半小时、中学生每天课外阅读1小时。丰富学生课后生活，特别要为家庭贫困学生、寄宿制学校学生、农村留守儿童提供便利读书条件。鼓励中小学图书馆设立家长定期开放日，提倡学生和家长共同读书、读同一本书，营造良好阅读氛围。中小学图书馆与本地公共图书馆特别是少年儿童图书馆、高等学校图书馆要积极开展合作，推进资源共享，探索实现通借通还。中小学图书馆要主动探索向社区、社会开放，提高馆藏资源利用率。农村中小学图书馆要发挥辐射作用，采取有效措施服务农民精神文化需求。

三、保障措施

（九）落实经费保障。各地教育部门要在每年教育经费预算中安排中小学图书等馆藏资源购置经费，并向农村学校和薄弱学校倾斜。要结合学校标准化建设工作，围绕中小学图书馆建设工作目标和主要任务，制订资金筹措计划。积极拓宽办馆渠道，鼓励企事业单位、社会团体和公民个人以各种方式支持中小学图书馆建设，规范捐赠程序，明确责任与义务，确保捐赠馆藏和援建工程质量。

（十）强化队伍建设。逐步建成由专（兼）职人员、志愿者等组成的中小学图书馆管理人员队伍，有条件的地方或学校要配备专职管理人员。探索设立中小学图书馆图书资料系列专业技术岗位，其编制在本校教职工编制总数内合理确定，建立完善资格准入、岗位聘用和定期考核制度。不断提高图书馆专业人员比例。通过多种方式吸纳优秀人才进入中小学图书馆管理人员队伍。对从事图书馆工作的兼职教师进行图书馆业务培训，在职务（称）评聘、晋升、评优评先、待遇等方面，给予图书馆管理人员与教师同等机会。创新培训机制，建立分层分级培训体系，制订培训计划，提倡利用网络资源平台开展远程培训。鼓励各地充分利用高等院校图书馆及学术团体、行业组织专业优势，开展形式多样的中小学图书馆专（兼）职管理人员培训。加大高等学校培养中小学图书馆专门人才的力度。

（十一）纳入督导评估。教育督导部门要把图书馆建设与应用工作纳入依法治校，作为中小学校综合督导评估和义务教育均衡发展评估认定的重要内容，完善评估标准和实施细则，定期开展应用管理评估工作，并将评估结果纳入学校管理考核，督促和指导做好相关工作。加强中小学图书馆和相关出版领域的行业标准与业务规范的研制及执行工作，不断推进图书馆建设管理的制度化、规范化和专业化。

（十二）加强组织领导。各地教育、文化和新闻出版部门要将中小学图书馆建设与应用纳入教育和公共文化服务体系事业发展总体规划，有效运用项目实施、政策引导和经费支持等手段，加强对中小学图书馆建设的统筹协调和分类指导。发挥各级基础教育主管部门、教育装备部门在中小学图书馆建设、配备、管理、应用各个环节的作用。要结合本地实际，提出新时期推进中小学图书馆建设与应用工作的具体方案。省级工作方案应由教育、文化、新闻出版部门联合制定并推动落实。

教育部 文化部 国家新闻出版广电总局

2015 年 5 月 20 日

附录D 广西14个地级市普通中学图书馆（室）调查问卷（包含答案值的对应编码）

问卷编号　　　　　　　　　　　　　　　录入员

基本信息			
学校名称		学校代码	
开始日期		结束日期	
访问时长		联系电话	
被访者职位		被访者签名	
被访者职称		访问员签名	

A. 学校基本情况

A1. 请问贵校的办学主体是：①地（市）级教育部门；②县（区）级教育部门；③民办。

A2. 学校类别：①初中；②高中；③完全中学；④ 9 年制；⑤ 12 年制。

A3. 学校学生的寄宿情况：①全寄宿；②半寄宿；③不寄宿 / 走读。

A4. 学校的默认办学层级是：①重点学校；②示范性学校；③普通学校。

A5. 学校所在地点为：①南宁市；②柳州市；③桂林市；④梧州市；⑤北海市；⑥防城港市；⑦钦州市；⑧贵港市；⑨玉林市；⑩百色市；⑪贺州市；⑫河池市；⑬来宾市；⑭崇左市。

A6. 学校的班级数量：初中A6a个；高中A6b个。

A7. 2017年学校的全职任课教师总人数为A7a人，学生（包括借读生）总人数为A7b人。

A8. 贵校图书馆（室）是否已实行校长领导下的馆长负责制度：

① 施行；②未施行。

A9. 2017年，贵校对教育装备投入的总经费为A9a元，其中财政投入为A9b元，自筹经费为A9c元。

A10. 2016 年贵校的教育装备总经费为 A10a 元，其中图书采购经费为 A10b 元。

B. 图书馆（室）管理人员队伍建设

B1. 您所在的学校图书馆（室）专职图书管理人员共计 B1a 人，兼职图书管理人员一般约为 B1b 人，勤工俭学 / 志愿者 / 学生图书管理员的学生 B1c 人。

B2. 贵馆（室）专职图书管理人员中男性为 B2a 人，女性为 B2b 人。

B3. 贵馆专业技术人员中研究馆员共计 B3a 人，副研究馆员共计 B3b 人，馆员共计 B3c 人，助理馆员共计 B3d 人，暂无职称的共计 B3e 人，其他职称序列的人员共计 B3f 人。

B4. 图书馆学（本硕）、档案学（本硕）和情报学（本科为信息管理与信息系统）三个二级学科都属本专业范畴的前提下，贵馆在职人员教育情况如表 1 所示。

表 1　图书馆在职人员教育情况

专科	本科	硕士	人数	专科	本科	硕士	人数
非本专业	非本专业	非本专业		本专业	本专业	本专业	
非本专业	非本专业	本专业		本专业	本专业	无	
非本专业	非本专业	无		本专业	无	无	B4b
非本专业	本专业	非本专业		无	非本专业	非本专业	B4d
非本专业	本专业	本专业		无	非本专业	本专业	
非本专业	本专业	无		无	非本专业	无	B4e
非本专业	无	无	B4c	无	本专业	非本专业	
本专业	非本专业	非本专业		无	本专业	本专业	
本专业	非本专业	本专业		无	本专业	无	B4a
本专业	非本专业	无		无	无	无	B4f
本专业	本专业	非本专业					

B5. 专职图书管理人员之中小于 25 周岁的共计 B5a 人，大于等于 25 周岁小于 30 周岁的共计 B5b 人，大于等于 30 周岁小于 35 周岁的共计 B5c 人，大于等于 35 周岁小于 40 周岁的共计 B5d 人，大于等于 40 周岁小于 45 周岁的共计 B5e 人，大于等于 45 周岁小于 50 周岁的共计 B5f 人，大于等于 50 周岁小于 55 周岁的共计 B5g 人，大于等

于 55 周岁小于 60 周岁的共计 B5h 人，60 岁及其以上的（含返聘的员工）共计 B5i 人。

B6. 贵馆的专职图书管理人员中，在编人员（有事业单位编制）共计 B6a 人，不在编人员共计 B6b 人。

B7. 贵馆的专职图书管理人员缴纳养老保险等三金的情况是：①全部人员完全缴纳；②全部人员部分缴纳；③部分人员全部缴纳；④部分人员部分缴纳；⑤全部人员未缴纳任何保险；

B8. 2015 年春季至今，贵馆专职图书管理人员参加各类专业培训共计 B8a 人次。（如果有请填写共参加了多少次，同一个人参加过多次按照实际总次数填写，如果从未参加过请填 0。）

B9. 贵馆的专职图书管理人员队伍里，尚未通过全国计算机等级考试（NCRE）任何等级的有 B9a 人，通过 1 级的有 B9b 人，通过 2 级的有 B9c 人，通过 3 级及其以上的有 B9d 人。

C. 图书馆（室）场地设施建设

C1. 贵馆（室）有独立建筑吗？ ①有；②没有。

C2. 贵馆的总面积约为 C2a 平方米，共有书库 C2b 个，所有书库总面积为 C2c 平方米。

C3. 各类阅览室共计 C3a 个，总面积为 C3b 平方米，座位总量为 C3c 个。

C4. 请问贵校共有 C4a 个班级图书角，各班图书角书籍总量平均约为 C4b 册 / 班。班级图书角中图书的更换频率平均约为 C4c 次 / 年。

C5. 请问贵馆是否计算机管理？①是；②否（选“是”的请回答 C6 和 C7 题，选择“否”的请直接跳至 C8 题。）。

C6. 请问贵馆采用的计算机管理软件是 C6 。

C7. 请问贵馆应用了以上软件的：①单机版；②网络版。

C8. 请选择贵馆所应用的专业设施或措施：①图书安全防盗设施；②图书装订设备；③打印设施；④复印设施；⑤防潮措施；⑥防霉措施；⑦通风设备；⑧防蛀措施 ⑨防火措施 ⑩其他设备（请说明）C8x。

D. 图书馆（室）的管理与馆藏

D1. 贵校图书馆是否已实行了人员岗位责任制度：①已施行；②未施行。

D2. 2017 年贵馆图书采购经费为 D2a 元，其中纸质图书采购经费为 D2b 元，期刊报纸采购经费为 D2c 元，数字资源采购经费为 D2d 元。

D3. 2016 和 2017 年全年采购新书总量分别为 D3a 和 D3b 册。与 2016 年相比，2017 年全年生均图书递增量为 D3c 册。2017 年纸质期刊订阅量为 D3d 种，纸质报纸订阅量为 D3e 种。

D4. 贵校图书馆（室）的购书频率一般是 D4 次 / 年（两年一次请折合为 0.5 并以此类推）。

D5. 贵馆（室）藏书总册数为 D5a 册（丛书、多卷书等按单本计算）。其中，纸质图书有 D5b 种，单种复本量平均为 D5c 册，生均图书拥有量为 D5d 册 / 人，电子图书总量为 D5e GB。2016 年订购在线数据库为 D5f 个，2017 年订购在线数据库为 D5g 个。

D6. 贵馆对期刊的保藏（是 / 并未）定期装订成册，（是 / 并未）按主题类目分类、著录、保存和流通使用。

D7. 贵馆各类藏书分布情况如下：马列类 D7a 种、哲学类 D7b 种、社会科学类 D7c 种、自然科学类 D7d 种以及综合类 D7e 种。

D8. 您认为贵馆在一定经费限制的条件下，以往所选购图书满足师生借阅需求的状况是：①几乎完全满足；②满足多数需求；③不确定；④基本不能满足；⑤远远无法满足。

D9. 您认为在现有条件下，贵馆师生能否从馆内借阅到最新的优秀图书：①完全可以；②多数情况下可以；③不确定；④多数情况下不可以；⑤完全做不到。

D10. 您认为在现有条件下，贵馆采购人员能否充分了解并接触最新的优秀图书：①完全可以；②多数情况下可以；③不确定；④多数情况下不可以；⑤完全做不到。

D11. 贵馆（是 D11a/ 尚未）定期清点馆藏文献，（会 D11b/ 尚未）有文献剔除工作，（会 D11c/ 尚未）严格办理文献的审批注销手续。

D12. 贵馆馆藏是否按《中国图书馆图书分类法》分类？（1）是；（2）部分按照（若选择此选项，请填写尚未用此分类法进行分类的文献主题为________）；（3）否。

D13. 据您所知，贵馆书目数据的准确度（即分类编目数据与信息资源本身状况以及相关规范的相符程度）如何?

①几乎全部数据准确；②大多数数据准确；③不确定；④少数数据准确；⑤极少数数据准确。

D14. 贵馆的书库管理模式为: ①闭架；②半开架；③开架。

D15. 新书从到馆到上架所需总时间平均为 D15a 天（到馆当天上架请写 0）；期刊从到馆到上架所需总时间平均为 D15b 天（到馆当天上架请写 0）。

E. 图书馆（室）读者服务及其工作

E1. 拥有贵馆有效借书证的人员共计 E1a 人，2017 年期间，曾以任意形式被利用过的借书证总量为 E1b 个。

E2. 2017 年全年贵馆各类图书和连续出版物（包括纸质和电子）的流通总册次（流通总册次指藏书被借出的总次数，同一本书被多次借出按实际被借出的次数计算）为 E2a ，2017 年贵馆生均借阅册次为 E2b 册。

E3. 在文献检索方面，贵馆（可 E3a/ 否）满足师生进行计算机文献检索；（可 E3b/ 否）能分别从题名、责任者、分类和主题角度检索书目。

E4. 学期里贵馆平均开放时长约 E4a 小时 / 周，假期里开放时长平均 E4b 小时 / 周（不开放写 0）。

E5. 学生课余时间（包括中午、放学后、周末及其他法定节假日）范围内，贵馆是否开放? ①是; ②否。

E6. 贵馆（已经 / 尚未 E6a）通过互联网渠道（包括但不限于网页、手机 App、微信、微博等）及时发布新书信息；贵馆（已经 E6b/ 尚未）通过互联网渠道开展图书预约、续借业务；贵馆（已经 E6c/ 尚未）通过互联网渠道进行书评、网络导航等信息服务。

E7. 贵馆（已经 / 尚未）通过各类渠道与外校进行资源共享、图书捐赠等文献信息交流。

F. 其他

F1. 2017 年贵馆举办过何种读书活动？具体如表 2 所示。

表 2　图书馆举办的读书活动

序号	读书活动名称	参加学生人数	影响与效用
1			
2			
3			
4			
5			
6			
7			
全年从未举办过　□			

F2. 您认为类似名家讲座（儿童文学家或青年作家）这样的大型读者活动，对贵校师生的吸引力情况如何？

① 具有吸引力；②吸引力较大；③不确定；④吸引力较小；⑤不具有吸引力。

附录 E　广州市普通中小学图书馆（室）建设现状调查表

学校基本情况									
学校类别	办学性质	属地	学生人数	教师人数	班级数量	是否是寄宿制学校	2021 年图书采购投入经费（元）	2021 年教育装备投入经费（元）	2021 年图书投入占教育装备经费投入比例	比 2020 年增长的幅度
□完全中学 □高中 □初中 □小学	□公办 □民办	□城镇 □农村				□是 □否				

图书馆管理人员队伍建设

图书管理人员数		图书馆人员的职称	图书馆人员的学历结构	年龄结构	图书馆人员的编制和待遇	图书馆学专业毕业	近 3 年培训情况	通过计算机考级
专职：　人 兼职：　人 男性：　人 女性：　人		无职称：　人 初级：　人 中级：　人 高级：　人	中专（高中）及以下：　人 大专：　人 本科：　人 研究生及以上：　人	35 岁以下：　人 35~50 岁：　人 50 岁以上：　人	有编制人数：　人 无编制人数：　人 缴纳养老保险等三金： ○是：　人 ○否：　人	○ 是：　人 ○ 否：　人	○有　人次 ○无	○ 是：　人 ○ 否：　人

图书馆（室）馆舍建设

是否为独立建筑	总面积（平方米）	设备设施是否齐全	藏书	管理软件	
○ 是 ○ 否		○ 是 ○ 否	册	是否达标	○有，软件系统的名称是：
				○ 是 ○ 否	○无

图书馆（室）面积（平方米）									
书库	学生阅览室		教师阅览室		电子阅览室		编目室	借书处
间数面积	面积	座位	面积	座位	面积	座位	面积	面积

总册数（纸质）		图书		期刊		报纸		电子图书	生均纸质图书数	2021 年生均递增量	自然科学类比例	社科类比例
种	册	种	册	种	册	种	册	册	册	册	%	%

图书馆（室）管理和读者工作

总括账	个别登记	持借书证	年借书量	年生均借阅册数	分类编目	出借形式	新书上架所需时间	每周开放时间（小时）
○是 ○否	○是 ○否	本	册	册	○规范○不规范	○闭架 ○开架 ○半开架		

附录F　中学教育技术装备统计表

表号

1. 所在县、市、区名称：　　2. 学校名称：

3. 学校类别：（完全中学填“21”、高级中学填“22”、初级中学填“23”、九年一贯制学校填“24”、十二年一贯制学校填“25”）

4. 学校所在地：（1）城市（2）县镇（3）农村　5. 在校生数：　　人　6. 班级数：　　个　7. 多媒体进普通教室的班级数：　　个

8. 计算机台数：　　台　9. 是否已建立校园网：（1）是（2）否　10. 是否开展理科实验操作考核：（1）是（2）否

11. 是否拥有卫星数字收视设备：（1）是（2）否　12. 理科教学仪器达标校类别：（1）达标（2）不达标

指标名称	单位	代码	数额	指标名称	单位	代码	数额	指标名称	单位	代码	数额
实验教学人员合计	人	01			个	28		计算机室：生均计划	课时/学年	54	
其中：专职	人	02		化学室	个	29		生均完成	课时/学年	55	
兼职	人	03		生物室	个	30		语言室：生均计划	课时/学年	56	
其中：高级职称	人	04		功能教室器材设备	个	31		生均完成	课时/学年	57	
中级职称	人	05		其中：通用技术/综合实践室	个	32		图书室（馆）管理人员总计	人	58	
初级职称	人	06		体艺室	个	33		其中：专职	人	59	
其他	人	07		计算机室	个	34		兼职	人	60	
实验室及功能教室数量合计	个	08		语言室 其他	个	35		其中：高级职称	人	61	
其中：物理		09		计算机原价总金额	元	36		中级职称	人	62	
化学		10		网络及外部设备原价总金额	元	37		初级职称	人	63	
生物		11		多媒体设备总金额	元	38		其他	人	64	
通用技术/综合实践		12		当年教育技术设备购置经费总计	元	39		图书室（馆）设施状况			
体艺		13		其中：财政拨款	元	40		阅览室数量	个	65	
计算机		14		自筹及其他	元	41		使用面积	平方米	66	

（续表）

语言		15		实验开出情况	个/学年			其中电子阅览室：数量	个	67	
多媒体		16		物理：应做演示实验		42		使用面积	平方米	68	
其他		17		实做演示实验		43		藏书室数量	个	69	
装备用房使用面积合计	平方米	18		应做分组实验		44		使用面积	平方米	70	
其中：实验室使用面积		19		实做分组实验		45		资料室等数量	个	71	
实验室及功能教室仪器器材设备原价合计	元	20		化学：应做演示实验		46		使用面积	平方米	72	
				实做演示实验		47		图书室（馆）藏书状况			
		21		应做分组实验		48		图书：数量	册	73	
仪器其中：物理		22		实做分组实验		49		金额	元	74	
		23		生物：应做演示实验		50		电子图书：数量	册	75	
化学		24		实做演示实验		51		金额	元	76	
生物		25		应做分组实验		52		当年图书购置经费合计	元	77	
数学地理		26		实做分组实验		53		其中：财政拨款		78	
设备其中：物理室		27		功能教室使用状况				自筹金额		79	

说明：1.学校类别：完全中学填“21”、高级中学填“22”、初级中学填“23”、九年一贯制学校填“24”、十二年一贯制学校填“25”。

2.逻辑关系：01=02+03+04+…+07；18>19；20=21+26+30；21=22+…+25；26=27+28+29；30=31+…+35；39=40+41；58=59+60=61+…+64；77=78+79。

附录 G　广西民族大学关于张文彦老师前往基层中学开展问卷调研的请示

广西壮族自治区 ×× 市教育局：

我校张文彦博士主持的**“广西地级市城区中学图书馆（室）调查与评价研究”**的广西哲学社会科学规划课题（**批准号：**17FTQ007，类型是自筹经费项目，于 2017 年 7 月获得自治区党委宣传部批准）所做的实证研究需要基层各中学提供相关业务数据和事实，为了顺利地完成此项研究并在 2020 年将研究专著顺利出版，能在学术上首次客观、严谨地调研广西壮族自治区中学图书馆事业发展并做出评价，特请示教育局批准张文彦老师于 2019 年 ××—×× 月前往区内 14 个地级市（×× 市）建制市区内各普通中学搜集所属图书馆建设、服务状况，并祈求能在其行程之前向各学校下发调研通知，以保障其调研活动的正常展开。

妥否，请函复。

广西民族大学（盖章）

20×× 年 ×× 月 ×× 日

（联系人及联系电话：张文彦，××）

参考文献

［1］范并思，吕梅，胡海荣．公共图书馆未成年人服务 [M]. 北京：北京师范大学出版社，2012.

［2］胡志强．中国国际人权公约集（附英文原文）[C]. 北京：中国对外翻译出版公司，2004.

［3］全国人民代表大会．中华人民共和国未成年人保护法 [Z]. 北京：中国法制出版社，2020.

［4］国务院妇女儿童工作委员会．中国儿童发展纲要（2011—2020 年）[Z]. 北京：人民出版社，2011.

［5］雷淑霞，张晔．加强中小学图书馆建设 促进基础教育事业发展 [J]. 北京教育学院学报，2011，25（6）.

［6］窦英杰．第四讲　我国图书馆阅读推广的历史、现状及发展 [C]// 吴晞．图书馆阅读推广基础理论．北京：朝华出版社，2015.

［7］宫昌俊，曹磊．中小学图书馆建设与阅读推广 [M]. 北京：朝华出版社，2020.

［8］全国人民代表大会．中华人民共和国教育法 中华人民共和国教师法 [Z]. 北京：中国法制出版社，2010.

［9］全国人大财政经济委员会，国家发展和改革委员会．《中华人民共和国国民经济和社会发展第十三个五年规划纲要》解释材料 [Z]. 北京：中国计划出版社，2016.

［10］胡锦涛．坚定不移沿着中国特色社会主义道路前进 为全面建成小康社会而奋斗 [Z]. 北京：人民出版社，2012.

[11] 中国共产党十八届三中全会 . 中共中央关于全面深化改革若干重大问题的决定 [J]. 求是杂志，2013（22）.

[12] 北京市教育技术装备中心 . 教育改革背景下的中小学图书馆——北京市中小学图书馆实践研究 [M]. 北京：世界知识出版社，2018.

[13] 杜定友，王云五 . 图书馆学概论（百科小丛书）[M]. 上海：商务印书馆，1927.

[14] 宋庆龄，宋庆龄基金会 . 宋庆龄选集（下）[M]. 北京：人民出版社，1992.

[15] 习近平 . 决胜全面建成小康社会 夺取新时代中国特色社会主义伟大胜利——在中国共产党第十九次全国代表大会上的报告（2017 年 10 月 18 日）[Z]. 北京：人民出版社，2017.

[16] 张耀武 . 完善西部少数民族地区人口生育政策的探讨 [J]. 宁夏大学学报（人文社科版），2011，33（01）.

[17] 天津市普通教育技术装备管理中心 . 中小学图书馆建设与实践：上 [M]. 天津：天津教育出版社，2017.

[18] Kleijnen E，Huysmans F，Elbers E. The role of school libraries in reducing learning disadvantages in migrant children：a literature review[J]. sage open，2015（4/5）：1-16.

[19] Case B. An open door：exploring how high school students with special needs view and use the high school library[D]. CA，Santa Barbara: Fielding Graduate University，2011：Ⅱ - Ⅲ .

[20] 众言 . 大众创业万众创新是关系每一个人的事——关于“双创”的断想 [N]. 光明日报，2015-08-10（2）.

[21] 中共中央国务院 . 国家创新驱动发展战略纲要 [N]. 河南日报，2016-05-10（3）.

[22] 许涛，徐飞，徐小洲 . 创新创业，学校应该如何教 [N]. 光明日报，2019-06-24（5）.

[23] 北京市教育技术装备中心 . 教育改革背景下的中小学图书馆——北京市中小学图书馆实践研究 [M]. 北京：世界知识出版社，2018.

[24] 吴慰慈，董焱 . 图书馆学概论 [M]. 北京：北京图书馆出版社，2002.

［25］于良芝．图书馆情报学概论 [M]. 北京：国家图书馆出版社，2016.

［26］吴晞．西方公共图书馆的发展历程 [M]. 深圳：海天出版社，2014.

［27］张丽．1987—1976 年美国图书馆未成年人服务发展历史研究 [J]. 中国图书馆学报，2011（1）.

［28］吴晞．第一讲 全民阅读与图书馆阅读推广导论 [C]// 吴晞．图书馆阅读推广基础理论．北京：朝华出版社，2015.

［29］周文骏，邵献图．图书馆学情报学词典 [R]. 北京：书目文献出版社，1991.

［30］IFLA. The IFLA/UNESCO school library manifesto：the school library in teaching and learning for all[Z]. Netherlands，Hague：IFLA，2000.

［31］Setre T，Willars G. The IFLA school library guidelines（2 Edition）[Z]. Netherlands，Hague：IFLA，2015.

［32］朱永新．呼吁设立"国家阅读节""国家全民阅读指导委员会"[J]. 图书馆杂志，2016（3）.

［33］燕继荣．公信力：文明政府的重要指标——兼谈政府如何赢得公信 [J]. 北京行政学院学报，2011（3）.

［34］国务院．中国儿童发展纲要（2011—2020 年）[Z]. 北京：人民出版社，2011.

［35］张文彦．2003 与 2018 年版《中小学图书馆（室）规程》比较研究 [J]. 国家图书馆学刊，2019（1）.

［36］饶权．中国图书馆事业发展报告．图书馆标准化卷 [M]. 北京：中央编译出版社，2019.

［37］王鸿飞．中小学图书馆建设实践与阅读推广 [M]. 广州：广东教育出版社，2016.

［38］王文湛．清华教授王文湛：今后高考的区分度主要在语文 [N]. 彭城晚报，2018-01-10（11）.

［39］Kaplan A. School library impact studies and school library media programs in the United States[J]. School Libraries Worldwide，2010（2）.

［40］Chernik B. Introduction to library services[M]. Englewood，Colorado.：Libraries

Unlimited, 1992.

[41] 默里．图书馆：永不落幕的智慧盛宴 [M]. 胡炜，译．广州：南方日报出版社，2012.

[42] 王明达．序言 [C]// 任德明等．中等学校图书馆理论与实践．北京：警官教育出版社，1995.

[43] 张树华，董焱．中小学图书馆工作概论 [M]. 北京：海洋出版社，1993.

[44] 克鲁普斯卡娅．克鲁普斯卡娅图书馆学文选 [M]. 尤小明，译．南宁：广西教育出版社，1989.

[45] B.A. 苏霍姆林斯基．帕夫雷什中学 [M]. 赵玮，等译．北京：教育科学出版社，1983.

[46] 冯克诚．苏霍姆林斯基教育思想与论著选读（中）[M]. 北京：人民武警出版社，2010.

[47] 王文静，罗良．阅读与儿童发展 [M]. 上海：华东师范大学出版社，2009.

[48] Chernik B. Introduction to library services for library technicians[M]. Libraries Unlimited, INC. 1982.

[49] 张文彦．阅读态度和行为对初中生人格发展影响研究 [D]. 天津：南开大学，2016.

[50] 江苏省教育装备与勤工俭学管理中心．中小学图书馆管理与服务（修订版）[M]. 北京：国家图书馆出版社，2010.

[51] 道格拉斯夫人（Mary Peacock Douglas）．小学图书馆 [M]. 王振鹄，编译．台北：正中书局，1964.

[52] 伍漳英．中小学图书馆资源盘活与阅读推广 [M]. 北京：北京师范大学出版社，2012.

[53] 施建国．中小学图书馆管理 [M]. 杭州：浙江文艺出版社，2008.

[54] Singh P. Transformation of the school library into a media centre and its implications for gifted children[J]. The International Journal of Book, 2009, 7（1）.

[55] 洪伟达，王政．图书馆保障弱势群体公共信息获取权益的对策研究 [M]. 北京：

知识产权出版社，2016.

［56］杜定友 . 学校图书馆学 [M]. 上海：商务印书馆，1928.

［57］郑莉莉，罗友松，王渡江 . 少年儿童图书馆学概论 [M]. 北京：国家图书馆出版社，2013.

［58］于良芝 . 图书馆学导论 [M]. 北京：科学出版社，2003.

［59］来新夏 . 图书馆学情报学档案学简明词典 [R]. 天津：南开大学出版社，1991.

［60］王文静，罗良 . 阅读与儿童发展 [M]. 上海：华东师范大学出版社，2009.

［61］张伟 . 图书馆与社会教育 [M]. 上海：上海科学技术文献出版社，2014.

［62］卢子博，葛家瑾，张廷儒，等 . 中学图书馆工作 [M]. 北京：书目文献出版社，1987.

［63］高平叔 . 蔡元培全集：第 4 卷 [M]. 北京：中华书局，1984—1987.

［64］谢祥清，杨曼英 . 素质教育教程 [M]. 长沙：湖南师范大学出版社，2007.

［65］Rubin R. Foundations of library and information science[M]. New York：Neal-Schuman Publishers，1998.

［66］黄少虹，李萍，等 . 中小学图书馆管理基础教程 [M]. 北京：人民出版社，2006.

［67］于斌斌 . 学校图书馆利用对中学生学业表现的影响研究 [D]. 天津：南开大学，2012.

［68］于良芝 . 培养阅读兴趣与支持正规教育 [J]. 公共图书馆，2010（3）.

［69］郝振省，陈威，杜勤，魏玉山 . 中国阅读：全民阅读蓝皮书：第二卷 [M]. 北京：中国书籍出版社，2011.

［70］朱永新 . 我为什么连续十六年建议设立国家阅读节 [N]. 光明日报，2010-01-04（7）.

［71］斋藤孝 . 阅读的力量 [M]. 武继平，译 . 厦门：鹭江出版社，2016.

［72］艾斯奎斯 . 第 56 号教室的奇迹 [M]. 卞娜娜，译 . 北京：光明日报出版社，2014.

［73］克鲁普斯卡娅 . 克鲁普斯卡娅图书馆学文选 [M]. 尤小明，译 . 南宁：广西教育出版社，1989.

[74] 赵景瑞 . 优质小学语文阅读教学透视 [M]. 北京：中国林业出版社，2008.

[75] 陈萍，迟立忠 . 发展心理学 [M]. 长春：吉林教育出版社，2001.

[76] 林崇德 . 发展心理学 [M]. 北京：人民教育出版社，2009.

[77] 连榕，李宏英，等 . 发展与教育心理学 [M]. 福建：福建教育出版社，2007.

[78] 王景明 . 中小学图书馆建设与管理 [M]. 北京：北京师范大学出版社，2000.

[79] 朱智贤 . 儿童心理学 [M]. 北京：人民教育出版社，2009.

[80] 贝克 . 儿童发展 [M]. 邵文实，译. 8 版 . 南京：江苏教育出版社，2014.

[81] 拉瑟斯 . 心理学 [M]. 宋振韶，周倩，译. 3 版 . 北京：中国人民大学出版社，2019.

[82] 陈英和 . 认知发展心理学 [M]. 杭州：浙江人民出版社，1996.

[83] 王有智 . 学习心理学 [M]. 北京：中国社会科学出版社，2010.

[84] 龚维义，刘新民 . 发展心理学 [M]. 北京：北京科学技术出版社，2004.

[85] 中国大百科全书总编辑委员会《心理学》编辑委员会 . 中国大百科全书：心理学 [G]. 北京，上海：中国大百科全书出版社，1991.

[86] 邱冠华 . 爱书人的世界 [M]. 北京：北京图书馆出版社，2008.

[87] 彭志祥 . 让儿童在阅读中慢慢长大—— 一位小学校长的儿童阅读推广之路 [J]. 江苏教育研究，2012（5）.

[88] 克鲁普斯卡娅 . 自学者须知 [C]// 尤小明，译 . 克鲁普斯卡娅图书馆学文选 . 南宁：广西教育出版社，1989：502-504.

[89] 叶瑞祥 . 简明学习科学全书 [M]. 北京：团结出版社，2017.

[90] 任德明等 . 中等学校图书馆理论与实践 [M]. 北京：警官教育出版社，1995.

[91] 周振勤 .“阅读行为”的界定 [J]. 图书馆工作，2016（3）.

[92] 林德全，徐秀华 . 学习概论 [M]. 开封：河南大学出版社，2013.

[93] 陈燕丽 . 阅读行为的社会心理学研究 [D]. 天津：南开大学，2004.

[94] 张必隐 . 阅读心理学 [M]. 北京：北京师范大学出版社，1992.

[95] 韩永进 . 总序 [C]// 吴晞 . 图书馆阅读推广基础理论 . 北京：朝华出版社，2015.

[96] 陈艳伟 . 第六讲　残障群体的阅读推广 [C]// 吴晞 . 图书馆阅读推广基础理论 .

北京：朝华出版社，2015.

［97］克鲁普斯卡娅．克鲁普斯卡娅教育文选[M]. 卫嘉，译．北京：人民教育出版社，1959.

［98］IFLA. 图书馆和信息服务机构及信息自由的格拉斯哥宣言 [J]. 图书馆论丛，2002（4）.

［99］胡秋玲．自由获取知识与信息——《格拉斯哥宣言》《国际图联因特网声明》和《图书馆与可持续发展声明》发表 [J]. 图书馆建设，2003（2）.

［100］朱智贤．儿童心理学（下册）[M]. 北京：人民教育出版社，1979.

［101］程亚男．图书馆工作概论 [M]. 北京：北京图书馆出版社，2000.

［102］风笑天．社会研究方法 [M]. 5 版．北京：中国人民大学出版社，2018.

［103］杜智敏．社会调查方法与实践 [M]. 北京：电子工业出版社，2014.

［104］郭志刚．社会统计分析方法——SPSS 软件应用 [M]. 北京：中国人民大学出版社，1999.

［105］程焕文，潘燕桃．信息资源共享 [M]. 北京：高等教育出版社，2004.

［106］Zhang W，Wang H，Ji M，Xu S. A preliminary research study on the library collections and services of public primary and middle schools in Guangzhou，China[J]. Canadian Journal of Information and Library Science，2016，40（3）.

［107］广西壮族自治区统计局．广西统计年鉴 2018[R]. 北京：中国统计出版社，北京数通电子出版社，2018.

［108］广西壮族自治区教育技术装备中心．广西 2016 年中小学校教育装备情况分析报告 [R]. 南宁：广西壮族自治区教育技术装备中心，2017.

［109］黄茗，蓝桂．抓管理、重应用，推进中小学教育装备工作突破发展——以广西河池市中小学基础教育装备工作面临的问题及发展对策为例 [J]. 教育与装备研究，2016（8）.

［110］Sayers W. The children's library：A practical manual for public school and home libraries[M]. London：G. Routledge & sons，Ltd; New York：E.P. Dutton & co.，1911.

［111］McDowell K. The cultural origins of youth services librarianship，1876-1900[D].

Urbana：University of Illinois at Urbana-Champaign，2007.

[112] Haar D. Public school libraries：Their history，curriculum，and impact on student achievement[D]. Des Moines：Kennedy-Western University，2005.

[113] Trehan G ，Malhan I. School library management[M]. New Delhi：Sterling Publishers Pvt. Ltd.，1980.

[114] Rafste E，Setre T，Sundt E. Norweigian policy for empowering school libraries[J]. IFLA Journal，2006，32（1）.

[115] ASLA. Future learning and school libraries[Z]. Wentworth Falls，New South Wales：ASLA，2013.

[116] Ewbank A，Kwon J. School library advocacy literature in the United States：an exploratory content analysis[J]. Library and information Science Research，2015，37（3）.

[117] Loh C，Ellis M，Paculdar A，Zhong H. Building a successful reading culture through the school library：a case study of a Singapore secondary school[J]. IFLA Journal，2017，43（4）.

[118] Dressman M. Resistance，conformity，reconstructed subjectivity：reading three school libraries[D]. Austin：The University of Texas at Austin，1994.

[119] Singh D. The state of the world's school libraries[C]// The proceeding of 23 annual conference of international association of school librarianship. Kalamazoo，MI：IASL，1995.

[120] Conway V. For better or worse? School libraries in the UK：problems and developments [C]// international association of school librarianship. Selected Papers From the Annual Conference of the International Association of School Librarianship. Kalamazoo，MI：IASL，1995.

[121] Eyre G. School library services revisited：the management implications of delegated funding[J]. Journal of Librarianship and Information Science，2000，32（1）.

[122] Spring-Gifford C.The development of school libraries in Alberta[D]. Calgary，Alberta：University of Calgary，2000.

[123] Baule S. One hundred years of school library and educational technology

development: a case study of the new trier township high school district[D]. Chicago, IL: Loyola University, 2002.

[124] Rollandini M. Michigan intermediate school districts: funding and resource allocation[D]. Ann Arbor: Michigan State University, 2009.

[125] Pribesh S, Gavigan K, Dickinson G. The access gap: poverty and characteristics of school library media centers[J]. The Library Quarterly, 2011, 81 (2).

[126] Gildersleeves L. Do school libraries make a difference? Some considerations on investigating school library impact in the United Kingdom[J]. Library Management, 2012, 33 (6/7).

[127] Huysmans F, Kleijnen E, Broekhof K, Dalen T. The library at school: effects on reading attitude and reading frequency[J]. Performance Measurement and Metrics, 2013, 14 (2).

[128] Kleijnen E, Huysmans F, Ligtvoet R, Elbers E. Effects of a school library on the reading attitude and reading behaviour in non-western migrant students[J]. Journal of Librarianship & Information Science, 2017, 49 (3).

[129] Ee L. Levelling the reading gap: a socio-spatial study of school libraries and reading in Singapore[J]. Literacy, 2016, 50 (1).

[130] Wickramanayake L. Where to from here? current status of school libraries in Sri Lanka: a survey[J]. New Library World, 2016, 117 (03/04).

[131] Farmer L, Safer A. Trends in school library programs 2007-2012: analysis of AASL's school libraries count! Data sets[J]. Journal of Librarianship and Information Science, 2019, 51 (2).

[132] Hell M. Library practice for young learners (LPYL). Developing school library services for primary and secondary schools in disadvantaged areas in South Africa 1997-2002: a Swedish-South African project[C]// School libraries: breaking down barriers. international association of school librarianship, 2003.

[133] DuRant K. The availability and use of 21st century technology tools in South

Carolina secondary public school library media centers[D]. Minneapolis：Capella University，2010.

[134] Subramaniam M，Ahn J，Fleischmann K，Druin A. Reimagining the role of school libraries in STEM education：creating hybrid spaces for exploration[J]. The Library Quarterly，2012，82（2）.

[135] Chu W. Library exposure from the prior years：an examination of public high achool library websites[J]. The Journal of Academic Librarianship，2013，39（5）.

[136] Spreadbury H，Spiller D. Survey of secondary school library users[M]. Loughborough，Leicestershire：Library & Information Statistics Unit（LISU），1999.

[137] Kershaw K. Student use of the secondary school library[D]. Wellington：Victoria University of Wellington，2001.

[138] Cammack A. An exploration of the impact of scheduling on public secondary school library use[D]. Denton：Texas Woman's University，2001.

[139] Rafste E. A place to learn or a place for pleasure? Students' uses of the school library in Norway[R]. U.S. Department of Education，Office of Educational Research and Improvement，2003.

[140] 刘宝莲 . 澳门初中生课外阅读调查研究 [D]. 广州：中山大学，2004.

[141] Bikos G，Papadimitriou P，Giannakopoulos G. School libraries' impact on secondary education a users' study[J]. Library Review，2014，63（6/7）.

[142] 陈玉婷，束漫 . 我国香港智障儿童学校图书馆服务 [J]. 图书馆论坛，2018（3）.

[143] Walker L，Calvert P. So what made you decide to become a school librarian? Reasons people currently working in New Zealand school libraries give for their choice of employment [J]. Journal of Librarianship and Information Science，2016，48（2）.

[144] Weldon P. What the staff in Australia's schools surveys tell us about teachers working in school libraries[M]. Camberwell Victoria，Australia：Australian Council for Educational Research，2016.

[145] Kachel D，Lance K. Changing times：school librarian staffing status[J]. Teacher Librarian，2018，45（4）.

[146] Roberson T，Applin M，Schweinle W. School libraries' impact upon student achievement and school professionals' attitudes that influence use of library programs[J]. Research of Educational Reform，2005，10（1）.

[147] Dent V. Observations of school library impact at 2 rural Ugandan schools[J]. New Library World，2006（1228/1229）.

[148] Secondary Education in Africa，Africa Region Human Development Department. Textbooks and school library provision in secondary education in Sub-Saharan Africa[M]. Washington，D. C.：The international Bank for Reconstruction and Development，2008.

[149] Haycock K. Connecting British Columbia（Canada）school libraries and student achievement：a comparision of higher and lower performing schools with similar overall funding[J]. School Libraries Worldwide，2011，17（1）.

[150] Shah S，Farooq M. Effect of school library on students' learning attitude[J]. South Asian Studies，2009，24（1）.

[151] Sei-Ching Joanna Sin. Modeling the impact of individuals' characteristics and library service levels on high school students' public library usage：a national analysis[J]. Library & information Science Research，2012，34（3）.

[152] Krueger K. Professional staffing levels and 4 grade student research in rural schools with high-poverty levels[J]. School Library Research，2013（16）.

[153] Bon I，Cranfield A，Latimer K. 儿童图书馆的空间设计 [M]. 石鑫，李恺，等译 . 北京：国家图书馆出版社，2014.

[154] Smalley T. College success：high school librarians make the difference[J]. The Journal of Academic Librarianship，2004（3）.

[155] Achterman D. Haves，halves，and have-nots：school libraries and student achievement in california[D]. Denton：University of North Texas，2008.

[156] Lance K，Kachel D. Why school librarians matter：what years of research tell

us[J]. Phi Delta Kappan，2018，99（7）.

[157] Abdullah A. Empowering students in information literacy practices using a collaborative digital library for school projects[J]. Journal of Educational Media & Library Sciences，2008（1）.

[158] Ingersoll R. School library media centers in the United States：1990-91[R]. Washington D.C.：U.S. Dept. of Education，Office of Educational Research and Improvement，National Center for Education Statistics，1994.

[159] Chaney B，Williams J. School library media centers：1993-94[R]. Washington，D.C.：U.S. Department of Education，Office of Educational Research and Improvement，National Center for Education Statistics，1998.

[160] Scott L. School library media centers：selected results from the education longitudinal study of 2002（ELS：2002）（NCES 2005-302）[J]. U.S. Department of Education，2004（1-2）.

[161] U.S. Department of Education，Office of Planning，Evaluation and Policy Development，Policy and Program Studies Service. Second evaluation of the improving literacy through school library program[R]. Washington，D. C.：U.S. Department of Education，2009.

[162] Cahoy E，Williamson S. Studying the independent school library[J]. School Library Media Research，2008.

[163] AASL. School libraries count! The second national survey of school library media programs 2008[R]. ERIC，ED508121，2008.

[164] AASL. School libraries count! National longitudinal survey of school library media programs[R]. ERIC，ED508125，2009.

[165] Matt Watson. Linguistic justice for Europe and for the world[J]. Journal of Multilingual and Multicutral Development，2014，35（5）.

[166] AASL. School libraries count! National longitudinal survey of school library programs 2012[R]. ERIC，ED544653，2012.

[167] Lance K, Hamilton-Pennell C, Rodney M. Information empowered: the school librarian as an agent of academic achievement in Alaska achools. Revised edition[M]. Juneau: Alaska State Library, 2000.

[168] Marvin Howell. School libraries in California: a report to the California legislature[M]. Sacramento: California State Department of Education, 1968.

[169] Farmer, Lesley. Degree of implementation of library media programs and student achievement [J]. Journal of Librarianship and Information Science, 2006, 38（1）.

[170] Nelson J. Library staffing benefits Latino student achievement[J]. CSLA Journal, 2010（3）.

[171] Lance K, Rodney M, Hamilton-Pennell C. How school librarian help kids achieve standards: the second Colorado study[R]. ERIC: ED445698, 2000.

[172] Francis B, Lance K, Leitzau Z. School librarians continue to help students achieve standards: the third Colorado study[R]. Denver, CO: Colorado State Library, Library Research Service, 2010.

[173] Lance K, Hofschire L. Change in school librarian staffing linked with change in CSAP reading performance, 2005 to 2011[R]. Denver, CO: Colorado State Library, Research Service, 2012.

[174] Indiana Library Federation（ILF）. 2018 status report on indiana school libraries[R]. Indianapolis, IN: Indiana Library Federation, 2018.

[175] Dow M, Lakin J, Court S. School librarian staffing levels and student achievement as represented in 2006-2009 Kansas annual yearly progress data[R]. ERIC: EJ994364, 2012.

[176] Gordon C, Cicchetti R, Todd R, Li X, The School Librarians of the Commonwealth Who Participated in the Study. The Massachusetts school library study: equity and access for students in the commonwealth[R]. MA: Massachusettenisi Sigillum Reipublicae, 2018.

[177] Rodney M, Lance K, Hamilton-Pennell C. The impact of Michigan school

librarians on academic achievement: kids who has libraries succeed[M]. Salt Lake City, UT: Hi Willow Research and Publishing, 2003.

[178] Mardis M, Hoffman E. Collection and collaboration: science in Michigan middle school media centers[J]. School Library Media Research, 2007, 10.

[179] Mardis M. School libraries and science achievement: a view from Michigan's middle schools[R]. Chicago, IL: ALA Editions, 2009.

[180] Lance K, Rodney M, Hamilton-Pennell C. How school libraries improve outcomes from children: the New Mexico study[M]. Salt Lake City, UT: Hi Willow Research and Publication, 2003.

[181] Small R, Snyder J, Parker K. The impact of New York's school libraries on students achievement and motivation: phase Ⅰ [R]. Chicago, IL: ALA Editions, 2009.

[182] Small R, Snyder J. The impact of New York's school libraries on students achievement and motivation: phase Ⅱ—in-depth study[R]. Chicago, IL: ALA Editions, 2010.

[183] Burgin R, Bracy P, Brown K. An essential connection: how quality school library media programs improve student achievement in North Carolina[R]. Greenboro, NC: RB Software & Consulting, 2003.

[184] Todd R, Kuhlthau C. Student learning through Ohio school libraries: background, methodology and report of findings[J]. School Libraries Worldwide, 2004, 11 (1).

[185] Lance K, Rodney M, Hamilton-Pennell C. Good schools have school librarians: Oregon school librarians collaborate to improve academic achievement[M]. Salem, OR: Oregon Educational Media Association, 2001.

[186] Lance K, Rodney M, Hamilton-Pennell C. Measuring up to standards findings: the impact of school library programs & information literacy in Pennsylvania schools[R]. ERIC: ED446771, 2000.

[187] Baxter S, Smalley A. Check it out!: the results of the school library media

program census：final report[R]. MI：Metronet：Metrolibraries，2003.

［188］Lance K，Schwarz B. How Pennsylvania school libraries pay off：investments in student achievement and academic standards[R]. ERIC：ED543418，2012.

［189］Lance K，Schwarz B，Rodney M. How libraries transform schools by contributing to student sucess：evidence linking South Carolina school libraries and PASS & HSAP results，phase Ⅰ[R]. Sandy，UT：RSL Research Group，2014.

［190］Gavigan K，Lance K. SC study shows link between school librarians and higher test scores[N]. School Library Journal，2016-03-14（News & Features）.

［191］Smith E. Texas school libraries：standards，resources，services，and students' performance[R]. ERIC：ED455850，2001.

［192］Coker E. Certified teacher-librarians，library quality and student achievement in Washington state schools——the Washington state school library impact study[M]. Washington D. C.：Washington Library Media Association，2015.

［193］Smith E. Student learning through Wisconsin school library media centers：library media specialist survey report[R]. Austin，TX：EGS Research and Consulting，2006.

［194］Ontario Library Association. School libraries and student achievement in Ontario[J]. Teaching Librarian，2006，13（1/2）.

［195］Creaser C，Travis M. School libraries and book spending in 2007：a booktrust survey[J]. New Review of Children's Literature and Librarianship，2008，14（1）.

［196］Clark C. Linking school libraries and literacy：young people's reading habits and attitudes to their school library，and an exploration of the relationship between school library use and school attainment[R]. London：National Literacy Trust，2010.

［197］Clark C，Douglas J. Young people's reading and writing：an in-depth atudy focusing on enjoyment，behaviour，attitudes and attainment[R]. London：National Literacy Trust，2011.

［198］Hay L. Student learning through Australian school libraries part 1：a statistical analysis of student perceptions[J]. Synergy，2005（2）.

[199] Hay L. Student learning through Australian school libraries part 2：what students define and value as school library support[J]. Synergy，2006（2）.

[200] The Australia Parliament，House of Representatives Education and Employment Committee. School libraries and teacher librarians in 21st century[R]. Canberra：Commonwealth of Australia，2011.

[201] Softlink. The 2017 softlink Australian and New Zealand school library survey report[R]. Irvine，CA：Softlink，2018.

[202] 邹永利，胡志波．日本中小学图书馆与探究性学习 [J]. 图书馆论坛，2015（12）.

[203] 钟伟．试论日本学校图书馆专业职务制度对我国中小学图书馆发展的启示 [J]. 图书馆工作与研究，2012（9）.

[204] Liu G，Zhang W. School library support of health education in China：a preliminary study[J]. International Electronic Journal of Health Education，2008（11）.

[205] 吕星宇，占盛丽．上海市中小学图书馆建设的问题与对策——兼论国外中小学图书馆的建设经验 [J]. 上海教育科研，2010（1）.

[206] 卓毓荣．中小学图书馆与高校图书馆合作问题探索——基于广州市调研数据的实证分析 [J]. 图书馆建设，2011（6）.

[207] 瞿嘉福．2012 届 422 名理科生高考成绩与借书量研究 [J]. 教学仪器与实验，2013（6）.

[208] 鲁旻．少年儿童心目中的学校图书馆——2013 上海少年儿童阅读调研报告 [J]. 思想理论教育，2013（12）.

[209] Zhang W，Ji M，Wang H，Zhang C，Xu S，Wu Y，Song F. An exploration of how the resourcing of staff and book purchasing affects the development of China's public school libraries in Guangzhou[J]. Australian Journal of Library and Information Association，2020，69（1）.

[210] 吴惠茹．大陆与台湾地区中小学图书馆建设标准比较分析与思考 [J]. 图书情报工作，2015，59（20）.

[211] 吴梦 . 我国中小学图书馆研究综述 [J]. 图书馆工作与研究，2018（6）.

[212] 张文彦，王丽 . 发达国家图书馆未成年人服务研究综述 [J]. 图书情报工作，2014，58（12）.

[213] 张文彦，戎军涛 . 国内图书馆未成年人服务已有研究综述 [J]. 图书馆工作与研究，2015（2）.

[214] 刘亚 . 从《哈利・波特》看图书馆对英国初等教育的作用——对《哈利・波特》的内容分析 [J]. 图书与情报，2008（2）.

[215] 王宗义 . 第八讲　图书馆阅读推广活动的专业研究与论文撰写 [C]// 吴晞 . 图书馆阅读推广基础理论 . 北京：朝华出版社，2015.

[216] 于斌斌 . 国外中小学图书馆对学生学业表现的影响研究综述 [J]. 中国图书馆学报，2013（5）.

[217] 张盈芳 . 第二讲　国内图书馆阅读推广研究举要 [C]// 吴晞 . 图书馆阅读推广基础理论 . 北京：朝华出版社，2015.

[218] 王素芳，等 . 图书馆儿童阅读推广活动评估指标体系构建研究 [J]. 中国图书馆学报，2013（6）.

[219] 吴晞 . 图书馆阅读推广基础理论 [M]. 北京：朝华出版社，2015.

[220] Lonsdale M. Impact of school libraries on student achievement：a review of the research[R]. Camberwell，VIC：Australian Council for Educational Research，2003.

[221] Cole T. The origin and development of school libraries[J]. Peabody Journal of Education，1959，37（2）.

[222] Ditzion S. The district-school library，1835-1855[J]. The Library Quarterly，1940，10（4）.

[223] Cecil H，Heaps W. School library service in the United States：an interpretive survey[M]. New York：H.W. Wilson，1940.

[224] 李彬 . 美国公共图书馆未成年人服务标准研究——以马萨诸塞州为例 [J]. 图书馆杂志，2014（11）.

[225] 范并思 . 阅读推广与图书馆学：基础理论问题分析 [J]. 中国图书馆学报，

2014，40（5）.

［226］Ellis A. Library services for young people in England and Wales，1830-1970 [C]// international series of monographs in library and information science，Vol. 13. Oxford：Pergamon Press，1971.

［227］Butler J. Survey of public library services for children[J]. Library Association Record，1955（57）.

［228］Reynolds J. Library buildings[M]. London：Library Association，1966.

［229］Wertham F. Seduction of the innocent[M]. New York：Rinehart，1954.

［230］李晓明，孙伯阳，黄洁 . 中国公共图书馆未成年人服务调查 [M]. 北京：国家图书馆出版社，2013.

［231］戴静 . 美国图书馆儿童服务工作的发展历程及对策 [J]. 中小学图书情报世界，2005（1）.

［232］宁英伟 . 公共图书馆与未成年人服务 [M]. 沈阳：万卷出版公司，2013.

［233］Michie J，Holton B. Fifty years of supporting children's learning：a history of public school libraries and federal legislation from 1953-2000（NCES 2005-311）[M]. U.S. Department of Education. National Center for Education Statistics. Washington，D. C.：Government Printing Office，2005.

［234］蒋芳芳 . 美国公共图书馆青少年服务指南研究 [J]. 图书馆建设，2016（11）.

［235］Black A，Rankin C. The history of children's library design：continuities and discontinuities[C]// The proceeding of world library and information congress：75 IFLA General Conference and Council. Milan，Italy，IFLA，2009.

［236］于良芝，于斌斌 . 图书馆阅读推广——循证图书馆学（EBL）的典型领域 [J]. 国家图书馆学刊，2014（6）.

［237］Kelsey M. Education reform in Minnesota：profile of learning and the institutional role of the school library meida specialist[R]. Chicago，IL：ALA，2009.

［238］ALA. Library bill of rights[Z]. Chicago，IL：ALA Editions，1996.

［239］ALA，Association of American Publishers. The freedom to read statement[Z].

Chicago，IL：ALA Editions，2004.

［240］AASL，AECT. Information power：building partnerships for learning[M]. Chicago，IL：ALA：1998.

［241］Jones P，Waddle L，Young Adult Library Services Association. New directions for library service to young adults[M]. Chicago，IL：ALA Editions，2002.

［242］AASL. Standards for the 21st-centruy learner in action[M]. Chicago，IL：AASL，2008.

［243］AASL. Empowering learners：guidelines for school library media programs[M]. Chicago，IL：ALA，2009.

［244］Nebraska Library Commission，Nebraka Library Association. Nebraska guidelines for young people's library service[Z]. Lincoln，NE：Nebraska Library Commission，2003.

［245］Cummins J et al. Standards for youth services in public libraries of New York state[Z]. ERIC：ED261699，1984.

［246］Garrett L. A survey of the application of American library association school library standards in the facilities of secondary schools constructed in Dallas county，Texas after 1990[D]. Denton，Texas Woman's University，1990.

［247］Ellis A. Public library services for children in England and Wales，1915—1927[J]. Journal of Librarianship and Information Science，1970（2）.

［248］Kelly T. A history of public libraries in great Britain，1845—1975[M]. London：Library Association，1977.

［249］Librarians hoped that 'good' reading would turn children away from 'the perniciousness of the penny horrible'，and the 'garbage' written for them in half-penny 'funnies' and 'comics' which had，as one commentator believed,'the most lamentable influence on their future character'.（Black A，Rankin C. The history of children's library design：continuities and discontinuities[C]// the proceeding of world library and information congress：75 IFLA General Conference and Council. Milan，Italy：2009.）

［250］Ellis A. Library services for young people in England and Wales，1830-1970[M]. Oxford：Pergamon Press，1971.

［251］Black A，Muddiman D. Understanding community librarianship：the public library in post-modern Britain（studies in librarianship）[M]. London：Routledge，1997.

［252］Adams A. How to "open" a library[J]. Library Association Record，1973，Vol. 75：152-153.

［253］陈永娴 . 英国“阅读起跑线”（Bookstart）计划及意义 [J]. 图书馆理论与实践，2006（4）.

［254］Blanshard C edited. Children and young people：library association guidelines for public library services（2nd ed.）. London：Facet Publishing，1997.

［255］Turner R. The management of independent secondary school libraries in England and Walds：a literature review[J]. New Library World，2006，107（1230/1231）.

［256］沈丽云 . 日本图书馆概论 [M]. 上海：上海科学技术文献出版社，2010.

［257］曹磊 . 二战前后日本公共图书馆阅读推广活动的演变 [J]. 公共图书馆，2012（3）.

［258］Welch T. Libraries and librarianship in Japan[M]. London：Greenwood Press，1997.

［259］中共中央马克思恩格斯列宁斯大林著作编译局 . 列宁全集：第 23 卷 [M]. 北京：人民出版社，1990.

［260］中共中央马克思恩格斯列宁斯大林著作编译局 . 列宁全集：第 2 卷 [M]. 北京：人民出版社，1978.

［261］布得娜雅 . 小学学生图书馆 [M]. 苏大悔，译 . 上海：新知识出版社，1958.

［262］石宏如 . 中法少年儿童图书馆事业比较 [J]. 图书馆工作与研究，2002（1）.

［263］何慰芳 . 马来西亚华文学校图书馆现况调查报告与探索 [C]// 马来西亚南方学院中国伦理与文化研究所 . 学术单刊第五种 . 马来西亚，柔佛，南方学院出版社，2004.

［264］Kamal A，Othman N. Training and development for library and media teachers in selected Malaysian school resource centers[J]. Journal of Education and Practice，2012，3

（6）.

［265］Doust R. Provision of school library services by means of mobile libraries：the Zimbabwe experience[J]. IFLA Journal，1999，25（3）.

［266］Wessels N. School libraries as a literacy intervention tool in primary schools：action research in Atteridgeville[D]. Gauteng，Pretoria：University of South Africa，2010.

［267］Mojapelo S. Challenges in establishing and maintaining functional school libraries：lessons from Limpopo Province，South Africa[J]. Journal of Librarianship and Information Science，2018，50（4）.

［268］Kalejaiye O，Fabunmi A，Adeye A. Role of school media centers in technology integration in Nigerian schools：an exploration[J]. Annals of Library and Information Studies，2011，58（3）.

［269］Hossain Z. Status of secondary school libraries and librarians in Bangladesh[J]. IFLA Journal，2019，45（2）.

［270］Alemna A. The development of school libraries in Ghana[J]. International Library Review，1983，15（2）.

［271］Apeji E. The development of school library services[J]. International Library Review，1990，22（1）.

［272］Mulaha A. The involvement of school libraries in Kenya[J]. International Library Review，1983，15（2）.

［273］郑君平．对高校图书馆、中学图书馆纳入公共服务体系的思考——晋江市图书馆共享联盟模式 [J]. 图书馆理论与实践，2015（9）.

［274］吴晞．从藏书楼到图书馆 [M]. 北京：（前）书目文献出版社，1996.

［275］庄俞．藏书楼与学堂之联络 [J]. 教育杂志，1909（1）.

［276］孙毓修．图书馆 [J]. 教育杂志，1909（12）.

［277］张建国．我国第一个儿童图书馆考证 [J]. 图书馆，1987（6）.

［278］吴建中．图书馆与社会：上海 1840—1949[M]. 上海：上海大学出版社，2010.

［279］齐良东，吴艳杰，刘海燕．中小学图书馆建设与管理实务 [M]. 长春：东北师

范大学出版社，2010.

［280］姜宏．中小学图书馆工作刍议 [J]. 图书馆学刊，2014（4）.

［281］吉士云．三十年的改革三十年的辉煌——中小学图书馆事业改革开放三十年来建设成就记略 [J]. 中小学图书情报世界，2008（5）.

［282］周和平，严向东等．中国图书馆事业发展报告 2012[R]. 北京：国家图书馆出版社，2013.

［283］苏日娜，赵心．公益图书馆对中小学图书馆的支持——以满天星公益图书馆为例 [J]. 图书馆杂志，2017（3），331.

［284］谭荣波，覃凤兰．广东省中小学图书馆（室）建设现状调查分析 [J]. 图书馆学研究，2012（11）.

［285］赵婀娜．国际人工智能与教育大会闭幕，形成《北京共识》：智能时代 中国教育探索前行 [N]. 人民日报，2019-05-19（2）.

［286］刘彬．第十六次全国国民阅读调查结果公布——数字化阅读方式的接触率为 76.2%，纸质阅读率增长放缓 [N]. 光明日报，2019-04-19（9）.

［287］韩晓东．2018 国民阅读率：成年保持增长 未成年人下降明显 [N]. 中华读书报，2019-04-17（1）.

［288］李欣华．中国人不爱读书尤甚图书阅读量不及泰国 [N]. 珠江源晚刊，2013-10-17（6）.

［289］王惠．阅读调查：网络时代青少年阅读行为的社会学研究 [M]. 海口：海南出版社，2004.

［290］余传诗．调查显示：上海青少年阅读“刚需”表现强烈 [N]. 中华读书报，2013-11-13（1）.

［291］刘红．公共图书馆未成年人服务理论与实践探索 [M]. 北京：中国言实出版社，2014.

［292］李新祥．数字时代国民阅读行为嬗变研究 [M]. 北京：中国社会科学出版社，2014.

［293］林频．上海少年儿童阅读状况调查与分析 [J]. 上海青年管理干部学院学报，

2010（2）.

［294］杨柳．对少年儿童阅读调查及测评工作的研究与探讨 [J]. 图书馆工作与研究，2011（3）.

［295］邹华华．倾听孩子的呼声——城区基层图书馆少儿阅读调查 [J]. 图书馆理论与实践，2010（3）.

［296］Erdem A. A research on reading habits of university students：（sample of Ankara University and Erciyes University）[J]. Procedia-Social and Behavioral Sciences，2015，174.

［297］蒋蓉．中小学生课外阅读现状调查研究 [D]. 长沙：湖南师范大学，2003.

［298］OECD. PISA 2009 results：learning to learn-student engagement，strategies and practices（volume Ⅲ）[M]. Paris：OECD Publishing's，2010.

［299］薛天．关于城乡少年儿童阅读状况的比较与思考——基于湖南省少年儿童阅读调查报告 [J]. 图书馆工作与研究，2013（1）.

［300］华斌．少儿图书馆读者发展工作的路径与对策 [J]. 图书馆学刊，2014（2）.

［301］全国人民代表大会．中华人民共和国公共文化服务保障法 [Z]. 北京：人民出版社，2017.

［302］韩业庭．文化部部长雒树刚谈《公共文化服务保障法》：让群众“点菜”，群众才会“点赞”[N]. 光明日报，2017-01-13（9）.

［303］柳斌杰，雒树刚，袁曙宏．中华人民共和国公共文化服务保障法学习问答 [M]. 北京：中国法制出版社，2017.

［304］赖明芳．全民阅读促进条例（征求意见稿）[N]. 中国新闻出版广电报，2017-04-05（3）.

［305］IFLA/UNESCO. School library Manifesto：the school library in teaching and learning for all[J]. Teacher Librarian，1999，27（2）.

［306］Cicchetti R. Transitioning a high school library to a learning commons：avoiding the tragedy of the commons[D]. Boston，Massachusetts：Northeastern University，2015.

［307］肖希明．信息资源建设 [M]. 武汉：武汉大学出版社，2008.

［308］Majors L. An analysis of certain factors contributing to the automation of school library media technical and user services[D]. Atlantic：Georgia State University，1988.

［309］吴正顺，李芳蓉，张玉．中小学教育技术装备的现状与对策——以广西为例[J]. 实验教学与仪器，2016（5）.

［310］吴桂彬，罗索．中越边境地区中小学校教育技术装备问题的调查——以中越边境地区 15 所中小学校教育装备情况为例 [J]. 中国教育技术装备，2009（26）.

［311］克鲁普斯卡娅．社会主义建设的重要部分 [C]// 尤小明，译．克鲁普斯卡娅图书馆学文选．南宁：广西教育出版社，1989.

［312］Tove Pemmer Setre，Glenys Willars. The IFLA school library guidelines（2 edition）[Z]. Netherlands，Hague：IFLA，2015.

［313］丘巴梁．苏联图书馆事业组织原理 [M]. 舒翼翚，译．北京：中华书局，1957.

［314］王鸿飞．珠海市中学图书馆人员素质现状与教育培训 [J]. 图书馆论坛，2009（5）.

［315］克鲁普斯卡娅．《列宁论图书馆》一书头版的前言 [C]// 尤小明，译．克鲁普斯卡娅图书馆学文选．南宁：广西教育出版社，1989.

［316］克鲁普斯卡娅．沿着列宁的道路前进 [C]// 尤小明，译．克鲁普斯卡娅图书馆学文选．南宁：广西教育出版社，1989.

［317］Jesseman D. Does eliminating certified school library media specialists make a difference in student reading scores in Minnesota public school[D]? Lincoln，Nebraska，University of Nebraska，2006.

［318］Sigman K. A study of West Virginia secondary public school library media centers and library media specialists and their use of 21st century technology tools[D]. Huntington：Marshall University，2008.

［319］Massey S. Digital libraries in schools：the best practices of national board certified library media specialists[M]. College Park：University of Maryland，2009.

［320］Anyanwu E，Obichere C，Ossai-Onah O. Staff development strategies for school library and media centers：a case study of selected secondary schools in Owerri Municipal，Imo State，Nigeria[J]. The Information Manager，2012，12（1/2）.

［321］克鲁普斯卡娅 . 帮助儿童学习，扩大他们的视野 [C]// 尤小明，译 . 克鲁普斯卡娅图书馆学文选 . 南宁：广西教育出版社，1989.

［322］克鲁普斯卡娅 . 在全俄儿童图书馆工作人员大会上的讲话（1933 年 11 月 26-28 日）[C]// 卫嘉，译 . 克鲁普斯卡娅教育文选 . 北京：人民教育出版社，1959.

［323］Andrews S. A comparison of the roles of the school library media specialist and the computer/technology teacher within the same school environment in the Charlotte-Mecklenburg school system[D]. Tallahassee，FL：The Florida State University，1997.

［324］程焕文，潘燕桃 . 信息资源共享 [M]. 2 版 . 北京：高等教育出版社，2016.

［325］Ogunniyi S，Lawal W，Sheji M. Assessment of resources in selected secondary school library media centers in Ondo，Ondo State[J]. Library Philosophy and Practice（E-journal），2018（2）.

［326］洪利标 . 珠海市中小学图书馆普及自动化的探索与实践 [J]. 教学仪器与实验，2014（5）.

［327］Spatara J. Increasing circulation in elementary school libraries using e-book lending programs：an action research study[D]. Minneapolis：Capella University，2015 .

［328］克鲁普斯卡娅 . 关于图书馆的统计工作 [C]// 尤小明，译 . 克鲁普斯卡娅图书馆学文选 . 南宁：广西教育出版社，1989.

［329］钟伟 . 中小学图书馆评估主体研究 [J]. 图书馆界，2012（5）.

［330］Vinson R. School library media center service for handicapped students，1950-1980[D]. Carbondale：Southern Illinois University，1983.

［331］Oltmann S. Variables related to school media center LGBT collections[J]. Libri，2015，65（1）.

［332］Walker J，Bates J. Developments in LGBTQ provision in secondary school library services since the abolition of section 28[J]. Journal of Librarianship and Information Science，2016，48（3）.

［333］Howard J. The relationship between school culture and an effective school library program：four case studies[D]. Emporia，Kansas：Emporia State University，2008.

[334] Paino M. Talking allowed: reading communities in the elementary school library[D]. Atlanta: Mercer University, 2016.

[335] 中华人民共和国第 12 届全国人民代表大会常务委员会．中华人民共和国公共图书馆法（含草案说明）[Z]. 北京：中国法律出版社，2017.

[336] Bailey M, Hall C, Gamble N. Promoting school libraries and schools library services: problems and partnerships[J]. English in Education, 2007, 41（2）.

[337] Allen L. Exploring collaboration between teachers and the school library information specialist on the instructional design of curriculum[D]. Memphis, Tennessee: The University of Memphis, 2013.

[338] Martins J, Canhoto R. Leveraging new knowledge with relational capabilities: an investigation of rural school libraries in Southern Portugal[J]. Library Review, 2016.

[339] Grove C. The power of partnerships: academic and high school libraries collaborate for student research success[J]. Reference Services Review, 2019, 47（2）.

[340] 中共广西壮族自治区委员会，广西壮族自治区人民政府．关于实施强首府战略的若干意见 [N]. 广西日报，2019-12-04.

[341] 朱会华．基于读者借阅数据的馆藏结构合理性分析 [J]. 现代情报，2015（2）.

[342] Casstevens S. Joint use library standards for Texas school/public libraries: a Delphi study[D]. Dallas, Texas: Dallas Baptist University, 2016.

[343] Canarie A. Attitudes of secondary school administrators toward school librarians and school library service[D]. Madison: University of Wisconsin-Madison, 1980.

[344] Church A. Elementary school principals' perceptions of the instructional role of the school library media specialist[D]. Richmond, Virginia: Virginia Commonwealth University, 2007.

[345] Hamersveld C. A survey of school administrators' beliefs regarding the potential of school library programs to impact student achievement[D]. Minneapolis: Capella University, 2007.

[346] Baldwin E. Middle school team leader teacher's perceptions of the North Carolina

school library media centers' impact process[D]. Minneapolis：Capella University，2010.

［347］Allison Black Blakeney. Connecting best practices：an examination of public school principals' knowledge and perceptions of their school library media programs[D]. Montgomery，Alabama，Alabama State University，2014.

［348］梁桂华，吴正顺．广西县域内义务教育装备资源配置均衡情况的分析与发展对策 [J]. 教学仪器与实验，2014，30（1）.

［349］Gerrity C. The new national school library standards：implications for information literacy instruction in higher education[J]. The Journal of Academic Librarianship，2018，44（4）.

［350］曹磊．瑞典图书馆法的修订历程 [J]. 图书馆杂志，2015（7）.

［351］曹磊．日本中小学图书馆发展因素探析 [J]. 国家图书馆学刊，2015（3）：65-71.

［352］邢素丽．全民教育中的中小学图书馆——国际图联 / 联合国教科文组织中小学图书馆宣言 [J]. 中小学图书情报世界，2001（1）.

［353］苗恒．中小学图书馆缘何不开放 [N]. 人民日报，2020-04-02（24）.

［354］周婉萍．从中美学校图书馆看两国教育发展差异 [J]. 中小学图书情报世界，2009（12）.

［355］许朝军．中小学图书馆缘何沦为“摆设”[N]. 河南日报，2009-10-29（12）.

［356］陆晓红．我国儿童阅读推广研究综述 [J]. 图书馆工作与研究，2013（9）.

［357］何东昌．图书馆工作的地位和作用 [C]// 任德明，等．中等学校图书馆理论与实践．北京：警官教育出版社，1995.

［358］柳斌．在全国中小学图书馆工作会议上的讲话 [C]// 任德明，等．中等学校图书馆理论与实践．北京：警官教育出版社，1995.

［359］冯波．别让学校图书馆变成摆设 [N]. 齐鲁晚报，2014-04-29.

［360］戴杰．让阅读成为少年儿童的兴趣 [J]. 图书馆学刊，2014（6）.

［361］梅子涵，朱自强，徐冬梅，等．中国儿童阅读 6 人谈 [M]. 天津：新蕾出版社，2008.

[362] 熊惠霖，黄如花 . 英国公共图书馆未成年人阅读服务的实践及启示 [J]. 图书馆建设，2013（8）.

[363] 赵婵，张宏翔，於维樱，等 . 公共图书馆开展未成年人服务战略研究 [J]. 图书馆工作与研究，2013（7）.

[364] 王萍 . 儿童早期阅读推广策略研究 [J]. 图书馆理论与实践，2013（12）.

[365] 中国教育装备行业协会学校图书馆装备分会 . 中小学图书馆工作指南 [M]. 北京：高等教育出版社，2013.

[366] 傅曦 . 试论公共图书馆与中小学图书馆之合作 [J]. 图书馆论坛，2009，29（1）.